TRAITÉ COMPLET

DE

LA LITHOGRAPHIE,

OU

MANUEL DU LITHOGRAPHE,

Par MM. CHEVALLIER,

Chimiste, Membre de la Société d'Encouragement, Professeur
à l'École de Pharmacie de Paris,

ET LANGLUMÉ, IMPRIMEUR-LITHOGRAPHE,

AVEC DES NOTES

DE MM. MANTOUX ET JOUMAR, Imprimeurs-Lithographes.

OUVRAGE QUI A OBTENU, EN 1830, LE PRIX DE LA
SOCIÉTÉ D'ENCOURAGEMENT.

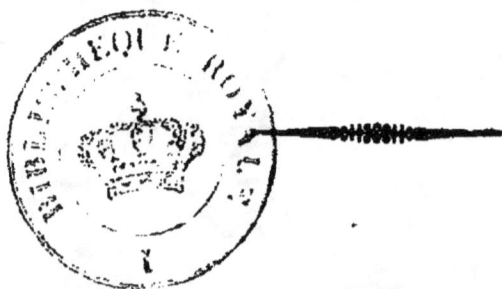

PARIS,

IMPRIMERIE DE Mme HUZARD (NÉE VALLAT LA CHAPELLE),
RUE DE L'ÉPERON, N° 7.

——

1838.

A MONSIEUR LE BARON THÉNARD,

PAIR DE FRANCE, MEMBRE DE L'INSTITUT,

PRÉSIDENT DE LA SOCIÉTÉ D'ENCOURAGEMENT, ETC., ETC.

———

MONSIEUR LE BARON,

L'art de la Lithographie a fait des progrès immenses depuis l'époque, encore récente, où il a été appliqué pour la première fois.

Nous croyons faire une chose utile en publiant un Traité complet de cet art.

Permettez-nous, Monsieur le Baron, de présenter au public, sous vos auspices, ce Traité, dont les premiers essais obtinrent, en 1830, le prix proposé par la Société d'Encouragement.

Veuillez bien recevoir cet hommage comme président de cette honorable Société, et comme une marque de la profonde reconnaissance que je conserve pour la bienveillance avec laquelle vous avez toujours accueilli les publications que j'ai faites dans un but d'utilité publique.

Je suis, avec la plus haute considération,

Monsieur le Baron,

Votre très humble et très obéissant serviteur,

A. CHEVALLIER.

AVIS A NOS LECTEURS.

—

La marche progressive des Sciences et des Arts nécessitant, de la part des Artistes qui veulent se tenir au courant de la science, l'achat des nouvelles éditions qui ne sont que la reproduction de la première avec quelques changemens souvent minimes, pour' obvier aux dépenses que causent ces nouveaux achats, les Auteurs du Manuel, pour tenir le *Traité complet de lithographie* au niveau des connaissances acquises, publieront le 1er février, à partir de 1839, des fascicules qui contiendront les procédés nouveaux et les découvertes qui peuvent intéresser les Lithographes.

Ils recueilleront avec reconnaissance les observations qui leur seront adressées, et ils les feront entrer dans les fascicules toutes les fois que le sujet ne sera pas connu ou pourra intéresser les Artistes.

EXTRAIT

DES LOIS ET RÉGLEMENS

SUR LA PRESSE.

––––––

Loi relative à la liberté de la presse, sanctionnée et publiée le 21 octobre 1814.

Louis, etc.

TITRE Ier.

. . . .
. . . .

TITRE II.

De la police de la presse.

11. Nul ne sera imprimeur, ni libraire, s'il n'est breveté par le roi et assermenté.

12. Le brevet pourra être retiré à tout imprimeur ou libraire qui aura été convaincu, par un jugement, de contravention aux lois et réglemens.

13. Les imprimeries clandestines seront détruites, et les possesseurs et dépositaires punis d'une amende de six mille francs et d'un emprisonnement de six mois.

Sera réputée clandestine toute imprimerie non déclarée à la direction générale de la librairie, et pour laquelle il n'aura pas été obtenu de permission.

14. Nul imprimeur ne pourra imprimer un écrit avant d'avoir déclaré qu'il se propose de l'imprimer, ni le mettre en vente ou le publier, de quelque manière que ce soit, avant d'avoir déposé le nombre prescrit d'exemplaires, savoir : à Paris, au secrétariat de la direction générale, et, dans les départemens, au secrétariat de la préfecture.

15. Il y a lieu à saisie et séquestre d'un ouvrage,

1°. Si l'imprimeur ne présente pas le récépissé de la déclaration et du dépôt ordonné en l'article précédent;

2°. Si chaque exemplaire ne porte pas le vrai nom et la vraie demeure de l'imprimeur ;

3°. Si l'ouvrage est déféré aux tribunaux pour son contenu.

16. Le défaut de déclaration avant l'impression, et le défaut de dépôt avant la publication, constatés comme il est dit dans l'article précédent, seront punis, chacun, d'une amende de mille francs pour la première fois, et de deux mille francs pour la seconde.

17. Le défaut d'indication de la part de l'imprimeur, de son nom et de sa demeure, sera puni d'une amende de trois mille francs ; l'indication d'un faux nom et d'une fausse demeure sera punie d'une amende de six mille francs, sans préjudice de l'emprisonnement prononcé par le Code pénal.

18. Les exemplaires saisis par simple contravention à la présente loi seront restitués après le paiement des amendes.

19. Tout libraire chez qui il sera trouvé, ou qui sera convaincu d'avoir mis en vente ou distribué un ouvrage sans nom d'imprimeur, sera condamné à une amende de deux mille francs, à moins qu'il ne prouve qu'il a été imprimé avant la promulgation de la présente loi. L'amende sera réduite à mille francs, si le libraire fait connaître l'imprimeur.

20. Les contraventions seront constatées par les procès-verbaux des inspecteurs de la librairie et des commissaires de police.

21. Le ministère public poursuivra d'office les contrevenans pardevant les tribunaux de police correctionnelle, sur la dénonciation du directeur général de la librairie, et la remise d'une copie des procès-verbaux.

22. Les dispositions du titre 1er cesseront d'avoir leur effet à la fin de la session de 1816, à moins qu'elles n'aient été renouvelées par une loi, etc.

ORDONNANCE *du roi, contenant des mesures relatives à l'im-pression, au dépôt et à la publication des ouvrages, etc.*

Au château des Tuileries, le 24 octobre 1814.

Louis, etc.

1. Les brevets d'imprimeur et de libraire délivrés jusqu'à ce jour sont confirmés ; les conditions auxquelles il en sera délivré à l'avenir seront déterminées par un nouveau réglement.

2. Chaque imprimeur sera tenu, conformément aux réglemens, d'avoir un livre coté et paraphé par le maire de la ville où il réside, où il inscrira, par ordre de dates, et avec une série de numéros, le titre littéral de tous les ouvrages qu'il se propose d'imprimer, le nombre des feuilles, des volumes et des exemplaires, et le format de l'édition. Ce livre sera représenté, à toute' réquisition, aux inspecteurs de la librairie et aux commissaires de police, et visé par eux, s'ils le jugent convenable.

La déclaration prescrite par l'article 14 de la loi du 21 octobre 1814 sera conforme à l'inscription portée au livre.

3. Les dispositions dudit article s'appliquent aux estampes et aux planches gravées accompagnées d'un texte.

7. En exécution de l'article 20 de la même loi, les commissaires de police rechercheront et constateront d'office toutes les contraventions, et ils seront tenus aussi de déférer à toutes les réquisitions qui leur seront adressées à cet effet par les préfets, sous-préfets et maires, et par les inspecteurs de la librairie ; ils enverront, dans les vingt-quatre heures, tous les procès-verbaux qu'ils auront dressés, à Paris, au directeur général de la librairie, et, dans les départemens, aux préfets, qui les feront passer sur-le-champ au directeur général.

8. Le nombre d'épreuves des estampes et planches gravées, sans texte, qui doivent être déposées pour notre biblothèque, reste fixé, etc. (Consultez l'ordonnance du 9 janvier 1828.)

9. Le dépôt ordonné en l'article précédent sera fait, à Paris, au secrétariat de la direction générale, et, dans les départemens, au secrétariat de la préfecture. Le récépissé détaillé

qui en sera délivré à l'auteur formera son titre de propriété, conformément aux dispositions de la loi du 19 juillet 1793.

10. Toute estampe ou planche gravée, publiée ou mise en vente avant le dépôt des trois exemplaires, constaté par le récépissé, sera saisie par les inspecteurs de la librairie et les commissaires de police, qui en dresseront procès-verbal.

11. Il est défendu de publier aucune estampe et gravure diffamatoire ou contraire aux bonnes mœurs, sous la peine prononcée par le Code pénal.

ORDONNANCE *du roi, du 8 octobre 1817, relative aux impressions lithographiques.*

Louis, etc.

Vu les articles 11, 13 et 14 de la loi du 11 octobre 1814, nous avons ordonné et ordonnons ce qui suit:

1. Nul ne sera imprimeur-lithographe s'il n'est breveté et assermenté.

2. Toutes les impressions lithographiques seront soumises à la déclaration et au dépôt avant la publication, comme tous les autres ouvrages d'imprimerie.

Notre ministre secrétaire d'État au département de la police générale est chargé de l'exécution de la présente ordonnance.

EXTRAITS *des lois sur les finances.*

Du 28 avril 1816.

65. Toutes les affiches seront sur papier timbré. . . .

. . . .

Conformément à la loi du 28 juillet 1791, ce papier ne pourra être de couleur blanche. . . . .

Le prix de la feuille, portant vingt-cinq décimètres carrés de superficie, sera de 10 centimes; celui de la demi-feuille, de 5 centimes.

66. Les avis et les annonces, de quelque nature et espèce qu'ils soient, assujettis au timbre par la loi du 6 prairial an VII, qui ne sont pas destinés à être affichés, pourront être imprimés sur papier blanc (1).

Le prix de la feuille sera de 10 centimes; celui de la demi-feuille, de 5 centimes; celui du quart de la feuille, de 2 centimes 1|2; celui du demi-quart, cartes, et autres de la plus petite dimension, sera de 1 centime.......

Les cartes seront timbrées avant tout emploi.

67. La subvention du dixième ne sera point ajoutée aux droits de timbre énoncés aux cinq articles précédens.

68. Il est défendu aux imprimeurs de tirer aucun exemplaire desdites annonces, affiches ou avis sur papier non timbré, sous prétexte de les faire frapper d'un timbre extraordinaire.

69. La contravention d'un imprimeur à ces dispositions sera punie d'une amende de 500 francs, sans préjudice du droit de Sa Majesté de lui retirer sa commission.

Ceux qui seront convaincus d'avoir fait ainsi afficher et distribuer des imprimés non timbrés seront condamnés à une amende de 100 francs.

Les afficheurs et distributeurs seront, en outre, condamnés aux peines de simple police déterminées par l'article 474 du Code pénal.

L'amende sera solidaire et emportera contrainte par corps.

70. Les autres dispositions des lois du timbre qui concernent le timbre des journaux s'appliqueront à tous ouvrages de quelque étendue qu'ils soient, qui paraîtraient soit irrégulièrement, par mois, par semaine, soit par numéros, quand même le service ne serait pas régulier.

---

(1) Les affiches, avis, cartes, etc., imprimés par le procédé lithographique ou par celui de la gravure en taille-douce, sont sujets au timbre. (Décision du ministre des finances, du 24 décembre 1819. *Journal de l'enregistrement*, 1820.)

Du 25 mars 1817.

76. Les ouvrages périodiques, relatifs aux sciences et aux arts, ne paraissant qu'une fois par mois, ou à des intervalles plus éloignés, et contenant au moins deux feuilles d'impression, seront exempts du timbre.

Seront également exempts les annonces, prospectus et catalogues de librairie.

77. Les particuliers qui voudront se servir, pour affiches, avis ou annonces, d'un autre papier que celui de l'administration de l'enregistrement seront admis à le faire timbrer avant l'impression.

La contravention à la disposition de l'article 65 de la loi du 28 avril 1816, qui défend de se servir, pour les affiches, de papier de couleur blanche, sera punie d'une amende de 100 francs, à la charge de l'imprimeur, qui sera toujours tenu d'indiquer son nom et sa demeure au bas de l'affiche.

———

ORDONNANCE *du roi concernant l'application, aux ouvrages périodiques et autres imprimés transportés par la poste, des dimensions déterminées pour la perception des droits de timbre.*

Le 5 mars 1828.

Louis, etc.

1. La dimension de la feuille d'impression pour les ouvrages périodiques ou journaux, livres brochés, catalogues et prospectus est fixée, conformément à la loi du 13 vendémiaire an VI (4 octobre 1797), à vingt-cinq décimètres carrés (ou trois cent quarante-un pouces carrés), à douze décimètres et demi carrés pour chaque demi-feuille. En conséquence, l'administration des postes est autorisée à appliquer les proportions de cette dimension à toute feuille, demi-feuille, etc., d'ouvrages périodiques, journaux, livres brochés, catalogues et prospectus, présentés sous bandes, pour être admis à jouir de la modération de port accordée par l'article 2 de la loi du 4 thermidor an IV (22 juillet 1796).

2. Les personnes qui voudront user, pour l'impression des ouvrages périodiques, journaux, livres brochés, catalogues ou

prospectus, de papier dont la dimension serait supérieure à vingt-cinq décimètres carrés pour la feuille entière, et à douze décimètres et demi carrés pour la demi-feuille, pourront le faire en payant une augmentation de port de 1 centime pour chaque cinq décimètres carrés (ou soixante pouces carrés (d'excédant).

3. Notre ministre secrétaire d'État des finances est chargé de l'exécution de la présente ordonnance.

Loi *relative au tarif de la poste aux lettres, du* 15 mars 1827.

Charles, etc.

8. Le port des journaux, gazettes et ouvrages périodiques, transportés hors des limites du département où ils sont publiés, et quelle que soit la distance parcourue dans le royaume, est fixé à 5 centimes pour chaque feuille de la dimension de trente décimètres carrés et au dessous. Ce port sera augmenté de 5 centimes pour chaque trente décimètres ou fractions de trente décimètres excédans. Les mêmes feuilles ne paieront que la moitié des prix fixés ci-dessus, toutes les fois qu'elles seront destinées pour l'intérieur du département où elles auront été publiées. Dans tous les cas, le port devra être payé d'avance. Il n'est rien changé au prix du transport fixé par les lois précédentes pour les recueils, annales, mémoires, bulletins périodiques, uniquement consacrés aux arts, à l'industrie et aux sciences, et pour les livres brochés, catalogues, prospectus, musique, annonces et avis de toute nature.

9. Les imprimés ne pourront être expédiés que sous bandes, et ces bandes ne devront pas couvrir plus du tiers de la surface du paquet ; ils ne devront contenir ni chiffres, ni aucune espèce d'écriture à la main, si ce n'est la date et la signature : toutefois, les avis imprimés, de naissances, mariages ou décès pourront être présentés à l'affranchissement sous forme de lettres, mais de manière qu'ils soient facilement vérifiés, et pourvu qu'ils ne contiennent point d'écriture à la main. Il sera perçu sur chacun de ces avis 1 décime, quelle que soit la distance à parcourir dans toute l'étendue du royaume, et 5 cen-

tiincs seulement lorqu'ils seront destinés pour l'arrondissement du bureau où ils auront été présentés à l'affranchissement. La dimension de la feuille d'impression de ces avis ne pourra excéder onze décimètres carrés : le port sera double pour les feuilles qui dépasseront cette dimension.

10. Les dispositions des lois et réglemens qui sont contraires à la présente loi sont abrogées, à dater du 1ᵉʳ janvier 1828.

─────

ORDONNANCE *du roi qui modifie celle du 24 octobre, relative au dépôt des exemplaires des écrits et des épreuves des planches et estampes.*

Au château des Tuileries, le 9 janvier 1828.

Charles, etc.

Sur le rapport de notre ministre secrétaire d'État au département de l'intérieur ;

Vu l'ordonnance royale du 24 octobre 1814;

Nous avons ordonné et ordonnons ce qui suit :

1. Le nombre des exemplaires des écrits imprimés et des épreuves des planches et estampes dont le dépôt est exigé par la loi, et qui avait été fixé à cinq par les articles 5 et 8 de l'ordonnance royale du 24 octobre, est réduit, outre l'exemplaire et les deux épreuves destinés à notre Bibliothèque, conformément à la même ordonnance, à un seul exemplaire et une seule épreuve pour la bibliothèque du ministère de l'intérieur.

2. Notre ministre secrétaire d'État de l'intérieur est chargé de l'exécution de la présente ordonnance.

EXTRAIT *de la loi du 9 septembre 1835, sur les crimes, délits et contraventions de la presse, et des autres moyens de publication.*

TITRE III.

Des Dessins, Gravures, Lithographies et Emblèmes.

ART. 20. Aucun dessin, aucunes gravures, lithographies, médailles et estampes, aucun emblème, de quelque nature et espèce qu'ils soient, ne pourront être publiés, exposés ou mis en vente sans l'autorisation préalable du ministre de l'intérieur, à Paris, et des préfets, dans les départemens.

En cas de contravention, les dessins, gravures, lithographies, médailles, estampes ou emblèmes pourront être confisqués, et le publicateur sera condamné, par les tribunaux correctionnels, à un emprisonnement d'un mois à un an, et à une amende de cent francs à mille francs, sans préjudice des poursuites auxquelles pourraient donner lieu la publication, l'exposition et la mise en vente desdits objets.

ORDONNANCE *du roi, concernant l'exécution des diverses dispositions de la loi du 9 septembre 1835, relatives à la publication des dessins, gravures, lithographies, estampes ou emblèmes.*

Au palais des Tuileries, le 9 septembre 1835.

Louis-Philippe, roi des Français, à tous présens et à venir, salut.

Vu la loi du 9 septembre 1835, portant qu'aucun dessin, aucunes gravures, lithographies, médailles et estampes, aucun emblème, de quelque nature et espèce qu'ils soient, ne pourront être publiés, exposés ou mis en vente sans l'autorisation préalable du ministre de l'intérieur, à Paris, et du préfet dans les départemens ;

Voulant pourvoir à l'exécution de cet article de manière à assurer la répression de toute contravention ;

Sur le rapport de notre ministre secrétaire d'État au département de l'intérieur,

Nous avons ordonné et ordonnons ce qui suit :

ART. 1er. L'autorisation préalable exigée par l'article 19 de la loi du 9 septembre 1835 contiendra la désignation sommaire du dessin, de la gravure, lithographie, estampe ou de l'emblème qu'on voudra publier, et le titre qui lui aura été donné. L'auteur ou éditeur sera tenu de la représenter à toute réquisition.

Lorsqu'il s'agira de gravure, lithographie, estampe ou emblème se multipliant par le tirage, l'auteur et l'éditeur, en en recevant l'autorisation, déposera, au ministère de l'intérieur ou au secrétariat de la préfecture, une épreuve destinée à servir de pièce de comparaison. Il certifiera la conformité de cette épreuve avec celles qu'il se proposera de publier.

2. L'autorisation dont tout dessinateur, graveur ou autre individu est obligé de se pourvoir, d'après l'arrêté du 26 mars 1804 et l'ordonnance du 24 mars 1832, pour faire frapper dans les ateliers du gouvernement les médailles de sa composition, tiendra lieu de celle qui lui est imposée par la loi du 9 septembre 1835 pour la publication, exposition ou mise en vente de ces mêmes médailles, dont un exemplaire devra préalablement être déposé au ministère de l'intérieur.

3. Les autorisations délivrées à Paris et dans les départemens seront insérées, chaque semaine, par ordre alphabétique et des matières, dans le Journal général de la librairie.

DÉCOUVERTE

DE

LA LITHOGRAPHIE.

CHAPITRE PREMIER.

On a donné le nom de *lithographie*, de deux mots grecs *lithos*, pierre, et *graphó*, j'écris, je dessine, à l'art de reproduire un plus ou moins grand nombre de fois, à l'aide de l'impression, des caractères, des traits, un dessin quelconque, tracés sur certaines pierres appelées, pour cette raison, *pierres lithographiques*.

L'origine de cet art est due à la remarque de la propriété dont jouissent les pierres calcaires, convenablement disposées, de recevoir à leur surface les traits ou dessins formés à l'aide d'un corps gras ou savonneux, solide ou liquide, et de les y retenir de telle sorte qu'après avoir acidulé la pierre, on puisse, ainsi qu'on le ferait pour *une forme d'imprimerie*, encrer, au moyen d'un rouleau, les parties graissées de la pierre et en tirer ensuite, à l'aide d'une forte pression, une première copie; puis, en renouvelant l'opération du mouillage et de l'encrage, une seconde, une troisième et ainsi de suite, un nombre enfin d'exemplaires assez considérable (200 et plus).

La découverte de la lithographie, en grande partie le fruit du hasard, dénote à la fois, dans Aloys Sennefelder son auteur, un rare esprit d'observation, une persévérance à toute épreuve, le désir de l'indépendance et, par dessus tout encore, un génie inventif peu commun. Voici ce que nous savons sur cette découverte, devenue si importante par ses progrès et le développement qu'elle a pris depuis quelques années.

Aloys Sennefelder, chanteur du théâtre de l'Opéra de Munich, s'était occupé, dans sa jeunesse, de l'art dramatique. Une pièce qu'il faisait imprimer, en lui fournissant l'occasion d'observer le travail des ouvriers et d'acquérir une connaissance exacte des procédés de l'art typographique, fit naître en lui le désir d'imprimer lui-même les ouvrages qu'il composait. La modicité de sa fortune et la difficulté d'avoir la permission nécessaire lui en ôtant tout espoir, il résolut de chercher un mode d'impression moins dispendieux, qui lui facilitât les moyens d'obtenir l'autorisation qui lui manquait; ou bien encore, de s'associer à un de ses amis, possesseur d'une imprimerie en taille-douce.

Les premières recherches de Sennefelder furent assez heureuses. Il avait imaginé, sur la cire à cacheter et le bois, un stéréotypage que, faute de moyens pécuniaires, il ne put mettre à exécution : force lui fut donc de revenir au second de ses projets, celui d'une association pour la gravure sur cuivre.

Le succès de cette méthode, peu coûteuse pour l'auteur, devait principalement dépendre de son habileté à former des caractères moulés : il s'appliqua donc à les tracer correctement à rebours et réussit assez bien dans ce genre de travail pour exécuter, au bout de quelques jours, un premier essai sur une planche de cuivre planée, polie et enduite du vernis ordinairement employé par les graveurs (*).

(*) Les graveurs emploient plusieurs sortes de vernis : voici celui dont se servait le célèbre Callot :

Huile de lin, 2 onces ;
Benjoin en larmes, 2 gros ;

Arrivé au point de tracer sans peine, au moyen d'une plume d'acier très élastique et mince, des lettres et des mots séparés, Sennefelder reconnut bientôt qu'il ne lui serait pas aussi facile d'obtenir des écritures d'une uniformité convenable et d'écrire des pages entières sans qu'il s'y glissât des fautes qu'on serait obligé de corriger. Il s'efforça de remédier à ces inconvéniens et, ne connaissant pas le vernis noir liquide, dit *vernis de Venise*, dont se servent les graveurs pour couvrir sur le cuivre les parties à effacer et graver de nouveau, il le remplaça par de la cire chaude qu'il faisait égoutter sur les parties fautives; opération qui, ne le dispensant pas de recouvrir ensuite le cuivre, ne remplissait qu'à demi le but qu'il se proposait : pour simplifier, il imagina de prendre des quantités égales de cire et de savon, de colorer ce mélange à l'aide du noir de fumée et de le dissoudre dans de l'eau de pluie. Cette composition répondit à l'attente de l'auteur qui préparait alors, à son insu, cette encre qui devint pour lui d'une si haute importance et qu'il nomma plus tard *encre chimique*.

Assuré désormais du succès de ses corrections, Sennefelder, après avoir gravé, terminé et corrigé une page à l'eau-forte, en fit tirer une épreuve qui, bien que médiocre, lui donna l'espoir fondé de mieux réussir par la suite.

Voulant continuer ses essais, il crut pouvoir employer, à la confection d'une seconde planche, le cuivre dont il avait fait usage pour la première. A la difficulté de faire disparaître les traces de l'eau-forte vint se joindre, par l'emploi d'une pierre à effacer trop rude, celle de donner au cuivre le poli nécessaire. Pour parer à ce nouvel

---

Cire vierge, gros comme une petite noix.
On fait fondre le tout et bouillir jusqu'à réduction d'un tiers.

et les imprimer ensuite. Il mit donc, pour cet effet, l'écriture en contact avec un liquide formé d'une partie d'eau-forte et de dix parties d'eau, qu'il laissa séjourner sur la pierre pendant cinq minutes, en prenant toutefois la précaution, ainsi que le font les graveurs, de la border avec la cire, et mettant assez d'acide étendu pour qu'il y en eût une couche de deux pouces de hauteur.

Après avoir enlevé l'acide il examina l'effet qu'il avait produit, et reconnut que les lettres avaient acquis un relief d'environ un demi-millimètre (*) : quelques traits seulement, tracés trop légèrement sans doute, ou qui n'avaient pas pris assez d'encre, étaient endommagés en plusieurs endroits ; les autres n'avaient perdu qu'une partie imperceptible et presque nulle de leur largeur, en comparaison du relief acquis, ce qui lui démontra qu'une écriture bien tracée, et surtout en caractères moulés semblables à ceux de l'imprimerie, qui ont peu de traits d'une grande finesse, pourrait avoir encore plus de relief.

Sennefelder s'occupa ensuite des moyens d'encrer sa pierre : à cet effet, il prit une balle formée d'une peau très fine et de crin ; il la frotta fortement avec une couleur noire préparée avec du vernis d'huile de lin bien cuit et du noir de fumée : il passa cette balle sur les caractères écrits, qui prirent fort bien la couleur ; mais, en même temps, les intervalles de plus d'une demi-ligne s'étant également noircis, il comprit aussitôt que la trop grande flexibilité de la balle en était cause : il lava donc la pierre avec de l'eau de savon, tendit le cuir davantage, y mit moins de couleur, et le noir qui salissait la pierre disparut jusque dans les intervalles de plus de 2 lignes. Il en conclut, avec raison, qu'il devait, pour réus-

(*) L'auteur dit l'épaisseur d'une carte.

sir complétement, faire usage d'un tampon plus solide. Un petit morceau de glace cassée ainsi que des planches élastiques de métal qu'il employa, pour mettre la couleur, lui réussirent assez bien : enfin, une petite plaque de bois fort unie, recouverte d'un drap fin d'un pouce d'épaisseur, lui fournit un tampon qui ne laissait rien à désirer.

Les essais subséquens de Sennefelder pour les écritures sur pierre réussirent beaucoup mieux que ceux qu'il avait précédemment faits en manière creuse. Il écrivait avec plus de facilité, imprimait avec moins de peine, et la pression moins considérable dont il avait besoin ne lui laissait pas craindre la rupture des pierres.

Ce qui lui parut surtout d'une importance majeure, c'est que cette manière d'imprimer étant une nouvelle découverte, il pouvait raisonnablement concevoir l'espérance d'obtenir de son gouvernement un brevet d'invention ou des secours. Pensant aussi que la nouvelle méthode pourrait être employée avec succès à l'impression de la musique et des notes, il fit quelques essais dont il montra les épreuves au musicien de la cour, M. de Gleissner, qui lui offrit sur-le-champ de former un établissement d'imprimerie musicale. Sennefelder accepta, et un atelier de lithographie fut ouvert, en 1796, à Munich. Les deux associés y imprimèrent avec un succès inégal, tant pour leur compte que pour celui de M. Falger, éditeur de musique en cette ville, différentes pièces de musique, et ce travail fournit à Sennefelder, toujours ingénieux, l'occasion d'imaginer plusieurs sortes de presses, entre autres la presse à branches, *Stangen oder galgen.* Elles furent mises en activité dans le nouvel établissement où, bientôt, il fit imprimer des adresses et des cartes de visite.

Lorsque la découverte de Sennefelder fut connue, quelques personnes voulurent lui enlever la priorité d'invention pour la donner à M. Schmidt, professeur à l'Académie militaire, puis doyen à Miesbach, qui, depuis près d'un an, s'occupait de la gravure sur pierre.

On se basait, pour en attribuer le mérite à M. Schmidt, sur une lettre par lui publiée dans la Gazette de Bavière, et qu'il avait intitulée : *Indication des objets d'art et d'industrie.* Dans cette lettre il dit : *J'ai vu, dans l'église N.-D.-de-Munich, une pierre sur laquelle il y avait des caractères en relief; il faut que cela ait été fait à l'aide de l'eau-forte, et on doit pouvoir s'en servir pour imprimer.*

Sennefelder prit peu de part à ces discussions et fit bien. La remarque de M. Schmidt ne portait pas sur l'impression lithographique proprement dite, mais bien sur la gravure des pierres en relief et sur la possibilité de tirer des épreuves avec le relief obtenu par cette méthode, et M. Schmidt ne pouvait s'attribuer l'invention d'un art dont sa lettre même constatait l'existence. Il faut donc considérer Sennefelder comme l'inventeur de l'art de dessiner sur pierre pour en tirer des épreuves : en effet, c'est lui qui le fit connaître, qui publia le premier un ouvrage sur cet art, et nous mit à même d'employer et modifier ses divers procédés (*).

Sennefelder fit, dans cette discussion, preuve de beaucoup de modestie. Il fait observer qu'à l'aide de quelques connaissances dans l'art de l'imprimerie, chacun

---

(*) Cet ouvrage est remarquable en ce qu'il traite une foule de questions qui, même aujourd'hui, peuvent encore paraître nouvelles ; mais cet ouvrage, traduit en français, est incompréhensible pour la plupart des lecteurs. Si l'art, tel que le connaissait Sennefelder, eût été exposé avec clarté et simplicité, la lithographie, portée en France à un haut point de perfection, y eût fait bien d'autres progrès.

pouvait fort bien présumer qu'on parviendrait à imprimer à l'aide des caractères tracés sur la pierre qui se trouvait dans l'église de N.-D.-de-Munich, et qu'il n'y a nulle ressemblance entre cette observation et sa découverte qu'il appelle *Imprimerie chimique*; il dit que la méthode de M. Schmidt ne ressemble en rien à la sienne, et il n'exige enfin de ce savant, pour le croire inventeur, que sa parole qu'il connaissait, avant le mois de juillet 1796, la méthode qu'il suit et qui lui est particulière.

Les raisonnemens de Sennefelder sont sans réplique : aussi lui a-t-on rendu justice, et toutes les nations le regardent-elles comme le fondateur de la lithographie, art précieux et destiné, par son utilité, à prendre une extension considérable.

L'exemple donné par MM. Gleissner et Sennefelder ne fut pas perdu, et la ville de Munich compta bientôt plusieurs ateliers lithographiques : de ce nombre furent un établissement destiné à graver les cartes du cadastre de la Bavière, et un autre qui avait pour objet de multiplier les modèles qu'on donne aux élèves ; ce dernier était dirigé par M. le professeur *Mitterer*.

Les efforts et la persévérance de Sennefelder méritaient d'être encouragés : aussi obtint-il, en 1799, de Maximilien Joseph, roi de Bavière, un privilége exclusif de quinze années pour l'exploitation de son procédé. Ce fut alors, qu'avec ses deux frères, il forma un nouvel établissement lithographique. En 1800, l'auteur fit connaître ses procédés à M. André qui établit, de concert avec lui, une imprimerie lithographique à Offembach. Peu de temps après, Sennefelder fit un voyage à Londres dans le but d'obtenir, pour MM. André frères, un brevet d'invention. L'établissement qu'ils y formèrent n'eut pas tout le succès qu'on devait en attendre. En 1801, la lithographie se répandit dans la plus grande partie de l'Allemagne ; quelques essais furent faits à Stuttgard, mais on y apporta tant de lenteur, qu'en 1808 on ne comptait encore que quelques planches, d'ailleurs faiblement exécutées. Cet art a fait depuis de grands progrès dans cette ville, et on y a perfectionné les divers genres de travail qui s'y rattachent. On cite dans le Wurtemberg l'etablissement de Strohhofer, qui s'est distingué par de nombreux essais. En 1802, Sennefelder, ayant cédé son établissement à ses frères, porta son invention dans la capitale de l'Autriche. Là, après avoir obtenu un privilége de dix années, il forma un établissement qu'il vendit en 1806, pour revenir à Munich, où il s'associa, pour l'exploitation de ses procédés, à MM. de Gleissner et d'Aretin. Cette société fit exécuter, pendant les trois années de sa durée, un grand nombre d'ouvrages, parmi lesquels on distinguait des dessins d'Albert Durer et des œuvres de Strixner et Piloty. La beauté de ces ouvrages engagea les artistes à faire imprimer chez eux leurs productions.

Plus tard, en 1810, MM. Manlich et d'Aretin firent hommage, à la classe des Beaux-Arts de l'Institut de France, d'une collection de lithographies d'après les dessins originaux de Raphaël, Michel-Ange, etc. En 1814, M. Tiersch, helléniste bavarois, présenta au même corps une collection de portraits des plus célèbres artistes d'Allemagne. Ces deux ouvrages furent vus avec beaucoup d'intérêt par cette société savante.

La lithographie paraît avoir été portée dans l'Italie en 1807, par M. Dalarmé de Munich, qui forma, pour l'exploitation de cet art, des établissemens à Rome, Milan et Venise. Celui de Rome paraît avoir prospéré ; il a produit de très belles estampes, et on y a perfectionné les détails des procédés, mais rien de positif n'a été publié à cet égard. Il est à remarquer que M. Dalarmé, qui ne connaissait, dit-on, qu'imparfaitement les procédés de Sennefelder, avait déjà fait quelques essais en 1805. Parmi

les ouvrages de ce temps, on peut citer une tête de Bac-
chus, tracée au crayon par Winter. A Milan, les procédés n'étaient encore qu'imparfaitement connus en 1809,
car, à cette époque, on ne pouvait obtenir d'un dessin
plus de 500 exemplaires.

En 1807, l'un de MM. André d'Offembach qui, ainsi
que nous l'avons dit plus haut, connaissaient les procédés de Sennefelder, vint à Paris. Il vendit à plusieurs
artistes, et notamment à MM. Choron et Baltard, une
partie des procédés lithographiques qu'ils essayèrent de
mettre en pratique ; le premier, pour la gravure de la musique, et le second pour l'appliquer au dessin de l'architecture.

Ces deux savans, dégoûtés par les demi-confidences
qu'on leur avait faites sur la composition de l'encre et du
crayon, ne donnèrent pas suite à leurs essais, dont il ne
resta qu'une nouvelle application des principes lithographiques, imaginée par M. Duplat, habile graveur sur
bois, procédés qui, perfectionnés, sont en usage aujour-
d'hui en France, et plus encore en Belgique. Dans le
même temps, différens artistes, entre autres MM. Guyot-
Desmares, Schwebach et de Paroy, s'occupèrent aussi de
recherches sur le nouvel art, mais toutes furent à peu
près infructueuses. A la même époque, antérieurement
même, plusieurs Français se livraient à l'étude des procédés lithographiques. De ce nombre furent MM. Lomet,
Marcel de Serres et le général Lejeune. Le premier, à
la fois militaire occupant un haut grade, et passionné pour
les arts, étudia la lithographie en 1806, époque du séjour des armées françaises en Allemagne. Il se procura
à Munich, où il se trouvait, des épreuves, des pierres,
des crayons lithographiques, des notions sur les presses,
et, de 1806 à 1807, exécuta, à Passau et Braunau, quelques dessins qu'il apporta avec lui en France, au mois
de février 1808. Il s'empressa de communiquer alors, à

tous ceux qui le désirèrent, les renseignemens qu'il avait
recueillis sur le nouvel art, dont il montrait à chacun
les résultats ; mais il lui advint ce qui d'ordinaire arrive
à ceux qui s'occupent d'améliorer les arts. On n'ajouta
nulle confiance à ce qu'il avançait et démontrait si géné-
reusement ; on négligea de mettre en pratique des documens, plus tard recherchés, et dont l'emploi pouvait fournir à la France les moyens d'augmenter à la fois sa gloire
scientifique et ses produits industriels.

M. Lomet ne se rebuta pas : il fit connaître à M. Molard,
conservateur des Arts et Métiers, les principaux procédés
qu'il avait vu mettre en usage, et lui remit, pour faire
partie des objets d'art formant la collection du Musée,
une pierre chargée d'un dessin et prête à être imprimée ;
cette pierre avait déjà fourni 5,000 épreuves. Plus tard,
M. Lomet, qui ne vit pas ses plans d'application adoptés
comme il l'avait espéré, retira sa pierre du Conserva-
toire, et chercha des amateurs et des artistes disposés à
accueillir favorablement cette heureuse invention qu'il
désirait faire adopter à cette époque (1808), en France,
ainsi qu'elle l'était déjà dans toute l'Allemagne, etc.

Parmi les personnes à qui M. Lomet communiqua ses
manuscrits, il cite M. Laudon, qui, après avoir pris connaissance de tous les produits du nouvel art, jugea ne
pouvoir en tirer parti pour un ouvrage dont il s'occupait sur la description du Musée, mais émit l'opinion
que l'art lithographique méritait la plus sérieuse attention.

M. Gillet de Laumont, inspecteur général des Mines,
qui se trouva en relation avec M. Lomet, eut le désir de
voir élever à Paris un établissement lithographique. Une
foule de personnes le pressaient d'établir lui-même des
presses et de former des ouvriers ; mais ses hautes
fonctions et l'obligation de se rendre à l'armée d'Espagne s'opposèrent à l'exécution de ce projet. Toutefois,

il déposa sa pierre au Muséum d'histoire naturelle (Jardin du Roi) (*).

A Munich, en 1806, le général Lejeune dessina, au crayon, un cosaque à cheval. Il prouva par des faits particiels la fécondité de cet art, et la possibilité d'obtenir des gravures absolument semblables à des dessins.

En 1809, M. Marcel de Serres, envoyé par le gouvernement en Allemagne pour recueillir des notions utiles sur les arts et les manufactures de ce pays, s'instruisit des procédés relatifs à la lithographie et, plus particulièrement, de ceux qui étaient en usage dans l'imprimerie lithographique de Vienne. Il adressa à Berthollet plusieurs pierres gravées d'après divers procédés; il y joignit un échantillon de l'encre dont il se servait, ainsi que quelques gravures obtenues à l'aide de procédés lithographiques, et publia, en 1814, deux mémoires très bien faits, où les auteurs ont déjà puisé et où l'on trouve encore une foule de faits indiquant de nouvelles applications.

En 1810, M. Manlich sollicita du gouvernement français l'autorisation de former un établissement lithographique. Par des motifs qu'on ne peut concevoir, et que nous ne chercherons point à pénétrer, cette autorisation lui fut refusée.

En mai 1816, M. Engelmann, qui avait étudié l'art lithographique à Munich et avait déjà formé en 1814, pour son application, un établissement à Mulhouse, vint en former un autre à Paris. Les premiers ouvrages qui en sortirent sont : *des Etudes d'arbres et de paysages*

(*) Cette pierre existe encore dans la galerie d'histoire naturelle de ce bel établissement ; elle est poncée et prête à recevoir un dessin au trait ou à la pointe : nous avons dû à la complaisance de MM. Brongniart et Geoffroy Saint-Hilaire la faculté de l'examiner de près.

par Mongin ; *les Fables de La Fontaine,* par Carle et Horace Vernet; *un Cours complet d'études de dessin*, par Bourgeois, Carle Vernet, Demarne, Chrétien, Fragonnard, Romagnési, Engelmann et Mongin. Vers le même temps, à peu près, M. le comte de Lasteyrie, vice-président de la Société d'encouragement, qui, dans le but de former un établissement à Paris, avait fait plusieurs voyages à Munich, afin de prendre une connaissance exacte des procédés lithographiques, entreprit de les décrire. Il est à regretter que cet ouvrage, dont on dit beaucoup de bien, et dans lequel les lithographes auraient puisé des connaissances exactes basées sur l'expérience, n'ait pas été publié. Les premiers ouvrages sortis des presses de M. Lasteyrie sont : *la Tête de Briséis*, par Raoult; *une Suite de paysages*, par Michallon; *le Dessin d'Hartwell* (habitation de S. M. Louis XVIII, à Londres), *la Buvette*, par Horace Vernet, etc.

Les deux établissemens Engelmann et Lasteyrie, seuls, pendant deux ans, dans la capitale, publièrent à l'envi des ouvrages qui firent ressortir à la fois l'habileté des artistes, celle des ouvriers, et plus particulièrement celle des directeurs. C'est de l'établissement Lasteyrie que sont sortis la plupart des lithographes qui se sont, depuis, distingués dans leur art et ont contribué le plus à ses progrès.

Importée, pour la quatrième fois, en France, la lithographie s'y naturalisa enfin : la facilité qu'elle donne aux artistes d'exécuter eux-mêmes leurs dessins, sans recourir aux voies plus dispendieuses de la taille-douce ; la certitude de trouver fidèlement reproduit, dans la copie, le sentiment de l'original, sans craindre ce froid dont ne sont pas exemptes nos meilleures gravures, permirent à beaucoup d'entre eux de se livrer à leurs inspirations, de publier des ouvrages qui sans elle n'auraient peut-être jamais vu le jour, et hâtèrent son développement.

Depuis 1816, un assez grand nombre d'imprimeries .ithographiques ont été fondées à Paris : déjà, quelques uns des lithographes qui les formèrent ont quitté leurs établissemens ; d'autres sont morts et parmi ceux-ci, Delpech, Noël et Paulmier. Le premier a publié les collections *des Vues d'Italie de* Bourgeois, *celle des Vues de France, celles* d'Horace Vernet, *les premières Esquisses de* Charlet, etc., etc. Le second était éditeur des œuvres de Girodet, et fit paraître *Ariadne* et *Erigone*, lithographiées par Aubry Lecomte. Le dernier, Paulmier, mort à Bruxelles, s'était rendu célèbre par son talent pour l'exécution des cartes géographiques, qu'il gravait sur pierre, à l'aide d'un procédé particulier, pour lequel il avait obtenu un brevet d'invention, maintenant exploité par M. Jobard, lithographe du roi de Hollande.

A peine répandus en France, les procédés lithographiques y reçurent de notables améliorations. Elles furent le sujet de récompenses décernées à plusieurs artistes, soit par la Société d'encouragement, soit par le gouvernement dans les diverses expositions de l'industrie française.

C'est aux talens de nos artistes que la lithographie est redevable de ses progrès en notre pays, et si les essais et les études premières auxquels ils ont été obligés de se livrer leur ont inspiré parfois des mouvemens d'ennui, de dégoût même, le haut point de perfection auquel ils l'ont portée, le succès et la beauté de leurs travaux ont noblement récompensé leurs efforts : on leur doit cette justice que l'art du dessin a fait seul pendant long-temps des progrès, tandis que celui de l'impression restait presque stationnaire.

Les beaux ouvrages dus à leur crayon se répandirent non seulement en France, mais dans les Deux-Mondes. Cette exportation fut bientôt suivie de celle des procédés et des instrumens propres à l'impression lithographique. Dans ces contrées lointaines les progrès furent plus lents, parce qu'il était plus facile d'y importer des procédés et des instrumens que des artistes.

En 1828, plusieurs grandes villes de France possédaient des presses lithographiques, et nombre de préfectures avaient recours à elles pour autographier et imprimer leurs circulaires (*) : les divers Ministères en reconnurent l'utilité, ils en firent l'acquisition; le ministère de l'Intérieur et l'administration des contributions indirectes en possédaient une depuis long-temps.

En 1828, au mois de juin, un savant technologue, M. Barnett, fils du consul des États-Unis, porta dans ces contrées l'art de la lithographie. L'activité de ce savant fut telle, qu'arrivé en mai à New-York, il avait déjà monté, en juin, un établissement sous le nom de Barnett et Doolittle.

Des détails sur l'art; des dessins lithographiés soit au trait, soit au crayon; le dessin d'une mine de charbon de terre appartenant à M. Schmidt; celui d'une carte de Wilkesbeare, et un dessin de moteur à la vapeur, font partie du 4e vol., octobre 1821, du journal *the american Journal of sciences and arts* de B. Silliman. L'aspect de ces dessins prouve que déjà l'impression était pure, mais que l'Amérique manquait encore de dessinateurs ; d'autres dessins, exécutés depuis, démontrent que l'art du dessin sur pierre y a fait, comme ailleurs, de sensibles progrès (**).

(*) En 1828, M. Langlumé adressa à MM. les préfets une circulaire pour les inviter à envoyer à Paris des hommes auxquels il enseignerait gratuitement à transporter les autographies sur pierre, pour en tirer un grand nombre d'épreuves. Cette offre produisit peu d'effet; car deux préfets seulement répondirent à cette invitation en envoyant des hommes qui firent une espèce d'apprentissage.

(**) Nous profitons de cette occasion pour remercier M. Bar-

La lithographie continue de faire, depuis quelques années, de rapides progrès dus, en partie, à la munificence de la Société d'encouragement qui, récompensant les améliorations que lui présentent les artistes, en sollicite, chaque année, de nouvelles dans ses programmes. A cet appel sont dus les travaux de M. Tudot sur la manière noire ; ceux de M. Girardet sur la gravure en relief ; le procédé de désacidification du papier ; l'impression en couleur avec des poudres colorées, la fabrication du papier autographe, etc., etc.

Nous n'avons pas cru, dans ce chapitre, devoir citer les noms de ceux qui ont obtenu des encouragemens, nous réservant de les mentionner dans les articles qui traiteront spécialement des objets perfectionnés.

CHAPITRE II.

PIERRES LITHOGRAPHIQUES ; LEUR NATURE ; LIEU D'OU ELLES SONT TIRÉES ; MODE D'EXTRACTION ET PRÉPARATION QU'ON LEUR FAIT SUBIR AVANT DE LES LIVRER AU COMMERCE.

On a donné le nom de pierres ou planches lithographiques à des tables ou plaques rectangulaires, plus ou moins épaisses, formées de pierre calcaire, *carbonate de chaux*, et qui sont destinées à recevoir un dessin, une *autographie*, ou une gravure au besoin.

Le carbonate de chaux, qui est employé à cet usage, a été rangé, par les auteurs qui ont écrit sur la minéralogie, dans la première classe *des substances pier-*

---

ruel de sa complaisance à nous communiquer les documens qu'il avait en sa possession.

reuses et salines, 1er ordre, 11e genre, 2me espèce, sous
les noms de *chaux carbonatée compacte de Dichter; kal-
kstein* de Werner ; *variété de chaux de Haüy*. Les premières pierres lithographiques qu'on a employées étaient
tirées d'une carrière située à Kellheim, sur les bords du Da-
nube : elles étaient connues sous le nom *de pierres plates* de
Kellheim. Cette carrière est maintenant abandonnée, et
le commerce des pierres *lithographiques* a été transporté
à Solenhofen, près de Pappenheim en Bavière. La carrière qui les fournit est ouverte depuis près d'un siècle :
on l'exploitait d'abord pour en tirer des pierres destinées
au pavage, et l'on conservait pour les monumens funé-
raires les plus beaux morceaux qui, depuis l'emploi que
la lithographie fait de ces sortes de pierres, sont con-
vertis en planches rectangulaires qu'on expédie en France,
en Angleterre, en Hollande, en Amérique, etc., etc.

Les pierres lithographiques existent en abondance dans
le pays qui nous les fournit ; on les y rencontre presqu'à
la surface du sol (six pieds de profondeur), et l'exploitation en est très facile. Pour les extraire, on fait une tranchée d'une profondeur assez grande pour découvrir la
masse de pierre, et on enlève, à l'aide d'instrumens, les
blocs que l'on porte près de la carrière. Ces *blocs* sont
ordinairement composés de feuillets qui ont une position
horizontale, et adhèrent plus ou moins fortement les uns
aux autres : les premiers feuillets (ou couches) sont presque toujours tendres et minces, ils n'ont aucune consistance ; leurs débris, qu'on ne peut utiliser pour le service du lithographe, sont propres à faire de la chaux
vive, ou bien encore à remplacer le carbonate de chaux
(la craie).

Lorsque les pierres sont extraites de la carrière, on
divise la plus grande masse : 1° dans son épaisseur, 2°
dans sa largeur, et on donne aux pierres la forme convenable en se servant, pour les fendre dans leur épaisseur,

d'un marteau et de coins qu'on enfonce dans les feuillets ,
ce qui les fait ouvrir : quelquefois un seul coin suffit ,
d'autres fois il en faut deux ou trois ; enfin, on agit sur
cette pierre comme sur du bois. Pour les fendre dans leur
largeur, on se sert d'autres instrumens analogues. A cet
effet (dit Sennefelder, page 42 de son art du lithographe),
on se sert d'un petit marteau d'acier qui pèse à peine une
once, et dont le bout a la forme d'un ciseau un peu
émoussé ; on adapte à ce marteau un manche long de deux
à trois pieds, et très mince : quelques coups prompts et
secs de cet instrument, donnés avec justesse, suffisent pour
fendre les pierres les plus épaisses ; mais il faut que ces
coups soient portés dans la même direction, et à des intervalles d'un pouce l'un de l'autre (*). Si la partie mince
du marteau est trop tranchante, et s'enfonce dans la
pierre, la fente que chaque coup occasione ne péné-
tre pas avant ; mais, s'il est arrondi convenablement, on
ne découvre pas de fortes traces des coups donnés : cependant, la fente qui résulte de ces coups portés par le
marteau émoussé est plus profonde ; elle se manifeste
par plusieurs lignes circulaires ; enfin, la pierre éclate et
se divise en deux parties (**). Par ce procédé, on ne peut
pas toujours couper les pierres d'une manière uniforme ;
on est alors obligé d'achever leur équarrissage en les taillant avec un ciseau tranchant. On peut cependant diviser
à volonté la pierre en deux parties, en la supportant des
deux bouts, de manière à ce qu'elle laisse un vide sous
la ligne à partager, ligne qu'on a tracée au crayon et
qu'on parcourt avec un ciseau peu mordant, en frappant

(*) On peut remplacer le marteau, dont Sennefelder indique
l'usage, par un maillet et un ciseau dont le taillant est émoussé.

(**) Nous avons employé ce procédé avec succès pour équarrir
une pierre française tirée de *Chaville, près Sèvres (Seine-et-Oise)*.

d'à-plomb sur ce ciseau avec un marteau de moyenne grosseur, et en ayant soin que les coups soient peu *forts* et très précipités. Le changement du son qui sort de la pierre, et que l'on pourrait comparer à *une gamme descendante*, indique qu'elle est plus ou moins fendue : quelquefois la séparation se fait d'elle-même ; d'autres fois, on l'opère en posant la partie inférieure de la pierre qui a été martelée sur un corps saillant, et donnant ensuite un petit coup sec, qui détermine la séparation déjà bien avancée : on peut la hâter encore par quelques légers coups de marteau sur la partie opposée à celle que le ciseau et le marteau ont parcourue ; au surplus, tous ces travaux qui ne sont exécutés ni par le dessinateur, ni par l'imprimeur-lithographe, sont du ressort du marbrier, ou du tailleur de pierres, qui a acquis, à l'aide de la pratique, toute l'expérience convenable.

On peut encore diviser les pierres : 1° à l'aide d'une scie, en opérant comme le font les marbriers et les scieurs de pierre, en se servant d'eau et de grès : cette méthode est particulièrement applicable aux pierres lithographiques qui ne seraient pas formées de couches feuilletées ; 2° en employant une petite scie (*sciote*), scie à main, montée dans une rainure, avec laquelle on fait un trait profond à l'aide du frottement, de l'eau et du grès : on frappe ensuite un coup sec sur le côté opposé au trait de scie, en ayant soin de faire porter ce côté opposé sur un corps dur qui forme un angle ; nous indiquerons cette position par une figure : cette dernière méthode n'est applicable qu'aux planches rectangulaires d'une épaisseur d'un à deux pouces. Les pierres destinées à recevoir le dessin *lithographique* et à fournir des épreuves par le moyen de la presse doivent avoir une épaisseur qui leur permette de supporter sans se rompre la pression nécessaire ; cette épaisseur doit être proportionnée à la pierre elle-même et à la surface qu'elle présente. En thèse générale, les pierres de huit pouces de largeur, sur dix de longueur, doivent avoir au moins un pouce d'épaisseur; celles de dix de largeur sur douze de longueur, et celles de douze de largeur sur quinze de longueur, doivent avoir quinze lignes d'épaisseur; celles de dix-huit pouces de largeur sur vingt-deux de longueur, de vingt lignes à deux pouces; les pierres de vingt-quatre pouces de largeur, et de trente-six pouces de longueur, trente lignes. On peut cependant imprimer des pierres d'une épaisseur moindre que celle que nous venons d'indiquer. Ce manque d'épaisseur peut être un défaut naturel, et les pierres minces étant quelquefois d'une grande beauté, on aurait tort de les rejeter; d'autres fois, celles qui, primitivement, auraient eu l'épaisseur convenable, ont reçu plusieurs dessins, successivement effacés à l'aide du frottement, effaçages qui, diminuant chaque fois la pierre d'une 1/2 ligne environ, ont fini par la rendre trop mince. L'emploi des pierres de peu d'épaisseur exige une grande intelligence de la part de l'ouvrier, s'il fait le tirage du dessin sans la doubler; aussi, dans ce cas, est-il toujours prudent d'opérer *le doublage*, qui consiste à fixer la pierre sur une autre, à l'aide de plâtre. Nous parlerons plus amplement de cette opération qui ne doit pas être négligée, et qui a pour but de prévenir des accidens, qui peuvent arriver à l'ouvrier le plus habile (*).

_____

(*) Le désagrément qu'il y a pour un artiste de voir la pierre se briser peut le plus souvent être évité. Le moyen qu'emploie M. Langlumé est des plus efficaces : il a invité les ouvriers à doubler toutes les pierres un peu minces et celles qui, quoique assez épaisses, offrent des veines qui peuvent faire craindre l'emploi de la pression. Si, faute du doublage, la pierre vient à casser, l'ouvrier est rendu responsable; mais si elle a été doublée, la responsabilité ne pèse pas et ne peut plus peser sur lui. Il doit

Les pierres horizontalement et transversalement divisées, de manière à présenter des planches rectangulaires
d'une épaisseur convenable, on procède au dressement
qui consiste à les frotter l'une sur l'autre, en mettant
entre les deux surfaces du grès et de l'eau, et continuant
le frottement en tournant dans tous les sens, jusqu'à ce
que les deux surfaces soient unies, ce dont on s'assure au
moyen d'une règle de fer qu'on applique sur la surface
polie ; si cette règle la rencontre dans tous les points, on
opère le 1er polissage ; si quelques parties en sont sail-
lantes ou creuses, on frotte de nouveau, et jusqu'à ce
que l'on soit certain que la surface est parfaitement
plane : on procède alors à un 2me polissage, que l'on continue, à l'aide de la pierre-ponce, jusqu'à ce que la surface soit bien polie et douce au toucher ; ensuite on laisse
égoutter et sécher (*).

L'examen des pierres ainsi préparées indique si l'on
peut ou non les employer; une grande habitude peut
faire connaître aux ouvriers si une pierre non polie est
d'une bonne qualité, mais il y a cependant des excep-
tions. Les opérations dont nous venons de parler se font
ordinairement près des carrières et avant d'expédier les

---

en être de même si la cause de la rupture provient soit des fissures, soit d'une mauvaise disposition résultant du choc qu'elle
aurait pu essuyer lors de l'équarrissage, dans le transport, ou
bien encore parce que l'artiste l'aurait inégalement ou trop fortement chauffée (ce qui est arrivé) : en faire supporter, dans ce
dernier cas, la perte à l'ouvrier serait, de la part de l'imprimeur,
une injustice qui doit être repoussée par le dessinateur, s'il ne
veut en devenir le complice.

(*) En Allemagne, on n'emploie pas la pierre-ponce, mais une
pierre plus dure, et qui, au dire de M. Wolkmann, se trouvait
à quelque distance de la carrière de Solenhofen.

pierres ; il en résulte pour le propriétaire un très grand avantage, celui de ne payer que le transport de celles qui peuvent être vendues. Les pierres ainsi préparées peuvent être livrées au commerce ; mais elles doivent encore subir d'autres préparations avant de recevoir le dessin : celles-ci étant du ressort de l'imprimeur-lithographe, nous en ferons le sujet d'un autre article.

CHAPITRE III.

DE L'AVANTAGE QU'IL Y AURAIT D'AVOIR EN FRANCE DES CARRIÈRES DE PIERRES LITHOGRAPHIQUES ; INDICATION DES RECHERCHES FAITES ; EN QUELS LIEUX IL SE TROUVE DE CES PIERRES.

L'emploi des pierres lithographiques devenant chaque jour de plus en plus considérable, et ces produits nécessaires étant fournis par l'étranger, nous avons pensé qu'il serait utile de mettre sous les yeux de nos lecteurs les indices qui démontrent que la France pourrait bientôt être délivrée de l'impôt qu'elle paie à la Bavière, si l'on s'occupait activement de la recherche des carrières qui peuvent fournir des pierres analogues à celles envoyées de l'Allemagne. La recherche des pierres lithographiques avait déjà fixé l'attention de la Société d'Encouragement ; cette Société, à laquelle on doit de nombreuses découvertes, qu'elle a fait éclore en proposant des sujets de prix d'une valeur plus ou moins considérable, proposa un prix de 600 fr. pour celui qui découvrirait en France une espèce de pierre propre aux travaux lithographiques. Cet appel au zèle des lithographes eut un commencement de succès, et M. Quenedey obtint, en 1817, une médaille d'argent, comme accessit, pour avoir présenté ses pierres tirées de Ricey-le-Haut, de Mussy-l'Évêque, de Plaine et de Gonneville, département de l'Aube. La couleur de ces pierres est très belle et d'un gris perlé ; mais elles sont trop poreuses, et leur grain n'est pas assez fin, ce qui fait qu'elles ne conservent pas assez le crayon.

En 1820, le ministre de l'intérieur, afin de concourir aux progrès des arts utiles, et pour faciliter les recherches des carrières pouvant fournir des pierres lithographiques, adressa à MM. les préfets des échantillons de pierres provenant des carrières d'Allemagne, en les invitant à faire faire des recherches à cet égard (*) ; quelques uns de ces fonctionnaires répondirent à l'appel du ministre, mais, peu habiles en lithographie, ils ne firent passer au ministère que de petits morceaux de pierres ; encore ces morceaux étaient-ils informes, de manière qu'on ne put faire aucun essai. La demande du ministre, adressée aux ingénieurs des mines, eût sans doute donné lieu à des découvertes utiles, ces ingénieurs étant à même d'apprécier la nature des échantillons de pierres qui pourraient être mis à l'essai, et pouvant indiquer la manière de les enlever et de les réduire facilement en planches rectangulaires présentant un côté plane sur lequel on eût pu exécuter le dessin.

M. de Raucourt, dans son Mémoire sur la Lithographie, publié en 1819, a fait un appel aux amis des arts pour la recherche de ces pierres ; mais cet appel n'a pas été entendu.

A la fin de 1828, l'un de nous, dans un voyage qu'il fit, trouva, près de Vermanton, des pierres lithographiques. Il adressa à M. le maire de cette ville une lettre,

(*) M. de Raucourt fit exploiter des pierres de Châteauroux, et on les employait à l'administration des ponts et chaussées.

dans laquelle il détaillait les avantages qu'on pourrait tirer de cette découverte pour cette commune, en demandant un échantillon de ces pierres, afin qu'on pût en faire des essais ; mais cette lettre, adressée franche, resta sans réponse. Toutes ces démarches firent connaître une seule carrière, celle de Châteauroux, qui fut exploitée pendant quelques années, ainsi que nous le disons plus bas.

Le désir d'être utile à la science nous a porté à faire de nombreuses recherches et à explorer divers lieux dans le but d'indiquer ceux qui offrent des carrières susceptibles de fournir des pierres ayant les qualités convenables à l'art de la lithographie. Nous devons, avant de citer ces lieux, adresser nos remercîmens à M. Héricart de Thury, qui a bien voulu faciliter nos recherches, et nous adresser à diverses personnes qui nous ont donné les renseignemens que nous pouvions désirer.

De divers échantillons qui nous ont été adressés et de ceux qui se trouvent dans les collections d'histoire naturelle, il est constant qu'il existe, dans divers départemens, des carrières susceptibles de fournir le carbonate de chaux compacte (la pierre lithographique).

Les départemens et lieux où l'on trouve de ces pierres sont les suivans :

Ain, à Belly, Marchamp.

Aisne, à Château-Thierry, Armentières, Villers-Cotterets.

Arriège, à la Bastide de Boussignac.

Aube, à Mussy-l'Évêque, Ricey-le-Haut, Plaine, Gonneville.

Aude, à Carcassonne.

Aveyron, à Espalion.

Calvados, à Longeau près Lytté.

Cher, à Dun-le-Roi et ses environs, Tonnerre.

Eure, à Caumont près Bourg-Achard.

Haute-Garonne, à Toulouse.

Indre, à Châteauroux (*).

Haute-Loire, à Saint-Gengoux-de-Scissey.

Loiret, à Beaugency.

Meurthe, à Lunéville, Ferrières.

Puy-de-Dôme, à Clermont, Riom.

Rhône, à Batillon près Chessy.

Saône-et-Loire, à Châlons-sur-Saône.

Seine, à Sèvres, Bougival, Meudon, Passy, Vanvres, Montrouge, Châtillon, Courcelles.

Seine-et-Marne, à Château-Landon, Fontainebleau, Crécy, la Chapelle.

Seine-et-Oise, à Chaville, Essone, Argenteuil, Maulette près Houdan, Longjumeau, Pontoise.

Seine-Inférieure, à Saint-Étienne-de-Rouvray.

Vosges, à Épinal.

Yonne, à Vermanton, Thisy près Avalon.

Ce tableau vient d'être adressé à M. le ministre de l'intérieur, avec une lettre. Nous prions Son Excellence de solliciter des recherches à ce sujet. Ces recherches sont d'autant plus nécessaires qu'il a été importé en France des quantités considérables de pierres lithographiques depuis 1816, et qu'il est probable que la consommation en deviendra encore plus grande.

D'après diverses recherches, nous estimons que les quantités de pierres entrées en France sont les suivantes :

(*) La pierre de Châteauroux offre plusieurs inconvéniens : 1° elle ne se lève pas par couches, mais par blocs; 2° elle n'est pas d'une texture égale, et offre des coquillages, des cristallisations et des taches ferrugineuses; 3° elle casse très facilement; 4° elle ne peut être à bon marché, le sable qui sert au sciage manquant sur les lieux d'exploitation. A peu de chose près, cette pierre était d'une valeur égale à celle de Munich.

En 1816, 2,551 kil., valeur de   2,551 fr.
En 1817, 6,486 6,486
En 1818, 30,874 30,874
En 1819, 21,684 21,684
En 1820, 7,534 7,534
En 1821, 22,000 22,000
En 1822, 14,937 14,937
En 1823, 74,886 74,886
En 1824, 64,534 64,534

Total. . 245,486 kil., valeur de 245,486 fr.

De 1825 à 1828, il est entré en France au moins autant de pierres que de 1816 à 1825, ce qui porterait la valeur des pierres fournies à une somme de 490,972 fr., pour les treize années écoulées.

CHAPITRE IV.

DE LA QUALITÉ DES PIERRES ET. DU CHOIX QU'ON EN DOIT FAIRE.

Après avoir sommairement exposé les avantages qui résulteraient, pour notre pays, de l'extraction de pierres lithographiques françaises, nous joindrons ici quelques indications propres à éclairer ceux qui se livreraient à leur recherche et à guider les lithographes dans le choix que souvent ils sont appelés à en faire.

Les caractères généraux d'une bonne pierre lithographique sont :

1°. Son homogénéité ;
2°. L'uniformité de sa teinte ;
3°. Sa pesanteur spécifique.

Cette dernière doit être d'environ 0^k,053 par pouce cube.

Comme il est assez difficile de trouver des pierres qui réunissent à la fois ces qualités, nous allons faire successivement connaître celles qui conviennent le mieux à chacun des trois genres, crayon, encre et pointe sèche.

Dans l'origine, on ne faisait usage, pour le dessin au crayon, que des seules pierres blanches, parce que leur teinte se rapprochant plus qu'aucune autre de celle du papier, son opposition avec le noir du crayon était plus tranchée et donnait au dessinateur une idée plus juste de l'effet que produirait le dessin à l'impression. Mais bientôt la délicatesse des travaux de nos artistes exigeant des grains très fins, qu'on ne peut obtenir qu'avec peine sur des pierres aussi tendres que les blanches, on a eu recours aux grises, qui sont maintenant préférées par un certain nombre d'entre eux, tandis que d'autres, après en avoir essayé, sont revenus aux blanches.

Nous pensons toutefois que cette dernière n'est avantageuse que pour les dessins largement exécutés, et qu'on doit réserver la grise pour les travaux finis, en ayant soin de ne point descendre au dessous de la *grise-perle*. Plus dures, les pierres foncées ont le double inconvénient de ne pas laisser assez pénétrer le crayon et de tendre à se polir par une préparation aussi faible que celle de ce genre de dessin, ce qui est directement contraire au but de l'acidulation.

Quelle que soit, au surplus, la couleur ou la dureté de la pierre choisie pour recevoir un dessin au crayon, sa teinte doit être parfaitement égale, et elle-même exempte, autant que possible, de taches, veines, fissures, etc., en un mot, de tout ce qui pourrait en imposer au dessinateur sur la valeur de ses teintes.

Le choix des pierres pour l'écriture et le dessin à l'encre présente beaucoup moins de difficulté. L'égalité du ton de la pierre, la présence de certaines veines, fissures et taches ne sont pas là d'une grande importance. La nuance et la dureté apportent néanmoins, dans la qualité des pierres, des différences que nous devons signaler : nous les classerons suivant l'ordre de dureté.

La *blanche* est toujours tendre et ne convient pas pour les longs tirages.

La *jaune* est souvent bonne.

La *grise-perle* est la meilleure.

La *grise-ardoise* est toujours bonne, mais d'un difficile emploi.

La *grise roussâtre* est mauvaise : elle *lâche* l'encre quand on dépasse deux mille tirages, et demande beaucoup de soins pour arriver à ce nombre.

Les pierres qui absorbent beaucoup d'eau, celles qui reçoivent rapidement le poli, sont de mauvaise qualité.

Bien qu'on réserve généralement pour l'autographie les pierres de qualité inférieure, il faut cependant éviter l'emploi de pierres trop dures, dans lesquelles l'encre ne pénètre pas suffisamment, ou celui de pierres trop tendres, lorsqu'on a besoin d'un long tirage.

Les meilleures pierres pour la pointe sèche sont les pierres dures parfaitement homogènes.

Les défauts qui se rencontrent le plus souvent dans les pierres dont nous venons de parler, celles de Munich, sont :

> Les *veines*,
> La *tigrure*,
> Les *points blancs*,
> Les *taches de sapin*,
> Les *fissures* et les *cristallisations*.

Les *veines* nuisent à la qualité de la pierre, et surtout les rouges, dans lesquelles l'eau s'infiltre assez souvent et occasione la rupture de la pierre.

La *tigrure*, les *taches de sapin* et les *fissures*, ces dernières par leur peu d'étendue, ne nuisent pas à l'impression.

Il en est de même des *points blancs*, lorsque leur dureté est égale à celle de la pierre.

Les *cristallisations* et les *points blancs* tendres doivent faire rejeter les pierres sur lesquelles ils se trouvent en assez grande quantité.

La pierre de Châteauroux étant, parmi les pierres françaises, la seule employée jusqu'à ce jour, nous ne pouvons donner sur elles des renseignemens bien étendus : voici les seuls qui soient à notre connaissance.

La pierre de *Châteauroux* est excellente pour l'écriture; mais elle est généralement remplie de taches de rouille, de marne et de trous, ce qui empêche d'en faire usage pour le crayon. Elle est très cassante.

Celle de *Bellay* est trop dure et cassante.

Celle de l'*Aube* est de mauvaise qualité.

Toutes les pierres françaises, d'une couleur sale ou terne, sont mauvaises.

CHAPITRE V.

DES DIFFÉRENTES PRÉPARATIONS A FAIRE SUBIR AUX PIERRES QUI DOIVENT RECEVOIR LES DESSINS LITHOGRAPHIQUES.

La préparation que doivent subir les pierres avant d'être livrées au dessinateur mérite une sérieuse attention : car le moindre défaut dans cette opération préliminaire peut occasioner des accidens qui ne seraient visibles qu'au moment du tirage, et le travail du dessinateur pourrait bien alors être fait en pure perte, ou du moins tellement modifié qu'il n'atteindrait pas le but qu'il s'était proposé.

Ces accidens ont pour causes : 1° le défaut d'égalité dans la surface, qui peut être concave ou convexe, ce qui empêche le râteau d'atteindre toutes les parties du dessin et de les imprimer d'une manière uniforme sur un tissu quelconque ; 2° l'inégalité du grain, qui dans divers endroits peut être gros, moyen et fin sur la même pierre, ce qui présenterait beaucoup de difficulté à l'artiste lors de son travail, et fournirait de plus au tirage des épreuves d'une teinte inégale ; 3° l'emploi d'une eau qui n'aurait pas été changée ; car cette eau, qui a servi non seulement au grenage, mais encore à l'effaçage des pierres gommées, tient en solution de la gomme qui peut rester sur la pierre, donner lieu à une couche intermédiaire entre le grain et le crayon et empêcher ce dernier d'être fixé sur le grain ; 4° le grain entièrement gros ; le dessin, dans ce cas, devient *neigeux* et mou, il ne peut être fini par le dessinateur qu'avec une difficulté très grande que beaucoup de temps et beaucoup de patience peuvent seuls lui faire surmonter ; 5° un grain ras ou plat ; il offre divers inconvéniens : l'artiste qui n'a pas une grande habitude de dessiner sur la pierre trouve une grande facilité pour l'exécution de son dessin ; mais les vigueurs s'empâtent, tandis que les demi-teintes disparaissent : il faut, en général, pour qu'un dessin au crayon réussisse bien au tirage, que le grain ne soit ni trop gros ni trop fin, mais bien égal et serré, et que la surface de la pierre ait, à l'œil, l'apparence d'une lime douce parfaitement égale.

Nous avons indiqué les moyens à suivre pour obvier à tous ces inconvéniens, qui, nous le répétons, ne sont pas assez sentis de la plupart des lithographes, et particulièrement de ceux qui commencent, et qui n'ont pas l'expérience que donne la pratique.

Des instrumens nécessaires au travail des pierres.

1°. Une *règle en fer*. Cette règle doit être parfaitement droite, afin de servir de *niveau;* elle doit avoir 3 pieds de long sur 2 pouces de large, et 3 à 4 lignes d'épaisseur.

2°. Deux *tamis de métal*. Ces tamis sont destinés à passer le sable qui sert à dégrossir ou à grener les pierres. Ils doivent être d'un tissu plus ou moins serré : les mailles du premier, employé à passer le sable, doivent être larges; le second réservé pour le sable à grener, doit être très serré.

3°. Une *table*. Cette table, ou bassin carré, présente à sa partie supérieure plusieurs tringles qu'on peut enlever à volonté pour nettoyer le bassin ; ces tringles supportent deux tasseaux mobiles de 15 à 18 pouces de longueur sur 2 à 3 pouces de largeur, sur lesquels les pierres sont posées lors de l'opération ; le bassin, à sa partie inférieure, est percé d'un trou qui laisse écouler les eaux provenant du lavage des pierres ; elles peuvent être reçues dans un seau, ou tomber dans une rigole pratiquée dans le sol, pour les conduire au dehors.

4°. Un *baquet carré*. Ce baquet, monté sur quatre pieds, est muni à sa partie inférieure d'un robinet destiné à donner issue à l'eau qui, ainsi que nous l'avons déjà indiqué pour la table, est recueillie dans un seau, ou tombe dans une rigole qui la conduit au dehors.

5°. Une *sébile en bois*. Cette sébile est destinée à contenir de l'eau propre, qui, de temps en temps, à l'aide d'une éponge, est versée sur la pierre, pour aider au travail.

6°. Une *sciote* (petite scie à main). Cette scie est destinée à couper les pierres qui, fracturées soit dans le transport, soit dans un tirage, auraient perdu leur forme rectangulaire.

7°. Un *ciseau* et un *maillet*. Ces instrumens servent à dédoubler les pierres montées sur plâtre, ou à les couper au besoin, en suivant le procédé usité en Bavière et dont nous avons parlé plus haut.

8°. Des *morceaux de pierre-ponce très douce*. Les morceaux de pierre-ponce sont destinés à polir la pierre; ils doivent être bien homogènes dans leurs parties, afin de polir et de ne pas rayer. La meilleure pierre-ponce est celle dont la légèreté, à volume égal, est la plus grande.

9°. Du *sable* (*). Le sable doit être pur et exempt de terre, qui nuirait à son action.

10°. Une *cuiller de bois* et deux *petites boîtes*. La cuiller est destinée à prendre, dans l'une des boîtes, le sable qui doit être mis sur la pierre (**).

11°. Une *brosse rude*. Cette brosse sert à nettoyer la pierre lorsqu'elle est sèche et à *nettoyer le grain*.

12°. Un *tabouret*. Ce tabouret en bois, monté sur trois pieds, sert à *reposer* l'ouvrier. Il doit être très élevé du sol, et le siége coupé obliquement.

L'atelier de préparation des pierres doit être dans un endroit bien éclairé, afin que l'ouvrier puisse exactement juger du travail qu'il a fait ou de celui qui lui reste à faire pour exécuter d'une manière convenable le travail dont il est chargé.

(*) Le sable employé à Paris est pris ordinairement dans les carrières de Belleville. Quelques personnes emploient le grès provenant de débris de pavés, préalablement passé au tamis.

(**) Les boîtes contiennent, l'une le sable le plus gros, l'autre le sable le plus fin. L'emploi de deux boîtes nous semble convenable, parce que, si l'on n'en employait qu'une, lorsqu'on changerait le sable gros pendant l'opération, il pourrait en rester quelques grains qui raieraient la pierre.

L'atelier disposé et les outils placés à la portée de l'ouvrier, on s'occupe du travail, en opérant de diverses manières, selon la destination que l'on veut donner à la pierre.

CHAPITRE VI.

PRÉPARATION D'UNE PIERRE DESTINÉE A RECEVOIR UN DESSIN AU CRAYON.

On prend une pierre, on la place horizontalement sur les tasseaux qui sont supportés par les tringles en bois, ayant soin d'espacer convenablement ces tasseaux, pour que la pierre soit bien assise. On place à sa droite la *sébile* contenant de l'eau très propre et une éponge, à sa gauche la petite boîte qui renferme le sable le plus gros. On prend de ce sable avec la cuiller, on en étend une petite quantité sur la surface de la pierre (la dose est d'environ 3 cuillerées pour une pierre d'un pied). A l'aide de l'éponge, on humecte ce sable; on pose horizontalement une seconde pierre sur la première, de manière que les deux surfaces à polir soient en contact (sauf l'épaisseur prise par le sable); on fait mouvoir horizontalement, et en tournant, la pierre supérieure sur celle qui est placée sur les tasseaux, on continue le frottement jusqu'à ce que le sable employé soit *usé*; on lave la pierre à *pleine eau* dans le baquet. Lorsqu'elle est lavée, on la met de nouveau sur les tasseaux; on applique la règle de fer sur sa surface et en différens sens, afin de voir si elle est parfaitement plane. Si la règle ne porte pas sur toutes les parties, on pratique de nouveau l'opération que nous venons de décrire, toujours en employant du sable gros (*sable à débrutir, à dégrossir*), mais en prenant la précaution de mettre sur les tasseaux la pierre qui était à la partie supérieure et qui tournait sur celle qui était à la partie inférieure. Si l'on n'agissait pas ainsi, la pierre posée sur les tasseaux serait convexe au milieu, et celle de dessus serait concave, les coins dépassant souvent la pierre, tandis que les centres sont continuellement en contact. Si, au contraire, la surface est parfaitement plane, on procède alors au *grenage*. A cet effet, on lave exactement les deux pierres, afin d'enlever tout le gros sable, qui pourrait rayer la pierre. On place la pierre à grener sur les tasseaux; on y met deux ou trois cuillerées de sable fin passé au tamis; on humecte légèrement, pour que le sable reste sur la pierre et ne soit pas entraîné par l'eau. On pose ensuite la seconde pierre sur le sable; on promène légèrement la pierre supérieure sur la pierre inférieure, en ne donnant de pression que celle qui résulte du poids de la pierre, et en évitant de lui faire parcourir un cercle trop grand, de peur de faire tomber le sable, ce qui donnerait lieu au polissage de la pierre et non au grenage. On ne peut déterminer d'une manière précise le temps qu'on doit mettre au *grenage parfait*; il dépend de la qualité de la pierre et de celle du sablon : l'expérience seule en donne la juste mesure. Si l'ouvrier ne continuait pas assez long-temps l'opération, il aurait un grain gros et inégal; s'il la poussait trop loin, il détruirait le grain formé d'abord, et sa pierre deviendrait lisse, ou, en termes de l'art, elle aurait un grain *plat* et *usé*.

Pour s'assurer que le grain est parfait, l'ouvrier lave exactement la pierre pour la débarrasser de tout le sable qui la recouvrait. Il la laisse égoutter un instant; il se place au point le plus éclairé de l'atelier; puis, après avoir soufflé fortement sur une des parties de la pierre, pour écarter l'eau qui se trouve sur le grain, il examine s'il est bien égal et ressemble, comme nous l'avons dit plus haut , à la surface d'une *lime douce*. Il laisse sécher la pierre. Lorsqu'elle est sèche, il examine de nouveau si le grain, qui était égal dans le point examiné, l'est aussi partout. S'il en est ainsi, la pierre peut être livrée au dessinateur ; dans le cas contraire, on procède de nouveau au grenage.

Le grenage des pierres offre des difficultés. Elles se font sentir : 1° lorsqu'on opère sur des pierres molles : ces pierres, qui sont ordinairement d'une couleur blanchâtre, au lieu de présenter du grain, n'offriraient qu'une surface unie, si on agissait comme sur des pierres plus dures. Mais l'ouvrier intelligent remarquera bientôt qu'on peut grener les pierres molles en donnant quelques tours de sable seulement, en examinant ensuite le grain de la pierre, et en cessant d'opérer aussitôt que le grain est formé. 2° Souvent on opère avec deux pierres qui ne sont pas d'une égale dureté : si par hasard la pierre que l'on veut grener, et qui est posée horizontalement sur les tasseaux, est la plus dure, le sable agit sur la supérieure, et le grenage ne s'opère pas, parce que la pierre molle fournit de la substance qui empâte le sable et en diminue l'action.

On a obvié à cet inconvénient (*) en se servant d'une plaque de fonte de l'épaisseur d'un pouce. Cette plaque, qui a été usée sur des pierres à débrutir, remplace avec avantage la pierre, parce qu'elle n'enlève rien au sable de son énergie et que le grenage s'opère facilement : trois ou quatre de ces plaques de fonte, de diverses dimensions, suffisent pour grener toutes les pierres. Leur emploi est économique, puisqu'on n'use dans ce travail qu'une pierre au lieu de deux (**).

_____

(*) Ce procédé est de M. Langlumé.

(**) Un auteur qui a écrit sur l'art du lithographe propose de

Lorsque la pierre est séchée et qu'on est assuré que le grain est *parfait*, on la lave encore dans une eau bien propre, puis on la laisse égoutter. Quelques auteurs ont prescrit de frotter ces pierres avec un linge pour enlever le sable qui aurait pu échapper au lavage ; mais cette méthode est vicieuse, car des parcelles de linge, détachées par le frottement, peuvent s'interposer dans le grain et nuire à la beauté du travail. Le meilleur moyen consiste à brosser la pierre lorsqu'elle est sèche, en se servant d'une brosse ni trop molle ni trop rude, et en prenant le soin de ne la faire servir qu'à cet usage, et de la serrer pour la mettre à l'abri du contact de corps graisseux, qui, répandus sur le grain, donneraient à la pierre la propriété de prendre le noir et de se salir lors du tirage.

La pierre, séchée et brossée, doit être enveloppée dans du papier, avec l'attention de recouvrir la surface grenée de papier *non collé*, ou mieux de papier *serpente*. Cette précaution a pour but : 1° de garantir la pierre du contact des doigts qui pourraient la *graisser*; 2° de ne pas laisser la surface de la pierre avec du papier collé, qui, par l'application des doigts humides ou par toute autre circonstance (les effets de la température, par exemple), pourrait céder à la pierre une partie de la colle, qui, s'interposant sur la surface grenée, empâterait le grain et l'empêcherait de recevoir le crayon.

Lorsqu'on fait sécher les pierres, on doit avoir soin de les placer de manière à ce que l'eau qui pourrait se trouver sur l'épaisseur de la pierre ne vienne pas à couler sur la surface grenée. Cette eau, qui est propre, ne laisse

---

prendre, pour le grenage, des petits morceaux de pierre pour frotter et obtenir le grain ; mais en agissant ainsi on obtient un grain très inégal, et il faut recommencer le grenage comme si on n'avait rien fait.

sur la pierre aucune trace visible ; mais lorsqu'on a fait un dessin et qu'on vient à le tirer, les parties sur lesquelles l'eau a coulé laissent partir le dessin (en termes de l'art, *lâchent le crayon*), et décrivent une ligne que, dans les premiers temps, les dessinateurs regardaient comme tracée par l'acide nitrique qu'on avait employé dans l'acidulation. Le meilleur moyen à mettre en usage, pour éviter cet inconvénient, est d'enlever d'abord l'eau qui séjourne sur l'épaisseur de la pierre , à l'aide d'une petite éponge ; et si l'on soupçonnait qu'il eût pu couler quelques gouttes de cette eau sur la surface de la pierre , il faudrait de nouveau la laver à grande eau, opération que le dessinateur, au surplus, devrait toujours faire (par prudence) lorsqu'il reçoit une pierre d'un établissement lithographique. Quelques auteurs ont indiqué l'emploi d'une molette pour faire le grain ; mais on n'obtient, par ce moyen, qu'un grain inégal et peu serré, qui nuit toujours au dessin. Il est d'ailleurs impossible d'exiger d'un ouvrier qu'il apporte à ce travail une intelligence dont souvent il est privé. D'autres pensent que, sur la même pierre et dans des lieux déterminés, on devrait faire des grains de diverse nature, selon que ce grain doit recevoir un premier, un deuxième et un troisième plan : pour le premier plan, le grain devrait être plus gros, il devrait l'être moins pour le second et moins encore pour le dernier. La pratique a fait voir que ce mode n'était pas nécessaire pour obtenir de grands résultats. Nous citerons pour exemples : 1° la *Corinne* d'Aubry le Comte, faite sur un grain égal : elle offre de grandes vigueurs dans les premiers plans, et une grande finesse dans les teintes légères qui forment le troisième plan ; 2° les *Marines* de Gudin , qui présentent les contrastes les plus grands tant en clairs qu'en vigueurs et de tons.

Il y aurait d'ailleurs un grand inconvénient à ce qu'un artiste eût besoin de divers grains pour bien faire un dessin. Il se mettrait par là à la disposition de l'ouvrier greneur, et souvent son génie devrait s'arrêter parce que le grain nécessaire viendrait à lui manquer.

On a aussi recommandé le *grenage à sec* (*). Les essais que nous avons faits nous ont démontré que ce mode d'opérer ne fournissait pas de résultats avantageux : 1° l'opération est plus longue ; 2° le sable, promptement réduit en poussière, forme une masse pulvérulente fine, qui se rassemble par place et qui n'agit plus sur la pierre ; 3° la poussière fine qui s'élève lors du frottement peut, à la longue, incommoder l'ouvrier. D'autres auteurs proposent d'employer, lors du grenage, au lieu d'eau pure, 1° de l'eau de savon ; 2° de l'eau rendue visqueuse par l'empois. Ce dernier procédé a été indiqué par M. Jobard, de Bruxelles (V. le *Bulletin de la Société d'Encouragement*, n° 293, XXVII° année) ; 3° de l'eau rendue visqueuse par l'argile (la *terre glaise*). Des essais nous ayant paru utiles pour constater les avantages de ces manipulations, voici les expériences auxquelles nous nous sommes livrés.

Nous avons pris une pierre d'une grande dimension, afin de pouvoir faire essayer trois moyens différens de grener. La pierre fut d'abord grenée au sable fin et à l'eau ; lorsqu'elle eut été amenée à offrir un grain régulier, on y traça trois lignes pour la diviser en trois parties, n° 1, 2 et 3. La première, formant l'une des extrémités de la longueur désignée par le n° 1, fut grenée avec du sable mêlé à une petite quantité d'empois ; lorsque le sable fut usé, on recommença cette opération afin d'obtenir le plus de grain possible ; et, le grain parfaitement fait, la pierre fut lavée. On procéda ensuite au grenage de la deuxième partie, située à l'extrémité opposée et marquée n° 2, en

---

(*) Par *grenage à sec* on entend le polissage opéré à l'aide du sablon, sans employer l'eau.

se servant de sable fin et d'eau très chargée de savon. L'opération fut aussi répétée deux fois, toujours dans le but de *fournir le plus de grain possible;* la pierre, lavée ensuite avec le plus grand soin, puis donnée à l'un de nos artistes les plus distingués (M. de Saint-Aulaire), qui déjà, lors de la publication de nos premiers travaux, avait bien voulu nous sacrifier quelques uns de ses instans. Nous le priâmes de vouloir bien nous faire des teintes dégradées sur les parties n°ᵉ 1 et 2, et sur la partie intermédiaire que nous désignerons par le n° 3, et que nous avions grenée par le moyen le plus usité, le sable et l'eau. Nous priâmes également cet artiste d'observer la nature du grain, et de nous faire connaître quelle était la partie la plus apte à recevoir le dessin.

Voici quelle fut l'opinion de ce lithographe : le grain obtenu était généralement ce qu'on appelle *grain gros;* ce qu'il est facile d'expliquer par la raison que la pierre choisie pour l'expérience était molle et difficile à grener. Le n° 1, grené par le procédé de M. Jobard (avec le sable et l'empois), a offert au lithographe un grain plus fourni, ce qui a facilité le travail. Le n° 2, grené avec l'eau de savon, et le n° 3, grené avec le sable et l'eau, ne présentaient aucune différence, et le lithographe n'a remarqué aucune différence dans le plus ou moins de facilité du travail.

Les épreuves du dessin fait sur cette pierre ayant été examinées après le tirage, on n'aperçut pas une grande différence entre elles. Cependant l'œil exercé donna la préférence au dessin désigné sous le n° 1.

Ces deux modes de grener les pierres à l'aide de l'empois et du savon n'offrent pas un grand avantage, et pourraient donner lieu à quelques inconvéniens, si l'imprimeur lithographe n'avait pas le soin de surveiller ses ouvriers greneurs lors du dernier lavage de la pierre. Ces inconvéniens résulteraient : 1° de l'étalage de l'empois, qui,

s'il n'était pas exactement enlevé, laisserait sur la pierre
une couche qui empêcherait le crayon d'adhérer et ferait
manquer diverses parties du dessin ; cet inconvénient nous
a été signalé par l'expérience : l'un de nous ayant grené,
par le procédé de M. Jobard, une pierre destinée à recevoir un croquis, et M. Watelet s'étant exercé sur cette
pierre, nous fûmes étonnés de voir qu'au tirage de la
première épreuve une partie du dessin avait disparu, et
que le reste s'en allait par l'effet de l'*encrage* ; l'examen
de la pierre nous fit reconnaître qu'elle n'avait pas été assez
lavée, qu'il était resté une couche d'empois sur la surface
et dans les pores de la pierre (*). 2° De l'emploi de l'eau
de savon. En effet, si cette eau était trop chargée et que
la pierre ne fût pas bien lavée, il est probable qu'il se
formerait une teinte ombrée sur toute sa surface, et cela
par la raison que le savon serait décomposé par l'acide au
moment de l'acidulation, et que de la graisse mise à nu
serait apte à prendre le noir lors de l'*encrage*.

Le grenage pur et simple n'ayant pas tous ces inconvéniens, nous avons été conduits à faire de nouvelles recherches sur les moyens à employer pour remplacer l'eau
de savon et l'empois. Notre idée s'était portée sur l'emploi
de la terre alumineuse (la terre glaise), et M. Knecht
nous indiqua l'emploi de la chaux vive.

Pour pouvoir apprécier à leur valeur ces nouveaux
moyens, nous prîmes la même pierre qui avait servi aux
premiers essais et nous la numérotâmes de nouveau. L'une
des extrémités, grenée à l'aide de la glaise, du sable et de
l'eau, fut désignée par le n° 1 ; l'extrémité opposée, grenée avec le sable, l'eau et la chaux, fut désignée par le

(*) C'est à l'aide de la teinture d'iode que nous nous sommes
convaincus que tout l'amidon n'avait pas été enlevé. Ce moyen
peut être des plus utiles.

n° 2, et la partie intermédiaire, grenée par les moyens ordinaires, fut désignée par le n° 3. Les dessins, semblables en tout aux premiers, furent faits par M. de Saint-Aulaire, puis le dessin soumis à l'acidulation et au tirage. De l'examen des épreuves et du dire du lithographe, il résulte que le n° 1, provenant de la glaise, du sable et de l'eau, a paru à M. de Saint-Aulaire être plus facile à travailler que les deux autres, et que le dessin avait fourni au tirage un dessin mieux teinté, d'une plus grande fraîcheur et d'un travail plus serré ; ce qui démontre que le grain était meilleur.

CHAPITRE VII.

PRÉPARATION D'UNE PIERRE DESTINÉE A RECEVOIR DES DESSINS, A L'ENCRE, A LA POINTE SÈCHE, ET A TRANSPORTER LES ÉCRITURES.

On doit s'assurer d'abord, au moyen d'une règle de fer, que la pierre est parfaitement plane. Si elle ne l'était pas, on procéderait à l'opération que nous avons précédemment décrite sous le titre de dressage. Lorsqu'elle est bien droite, on la lave avec soin pour ne laisser aucune trace de *sable gros* qui pourrait donner naissance à des *lignes creuses* ; on la recouvre ensuite d'une légère couche de sable fin, que l'on humecte d'eau, et, à l'aide d'une autre pierre superposée, et en faisant mouvoir circulairement la pierre supérieure sur l'inférieure, on use entièrement le sable ; ce qu'on reconnaît à la difficulté de faire tourner la pierre supérieure et à l'adhérence très forte qu'elle contracte avec la pierre inférieure. On lave la pierre de manière à enlever le sable usé qui la recouvrait, de telle sorte qu'il n'en reste aucune trace ni sur les bords ni sur les surfaces. L'opération du lavage terminée, on prend un morceau de pierre-ponce aplati sur l'un des côtés, avec lequel on frotte la surface usée de la pierre, soit en faisant tourner la pierre-ponce, soit en la faisant agir de bas en haut, et prenant soin de ne donner qu'une légère pression ; et l'on s'assure, en passant de temps en temps le doigt mouillé sur la pierre, de l'avancement du travail, que l'on continue jusqu'à ce que la pierre soit parfaitement lisse et douce au toucher : à ce point, elle est suffisamment poncée. On la lave, on la fait égoutter et sécher, puis on l'examine de nouveau, car parfois il arrive, malgré toutes les précautions prises, que la surface n'en est pas égale, et qu'elle offre des lignes en différens sens. Dans ce cas, il faut recommencer l'opération, c'est à dire avoir recours à l'emploi de la pierre-ponce. Ces accidens peuvent provenir : 1° du sable resté sur les bords de la pierre ; 2° de ce qu'il y en a en suspension dans l'eau dont on se sert ; 3° de ce que du sable a adhéré soit à la pierre-ponce, soit à l'éponge ; 4° parce que la pierre-ponce n'étant pas homogène dans toutes ses parties, et contenant de petites parcelles cristallines et dures, raie la pierre lithographique qui est moins dure. Il faut donc que l'ouvrier greneur ait la précaution 1° de ne laisser de sable sur aucune des surfaces de la pierre ; 2° d'employer toujours de l'eau qui n'ait servi encore à aucune opération préliminaire ; 3° d'avoir une éponge destinée à ce seul genre de travail ; 4° de tenir la pierre-ponce dans une boîte ou dans tout autre lieu où elle soit à l'abri du sable; 5° d'examiner si cette pierre est bien homogène ; si elle contient des pointes brillantes, il faut alors les enlever avec la pointe d'un canif (*).

(*) La pierre-ponce se vend dans le commerce par morceaux

Quelques lithographes opèrent le polissage à l'aide de la pierre-ponce en poudre ou du poussier de charbon. On conçoit facilement que, dans ce cas, la poudre de pierre-ponce doit être très fine et exempte de fragmens inégaux ou durs. Il en est de même du poussier de charbon, qu'il faut obtenir en pilant du charbon qu'on passe ensuite au tamis ; car si on employait, pour cet usage, le *poussier ordinaire,* qui contient du sable, l'opération ne réussirait pas. D'autres ont encore essayé le tampon de linge et la pierre-ponce, la poudre et le charbon en morceaux, promené avec pression sur la pierre ; mais ces divers moyens qui, sans aucun avantage pour le dessinateur, font perdre beaucoup de temps à l'ouvrier, ne peuvent utilement suppléer à l'usage de la pierre-ponce. Un autre moyen consiste dans l'emploi du sable seul, qu'il faut user de telle sorte que les deux surfaces des pierres frottent l'une sur l'autre, et qu'aucun grain de sable n'ait échappé à ce genre de travail.

Ce moyen, qui est le plus prompt, ne fournit pas une surface aussi unie que le polissage par la pierre-ponce : cependant une pierre ainsi polie peut servir dans plusieurs cas, et notamment dans l'autographie. Une précaution que nous devons encore indiquer à l'ouvrier greneur, c'est de ne pas laisser l'une sur l'autre les pierres, lorsque le sable est usé ; car il est souvent arrivé que des ouvriers, qui s'étaient distraits de leur travail pour aller causer dans quelque autre partie de l'atelier, ne pouvaient plus, après

---

et à la livre. On doit choisir la plus légère, en morceaux bien ronds ; on les scie par le milieu, de manière à obtenir deux morceaux offrant chacun une surface plane, qui est employée au polissage de la pierre lithographique. C'est cette portion plane qu'il importe d'examiner avec soin pour être certain qu'elle ne présente pas de pointes brillantes et dures.

quinze à vingt minutes, séparer ces pierres qui adhéraient
fortement entre elles. Dans ce cas, et non sans risquer
de les rompre, on est obligé d'avoir recours, pour obtenir leur séparation, à l'aide d'un instrument, et d'introduire la lame d'un couteau entre les surfaces des deux
pierres, en la plaçant sur leur jointure, et frappant l'extrémité du manche avec un très léger marteau; l'introduction de la lame entre les deux pierres parvient à les
séparer. Pour éviter l'inconvénient que nous venons de
signaler, et qui peut arriver aussi lors du grenage des
pierres pour le crayon, le greneur doit séparer les pierres
aussitôt son travail terminé, puis les laver et les faire
égoutter.

CHAPITRE VIII.

DES CRAYONS ET DE LEUR FABRICATION.

On a donné le nom de crayon lithographique ou de
crayon chimique à une préparation composée, pour l'ordinaire, de cire, de savon, de suif, de gomme laque et de
noir de fumée. Cette composition, faite par masses, est
ensuite divisée en petits fragmens prismatiques ou ronds,
dont on taille une extrémité en pointe, et qu'on emploie
sur la pierre convenablement préparée, comme on se sert,
sur le papier, d'un crayon à dessiner.

Les procédés pour la fabrication des crayons sont très
nombreux et bien connus; mais la plupart des formules
publiées donnant des résultats imparfaits, nous croyons
devoir décrire d'abord deux formules qui nous sont propres, dont les avantages nous sont démontrés, et qui ont

pour objet la préparation des crayons n° 1 et n° 2. Nous ferons connaître d'autres formules publiées.

Le crayon lithographique doit être d'une bonne consistance, d'un grain très serré ; s'il était mou, il s'attacherait aux doigts, resterait en masse sur la pierre et ne pourrait produire des traits fins ; il *empâterait* par conséquent le dessin. Le crayon bien préparé doit se tailler avec facilité, et les parties qui proviennent de la taille doivent rester entières et ne pas se diviser en poudre ou en petits fragmens, ce qui indiquerait que le crayon est trop sec ou trop cuit.

Le crayon ne doit pas non plus se dissoudre dans l'eau ; il pourrait en résulter une foule d'inconvéniens : 1° la ruine totale d'un dessin par la chute d'une quantité plus ou moins grande d'eau ; 2° par une difficulté très grande de transporter les pierres, puisqu'un moment de pluie peut gâter l'ouvrage de plusieurs mois ; 3° parce qu'il y aurait à craindre, soit en hiver, soit en été, des effets hygrométriques qui pourraient donner lieu à la condensation d'une certaine quantité d'eau sur la pierre.

Il faut que le crayon soit bien noir, ce qui tient à la qualité de charbon divisé qu'on y introduit ; un crayon peu coloré peut induire l'artiste en erreur ; il pourrait s'imaginer avoir fait des teintes légères, et il serait fort étonné de trouver, lors du tirage, des teintes très vigoureuses.

Des instrumens nécessaires à la fabrication des crayons.

Les instrumens que l'imprimeur-lithographe emploie pour la confection des crayons sont : 1° une pierre bien poncée. Cette pierre doit être parfaitement unie, épaisse d'un pouce et demi à deux pouces, large de quinze à dix-huit pouces, et longue de dix à douze : elle peut être remplacée par un marbre uni ou par toute autre pierre dure

bien polie. L'épaisseur que nous avons indiquée est nécessaire pour que la chaleur ne la fasse pas casser lorsqu'elle reçoit la masse fondue destinée à être convertie en
crayons. 2°. Un cadre ou châssis en bois de chêne, plus
long que large, dont les quatre barres sont assemblées
par des tenons : les deux barres qui sont sur la longueur
portent dix pouces intérieurement, les deux qui font la
largeur ont huit pouces intérieurement ; enfin la hauteur
de ces quatre barres est de trois lignes. Ce châssis doit
être posé à plat sur la pierre, et lorsqu'elle est ainsi placée, on verse dans le milieu du châssis la pâte de crayon
fondue, pâte qui se répand dans l'espace compris entre
les quatre barres et s'y arrête. 3°. Un petit couteau destiné à diviser les crayons : la lame doit avoir d'un pouce
à un pouce et demi de longueur et six lignes de largeur.
Cette lame, très fine, doit cependant être assez ferme
pour ne pas plier lorsqu'on coupe le crayon, qui alors ne
serait pas droit ; il faut qu'elle soit assez mince pour qu'on
puisse couper la pâte facilement sans laisser de bour-
relets.

4°. Une bassine de cuivre ou de fer battu, munie
d'anse, d'une dimension plus ou moins grande, selon la
quantité de crayon qu'on veut préparer. Cette bassine
doit être d'une capacité du double au moins des substances
employées : elle est destinée à fondre et à enflammer le
mélange.

5°. Un fourneau ou un trépied destiné à supporter la
bassine.

6°. Une cuiller en fer, à long manche. Cette cuiller est
destinée à remuer et à mêler les substances qui entrent
dans la composition du crayon.

7°. Une petite casserole destinée à recevoir la masse
fondue pour la couler dans le cadre ou châssis.

8°. Une règle de cristal, de la longueur de seize pouces
sur cinq de large et trois lignes d'épaisseur. Cette règle

est destinée à guider la marche du couteau lorsqu'on veut diviser la masse du crayon en fragmens.

9°. Une balance avec des poids, pour peser les substances à employer.

10°. Une table qui supporte la pierre ou le marbre sur lequel on coule la masse.

11°. Une boîte pour recevoir les crayons taillés.

12°. Une estampille destinée à imprimer sur les crayons le nom du fabricant et le n° du crayon.

13°. Un petit maillet en bois pour frapper sur le marbre de l'estampille.

Tous ces instrumens étant ainsi disposés, on procède à la confection des crayons.

Fabrication des crayons.

Pour le crayon n° 1, on prend :

  Cire vierge, 2 livres ;
  Savon blanc séché, 1 livre ;
  Gomme-laque en plaques, 8 onces.

On casse la cire vierge en petits morceaux, on la met dans la bassine, qu'on a placée soit sur un feu alimenté par du bois, soit sur un fourneau rempli de charbon allumé. Lorsque la cire vierge est fondue et enflammée, on enlève la bassine avec précaution, et on la ferme avec un couvercle, le posant de côté et le faisant glisser horizontalement ; on laisse la bassine ainsi couverte pendant une minute, on découvre, et souvent la cire s'enflamme de nouveau ; on remet le couvercle et on laisse refroidir pendant quelques minutes, et lorsqu'il n'y a plus d'inflammation, on remet sur le feu la bassine découverte ; on ajoute alors le savon, que l'on a eu soin de racler quelques jours d'avance afin de le faire sécher. On a la précaution de ne l'ajouter que par petites quantités, de peur qu'il ne monte à mesure qu'il fond : on continue ainsi jusqu'à ce que tout le savon ait été ajouté. Quand le mélange, fortement chauffé, s'enflamme de lui-même, on retire la bassine de dessus le feu, on la couvre et on la découvre, comme nous l'avons déjà indiqué pour la cire ; et lorsque le mélange ne s'enflamme plus, on le remet sur le feu. On ajoute alors la gomme-laque, par très petites portions, pour ne pas donner lieu à une ébullition trop vive qui ferait passer le mélange par dessus les bords de la bassine, détermine-rait l'inflammation du mélange et ferait perdre une grande partie du produit. Lorsque toute la gomme-laque a été ajoutée et qu'elle est fondue, on fait chauffer jusqu'à ce que le feu prenne au mélange ; on retire de dessus le feu, puis on recouvre le vase, et on laisse refroidir un instant ; on ajoute alors le noir de fumée, et on remue avec la cuiller pour bien mêler le tout ; on remet de nouveau sur le feu, et on fait bouillir pendant une demi-heure en prenant les précautions nécessaires pour éviter que le feu ne prenne à la masse, en remuant sans cesse, afin que le mélange soit bien intime. De temps en temps on verse, sur la pierre ou marbre qui a été savonné d'avance, une petite quantité de liquide chaud, en ayant soin de le couler de manière à obtenir des filets d'un pouce de long, larges à l'une de leurs extrémités et pointus à l'autre. Si le crayon a suffisamment éprouvé l'action de la chaleur, la partie terminée en pointe se détache de la pierre et se relève d'elle-même à la hauteur d'une ligne environ. On peut alors essayer ce crayon sur du papier, et y ajou-ter, si on le trouvait trop peu noir, outre la dose que nous avons donnée, une nouvelle quantité de noir de fumée. Si le crayon a été assez chauffé, on entretient la masse fondue à l'aide d'une chaleur douce, en remuant sans cesse, afin qu'il ne se forme pas de croûte sur la sur-face ; on réduit ensuite la masse en bâtons de la manière suivante.

On s'assure que la pierre ou le marbre est parfaitement

horizontal ; on enduit toute sa surface d'une couche de savon, en passant sur le marbre un morceau de savon carré et très sec ; ensuite, à l'aide d'un chiffon, on enlève le savon divisé qui forme une espèce de poussière. La pierre étant essuyée, on pose dessus le cadre de bois ; on verse dans une petite casserole la quantité de pâte nécessaire pour garnir le cadre. Lorsque la masse est un peu refroidie et qu'elle ne fume presque plus, on la coule sur la pierre, dans l'enceinte formée par le cadre, en ayant soin de remplir exactement cette enceinte, mais sans dépasser les bords. L'intérieur du cadre étant rempli de matière fondue, on la laisse refroidir en partie ; on relève ensuite le cadre, et on laisse la pâte sur la pierre. De temps en temps on regarde si cette pâte refroidit, et lorsqu'elle n'adhère plus aux mains, on prend la règle de verre, on la porte sur la masse à la distance de trois lignes du bord ; puis, à l'aide du petit couteau, on coupe cette bande ; on recule la règle de trois lignes, on coupe une seconde bande, et ainsi de suite jusqu'à ce que la masse soit divisée en lanières. La masse étant ainsi divisée longitudinalement, on la divise transversalement : pour cela, on place la règle à la distance de deux pouces et demi du bord, on fait une section à l'aide du couteau ; on recule la règle de deux pouces et demi, on fait une deuxième section, et ainsi de suite. Les crayons étant ainsi coupés, on procède à leur marque : à cet effet, on commence par l'une des extrémités, on pose l'estampille bien droit sur le centre et dans la longueur du crayon, puis, à l'aide d'un petit coup de maillet, on produit la marque. On marque ordinairement deux crayons à la fois, en se servant d'une estampille où le nom et le numéro du crayon se trouvent deux fois, et en posant le filet qui sépare les deux noms sur la ligne tracée par le couteau, puis en frappant comme nous l'avons dit.

Les crayons étant marqués, on procède à leur séparation. On commence d'abord par essuyer la surface des crayons avec un chiffon, puis, à l'aide d'un petit couteau, on les lève de dessus la pierre, on les divise et on les met refroidir sur une table; lorsqu'ils sont entièrement refroidis, on les introduit dans un bocal de verre, où ils sont conservés jusqu'à ce qu'on en fasse usage.

Crayon n° 2.

Cire vierge, 2 livres.
Savon blanc, 1 livre 8 onces.
Suif de mouton, 8 onces.
Gomme-laque, 8 onces.
Noir de fumée, 12 onces.

La manipulation à exercer est absolument la même que celle que nous avons décrite pour la préparation du crayon n° 1, c'est à dire que l'on brûle, que l'on arrête la combustion à plusieurs reprises, et qu'on opère les mélanges dans l'ordre que nous avons indiqué.

Le crayon n° 2 n'a pas besoin d'être aussi cuit que le crayon n° 1. On doit arrêter l'opération lorsqu'une portion du crayon coulée en filet sur la pierre se relève vers l'une des extrémités. On coule alors la masse, comme nous l'avons dit, on la divise et on marque les fragmens ou crayons à l'aide d'une estampille.

Quelques personnes, au lieu de couper les crayons, se servent, pour les obtenir, d'un moule en cuivre composé de deux morceaux, dont l'un supporte deux tenons taraudés aux deux extrémités : ces morceaux, creusés de cannelures demi-cylindriques ou demi-prismatiques, forment, par leur rapprochement, des cylindres ou des prismes creux dans lesquels les crayons sont coulés.

Ce moule s'emploie de la manière suivante. On pose, sur une table bien assise, une des moitiés du moule, la partie qui supporte les deux tenons ; on place sur ce moule un petit cadre en bois prenant en dehors, ayant deux ou trois lignes de hauteur : il est destiné à empêcher la pâte de couler. Lorsque le cadre est placé, on verse la pâte dans les demi-cylindres, de manière à couvrir entièrement le moule ; lorsque la moitié du moule est couverte, on place l'autre moitié en la faisant entrer dans les deux tenons, on met les écrous, et on donne une pression qui resserre la pâte et la réduit en fragmens ou crayons ; au bout de quelques minutes on desserre les écrous, on ouvre le moule, et on enlève le crayon qui se détache avec la plus grande facilité, si la pâte est bien cuite : dans le cas contraire, les crayons restent attachés au moule (2).

Des précautions à prendre et des accidens à éviter lors de la fabrication du crayon.

1°. Lorsqu'on prépare le crayon, il faut se servir d'un feu vif : s'il était lent, la pâte serait beaucoup plus long-temps à cuire, et l'opération demanderait huit à dix fois plus de temps.

2°. Quelquefois, lorsqu'on ajoute le savon, il y a boursouflement et gonflement de la masse, qui se recouvre d'une pellicule de laquelle s'échappent de temps en temps des vapeurs blanches. Pour faire cesser ce boursouflement, qui donnerait lieu à la perte d'une partie de la matière qui pourrait dépasser les bords du vase, s'enflammer et causer des accidens, on doit augmenter l'intensité du feu, et rompre sans cesse, à l'aide d'une cuiller de fer, la pellicule qui se forme. Les vapeurs ayant une libre issue, la masse qu'elles soulevaient n'occupe plus alors le même espace : il en est de même lorsque l'on ajoute la gomme-laque.

3°. Si le feu avait été trop actif, et que la pâte fût trop

cuite, ce qui rendrait le crayon cassant, on remédierait à cet inconvénient en ajoutant à la masse, dont nous avons indiqué les doses, une petite quantité de cire et de suif, une once de chaque par exemple : le tout deviendrait alors plus liant.

4°. Il arrive quelquefois que les crayons, divisés à l'aide de la petite lame, ne peuvent s'enlever de dessus la pierre, ce qui tient à ce qu'elle était humide ou trop peu savonnée ; il faut alors enlever la masse à l'aide d'un couteau, la refondre et la couler de nouveau sur la pierre nettoyée, séchée et savonnée.

5°. Il ne faut pas trop tarder à diviser la pâte de crayon coulée sur la pierre : si on attendait trop long-temps pour la couper, elle se refroidirait et le crayon se casserait au lieu de se couper, ce qui obligerait de recommencer l'opération.

6°. Pour bien conduire l'opération, il est bon de s'isoler, afin de n'être pas distrait ni mis en retard, ce qui nuirait en quelque chose au succès de l'opération.

CHAPITRE VIII.

DE L'ENCRE AUTOGRAPHIQUE ET LITHOGRAPHIQUE.

On a donné le nom d'*encre autographique* à celle qui sert à écrire, sur le papier autographe, un document quelconque qui doit être ensuite reporté, par le décalque, sur la pierre, pour fournir, suivant le besoin, un nombre d'épreuves plus ou moins grand, et qui toutes sont. pour ainsi dire, de la main de celui qui, sur le papier autographe, a tracé les caractères reproduits par l'impression. C'est la copie la plus fidèle qu'on puisse avoir, en certain nombre et pour un même objet, de son écriture, car toutes les épreuves sont identiques, tandis que les diverses copies qu'on en pourrait faire varieraient selon les dispositions dans lesquelles on se trouverait en les écrivant.

L'encre autographique doit être plus molle que l'encre lithographique : son emploi pour le transport exige cette propriété. Plusieurs auteurs emploient, pour obtenir ce produit, des procédés particuliers ; mais Sennefelder est le premier qui en ait donné la composition, ainsi que de celle de M. André d'Offenbach. Toutes deux sont liquides. Avant d'indiquer la formule que nous suivons, nous allons faire connaître ces encres, qui ont servi de base aux compositions diverses employées par les lithographes.

Encre de Sennefelder.

Cette encre, qu'il désigne sous le nom d'*encre servant au transport,* se prépare de la manière suivante.

On prend : Gomme-laque. . . . . 3 parties.
Cire. . . . . 1 partie.
Suif. . . . . 6 parties.
Mastic en larmes. . . 5 parties.
Savon . . . . 4 parties.
Noir de fumée . . . . 1 partie.

On mêle toutes ces substances dans une capsule de porcelaine avec de l'eau pure, on fait ensuite bouillir, en agitant, pour aider le mélange, avec une baguette de verre jusqu'à ce que l'eau soit presque entièrement évaporée ; on y en ajoute alors de la nouvelle, et l'on fait bouillir encore jusqu'à ce que le tout soit bien dissous. On passe à travers un tissu de fil, et on conserve dans un vase fermé la liqueur ainsi passée qui doit servir d'encre.

Si ce produit était trop épais, on pourrait l'étendre

d'eau pour lui donner la consistance convenable. Le dessinateur peut en faire de même lorsque son encre s'est desséchée dans son godet, qu'il doit toujours tenir à l'abri de la poussière.

La formule de l'encre de M. André d'Offenbach est la suivante :

Gomme-laque. . . . . 12 parties.
Mastic . . . . 4 parties.
Savon de graisse de bœuf. . . . 1 partie.
Soude cristallisée épurée (*) . . 1 partie.

On la prépare en suivant le procédé que nous venons d'indiquer pour l'encre de Sennefelder.

Formule de l'encre dont nous nous servons.

Cire . . . . 2 parties.
Savon . . . . 1 partie.
Gomme-laque. . . . . 1 partie.
Noir, quantité suffisante pour donner de la couleur
   à l'encre.

On commence par faire fondre la cire et le suif sur le feu, dans un vase de fonte. Lorsqu'ils sont fondus et que la chaleur est assez forte pour donner lieu à des fumées blanches, on ajoute le savon coupé par petits morceaux, en ayant soin de n'en mettre que de très petites quantités à la fois, et en faisant ces additions à mesure que la fusion s'opère. Lorsque la dissolution du savon est opérée, on ajoute la gomme-laque divisée, en ayant encore le soin de ne le faire que par petites pincées, afin de n'avoir pas un gonflement et une déperdition des matières. Lorsque tout est fondu, on chauffe fortement de manière à

(*) Sous-carbonate de soude pur.

déterminer l'inflammation du mélange ; on ferme alors le
vase à l'aide d'un couvercle de métal, on le retire de
dessus le feu et on ajoute le noir, en ayant soin de remuer sans cesse pour bien opérer le mélange. Cela fait,
on verse une petite partie de l'encre sur une pierre
frottée de savon, et on voit, en ajoutant une goutte d'eau
et en frottant à l'aide du doigt, si l'encre est soluble. Si
elle a cette qualité, elle est douce au toucher, le doigt
est coloré ; si, au contraire, elle a de la rudesse, elle
n'est pas soluble. Dans ce dernier cas, il faut ajouter un
peu de savon qui se fond dans le mélange, et agiter pour
bien mêler ; on répète l'essai, et on continue d'ajouter
du savon jusqu'à ce qu'on ait obtenu le résultat qu'on se
propose. L'encre étant bien soluble, on la met en bâtons :
pour cela, on savonne la pierre sur laquelle on doit la
couler, et qui doit être posée d'à-plomb ; on met sur cette
pierre un cadre en bois, de la hauteur de six lignes ; on
coule ensuite dans le milieu de ce cadre : l'encre qui est
fondue va remplir le vide ; lorsque le cadre est rempli,
on laisse refroidir ; ensuite on lève le cadre de bois, on
prend une règle de verre et, à l'aide d'un couteau, on
divise la masse en lanières qui ont trois pouces de longueur sur six à huit lignes de largeur et six lignes d'é-
paisseur.

Cette encre s'emploie comme nous l'avons indiqué en
traitant de l'autographie.

Quelques personnes, au lieu de couler l'encre, la
moulent ; elles se servent, pour cette opération, d'un moule
en deux parties, et qui est semblable, sauf la grosseur des
cylindres, à celui que nous avons décrit en parlant de la
fabrication des crayons.

La plupart des lithographes donnent la préférence à
l'encre liquide sur l'encre solide en bâtons, par la raison
qu'ils la trouvent toute préparée et qu'ils n'ont pas besoin
de la délayer. Mais souvent cette encre s'épaissit ; si elle

est laissée à l'air dans des godets, elle est altérée par la poussière ; au bout d'un certain temps, elle éprouve un commencement de décomposition ; enfin elle peut être répandue et difficilement portée sur soi, inconvénient que l'on évite avec l'encre en bâtons (3).

Encre lithographique.

Cette encre est destinée à écrire directement sur la pierre ; elle peut être employée avec avantage dans les dessins au crayon. Pour les vigueurs, elle est d'une grande ressource, et son importance deviendra plus grande encore, lorsque les artistes voudront l'employer en étudiant les différentes méthodes à l'aide desquelles on peut s'en servir.

Pour que l'encre lithographique soit bonne, il faut qu'elle ressemble par sa couleur à l'encre de la Chine, qu'elle soit bien compacte, bien noire, entièrement soluble dans l'eau, qu'elle ne s'épaississe ni dans la plume ni dans le tire-ligne, car l'artiste ne pourrait faire un travail fini avec de l'encre épaisse ou susceptible de s'épaissir. Diverses compositions, qui nous ont été indiquées pour la préparation de cette encre, ont été soumises à des essais de dessin : nous allons indiquer celle qui nous a paru préférable, par les résultats que nous en avons obtenus, à toutes celles que nous avons préparées.

On prend : Cire. . . . . 4 parties.
Suif de mouton . . 4 parties.
Savon. . . . . 4 parties.
Gomme-laque. . . 3 parties.
Noir . . . . 1 partie.

On introduit la cire et le suif dans un vase en fonte, on fait chauffer vivement, de manière à faire prendre le feu dans le mélange ; on le retire alors et on y ajoute, la matière brûlant toujours, et par petites portions, le savon divisé ; lorsqu'il est entièrement fondu, et la combustion continuant toujours, on ajoute la gomme-laque par petites parties. Quand toutes les substances sont bien fondues, on couvre le vase avec un couvercle de métal, et on fait cesser ainsi la flamme. On ajoute ensuite le noir de fumée en remuant continuellement, et lorsque le mélange est bien fait, on en verse une petite portion sur une pierre et on procède à son essai, comme nous l'avons indiqué pour l'encre autographique, ajoutant du savon, si cela était nécessaire, ce que nous ne pensons pas d'après notre expérience, coulant ensuite cette encre comme l'encre autographique, la divisant en bâtons de la même manière, et l'entourant d'une feuille d'étain pour la parer et l'empêcher de salir les doigts du dessinateur (4).

CHAPITRE IX.

DU DESSIN SUR PIERRE : INSTRUMENS NÉCESSAIRES A CETTE OPÉRATION.

Le dessin décalqué, le dessinateur doit le continuer au crayon, ce qu'on appelle dessiner sur pierre ; mais, avant de s'occuper de ce travail, il est convenable qu'il s'entoure des divers instrumens dont il peut avoir besoin pour terminer son dessin. Il faut d'abord qu'il ait plusieurs porte-crayons, en cuivre, en carton, en liége et en roseau. Les porte-crayons en cuivre doivent être en assez grand nombre (quelques dessinateurs en ont jusqu'à vingt-quatre). Ils sont destinés à obtenir des tons fermes et vigoureux, effet dû à la pesanteur et à la fermeté de l'instrument. Plusieurs dessinateurs ne se servent que de

ces seuls porte-crayons, mais cela tient à la légèreté de
leur main, et il n'est pas donné à tous de les employer
pour les *demi-teintes*. Les autres ont recours à des instrumens plus flexibles, les porte-crayons en carton, en roseau, en jonc et en liége. Le porte-crayon en carton consiste en un tuyau cylindrique de papier collé qui reçoit,
dans chaque bout, un crayon lithographique : ce tube est
approprié à la grosseur du crayon que le dessinateur emploie. Le porte-crayon en roseau se fait avec un morceau
de *roseau à quenouille* (*arundo donax*), assez étroit pour
que le crayon puisse y être fixé. On fend le bout de ce
roseau, et, à l'aide d'une petite virole en métal allant de
l'une à l'autre extrémité, on assure plus solidement le
crayon gros. Le porte-crayon de jonc est formé d'un petit morceau de jonc des Indes (*calamus rotans*), de la
longueur d'environ quatre pouces. On place au bout du
petit bâton un morceau de plume de cygne qui entre en
partie sur le jonc et qui fournit un tube dans lequel on
fixe le crayon.

Le porte-crayon en liége est fait d'un morceau de liége
d'environ quatre pouces et de la grosseur d'un fort tuyau
de plume. Ce morceau est fendu et creusé à l'une de ses
extrémités, de manière à recevoir le crayon, qui est assu-
jetti à l'aide de deux petites ligatures en fil ciré.

On pourrait bien, à la rigueur, se servir des porte-
crayons en roseau et en jonc pour obtenir des teintes vigoureuses ; mais celui de cuivre est préférable.

On emploie les porte-crayons en carton et en liége
pour *les teintes légères*, et il serait aussi difficile d'obtenir des vigueurs avec ces porte-crayons, qu'il le serait
d'en obtenir de légères (si l'on n'en avait pas l'habitude)
avec le porte-crayon en cuivre. Avec ce dernier instrument, on a l'avantage de pouvoir user le crayon jusqu'à
la fin, ce qui n'a pas lieu lorsqu'on fait usage des autres
espèces.

On peut encore se servir de petits cylindres faits de bois
légers, en fixant, sur le bout de ces cylindres, des tuyaux
de plumes de cygne qui reçoivent le crayon. Les bois de
cèdre, de tilleul, de peuplier, peuvent les fournir. Selon
Hullmandel, le porte-crayon de liége est très convenable
pour dessiner les teintes de ciel, de nuages, etc.

Le dessinateur doit avoir aussi : 1° un grattoir pour
rectifier les fautes qu'il peut commettre, enlever les
blancs vifs, et nettoyer les marges de la pierre. Le grattoir doit être en acier ; sa forme varie selon l'idée du dessinateur. Dans une planche destinée à indiquer les divers
outils qui lui sont nécessaires, nous ferons connaître la
forme le plus généralement adoptée.

2°. La *pointe*. C'est un instrument destiné à diviser les
empâtemens et enlever du noir dans des parties trop vigoureuses. Il doit être en acier et monté sur un petit
manche ; enfin, semblable en tout à celui dont se servent
les graveurs.

3°. Un *blaireau*, pour nettoyer la pierre. On doit avoir
le soin de le tenir très propre et éloigné des corps gras.
Cette espèce de brosse ou pinceau sert à enlever la poussière et les morceaux de crayon qui pourraient tomber ou
rester sur la pierre pendant le travail du dessinateur.

4°. Un ou plusieurs *canifs*. Ils sont destinés à tailler les
crayons : ils doivent être en bon acier et bien aiguisés,
pour ne pas donner lieu, lors de la taille, à la fracture
du crayon.

5°. Du *papier-verre*. Ce papier est destiné à faire la
pointe du crayon lorsqu'elle est émoussée. Son usage évite
l'emploi trop fréquent du canif et une perte de temps. Il
faut que ce papier soit très fin (*).

(*) Le papier-verre se fait en étendant sur une feuille de papier une solution de gélatine, et recouvrant ensuite cette couche
de verre pilé réduit en poudre très fine.

6°. Une *demi-boule*, que le dessinateur place sous le milieu des grandes pierres, afin de les mouvoir dans tous les sens, à sa volonté, comme si elles étaient placées sur un pivot.

7°. Une *planchette* d'environ huit pouces de large sur vingt-quatre de long. Elle est destinée à supporter la main de l'artiste qui dessine. Par son usage on évite de graisser la pierre, ce qui arriverait si on y posait les doigts ; elle préserve encore le dessin de la poussière, de la salive, etc.

8°. Un *miroir*. Cet instrument varie selon la grandeur de la pierre qui doit recevoir le dessin : il est nécessaire au dessinateur qui copie un tableau dans un sens inverse.

9°. Un *chevalet*. Cet instrument est employé par quelques dessinateurs. Les uns s'en servent pour supporter la pierre sur laquelle ils dessinent, d'autres pour poser le miroir dans lequel ils copient l'image du dessin.

10°. Un *pupitre*. La plupart des dessinateurs se servent, lorsqu'ils dessinent, de pupitres et de boîtes ; mais ces pupitres n'ont aucune ressemblance les uns avec les autres. On doit à M. Engelmann des détails sur l'un de ces instrumens qui nous a été très utile, 1° par sa disposition, qui permet au dessinateur de promener sa main en tous sens au dessus de la pierre, sans courir le risque de rien effacer ou salir ; 2° par la facilité qu'il lui procure, de tourner sans effort la pierre, quelque lourde qu'elle soit ; 3° parce qu'il contient un miroir qui retrace en sens inverse le modèle placé devant lui ; 4° parce qu'il est recouvert d'un couvercle au moyen duquel on peut, sans nuire en aucune manière au travail, le mettre à l'abri de la poussière, le dérober à la vue, etc.

(La description de ce pupitre a été publiée par M. Engelmann.)

11°. Une petite *boîte à compartimens*. Elle est destinée à contenir les crayons qui ne servent pas encore, et les débris des crayons produits par la taille. L'avantage qu'offre cette boîte est de ne pas laisser répandre le crayon sur les carreaux ou sur les meubles, et d'éviter par là qu'on ne les salisse, ce crayon étant fait avec des corps gras : on doit par conséquent tailler son crayon au dessus de l'un des compartimens de cette boîte, qui doit avoir au moins six pouces en tous sens.

12°. Une petite *étuve*.

13°. Des petits *pinceaux* en poil de blaireau (ou une plume d'acier), un bâton d'encre lithographique et un godet. Ces divers instrumens sont destinés à donner des touches vigoureuses. Pour cela, on fait chauffer le bâton d'encre à la chandelle, et comme si l'on voulait cacheter une lettre; lorsque l'encre est presque fondue, on porte le bâton dans le godet et on remue de manière à garnir les parois intérieures de cette encre; ensuite, à l'aide d'une petite quantité d'eau distillée, on la fait dissoudre en remuant la solution au moyen d'un petit tube de verre ou avec le doigt : on obtient de suite de l'encre bien liquide. Si elle s'épaissit trop, ce qui arrive souvent dans l'été, on y ajoute une petite quantité d'eau distillée, en la faisant chauffer, et en agitant l'eau chaude avec le bâton d'encre qui se dissout et qui fournit l'encre liquide. Le mélange de cette encre avec le crayon offre des ressources précieuses pour le dessin, et particulièrement pour le genre du paysage; mais il faut avoir soin de ne jamais l'employer que pour le trait, car on ne pourrait s'en servir pour faire un lavis. On doit avoir aussi le soin de laver son pinceau chaque fois que l'on s'en est servi : sans cela il serait perdu.

Du dessin sur pierre et des accidens qui peuvent survenir pendant son exécution.

Le dessinateur, muni de tous ses instrumens, et après avoir terminé son calque ou son esquisse, garnit ses

porte-crayons au nombre de douze au moins, et prépare
ses crayons, auxquels il a soin de donner un grand degré
de finesse. Taillés d'avance, les crayons, ramollis momentanément par la chaleur des doigts, sur lesquels repose la pointe lors de la taille, sont plus fermes, et le
dessinateur n'est pas arrêté dans son travail ou contrarié
dans ses idées. S'il arrive que la pointe de son crayon
vienne à se casser, il faut lui donner de la finesse, parce
que les parties légèrement dessinées avec un crayon dont
la pointe est bien effilée offrent plus d'égalité : une pointe
émoussée donne un travail neigeux, désagréable à la vue et
sans vigueur. Selon Hullmandel, les deux crayons doivent
être employés dans la composition d'un portrait, en se
servant du crayon fin pour les parties vives ou de chair,
et des crayons plus gros pour les vêtemens. De ce double
emploi résulte un contraste qui fait mieux ressortir le
talent du dessinateur dans le dessin de la figure. Ces
précautions prises, le dessinateur continue son travail
en ébauchant son dessin le plus vigoureusement possible, surtout pour les premiers plans. Il doit se servir
du crayon n° 2, et dessiner avec beaucoup de hardiesse
pour forcer le crayon à adhérer à la pierre : sans cela,
les teintes légères, ou le crayon posé sur les grains de la
pierre, disparaîtraient lors de l'encrage, par suite de l'a-
cidulation qui amincit toujours le grain en en dissolvant
une partie. Ce premier travail achevé, le dessinateur doit
employer des crayons sortant du même établissement :
sans cette précaution, ses crayons pourraient être d'une
composition différente et l'impression prendre plus ou
moins l'encre. Alors le dessin ne serait plus égal et offri-
rait des nuances différentes, ainsi qu'on l'a vu quelquefois (*). L'ébauche terminée, le dessinateur, en se servant

(*) Il serait utile, pour plus de sécurité, d'essayer sur un
fragment de pierre la valeur du crayon qu'on emploie et les

alternativement, pour la suite du travail, des crayons
n° 1 et n° 2, continue son dessin en ayant soin de revenir
très souvent sur les teintes légères, afin d'obtenir un travail serré ; il doit revenir également sur les parties vigoureuses, jusqu'à ce qu'il ait obtenu le degré d'intensité ou
de coloration convenable. Pour le dessins des vigueurs,
il doit avoir soin de tenir son crayon beaucoup plus droit.
D'autres causes d'accidens doivent encore être signalées :
ainsi quelquefois il arrive que le dessinateur éprouve beaucoup de difficultés pour obtenir une teinte noire, son crayon
glisse comme sur une surface polie, et au lieu d'une
teinte noire qu'il attend, il n'obtient qu'une teinte brune
luisante. Cet effet est ordinairement dû à ce que la pierre
est, dans cette place, lisse et dénuée de grain, ou bien à
ce qu'elle est humide par un effet naturel ou parce que la
chaleur de la main du dessinateur porte sur la pierre et
imprègne sa surface d'une petite quantité d'eau.

Il est difficile d'apporter remède au premier de ces inconvéniens. Dans les deux autres cas, l'artiste doit dis-
continuer son dessin, et, si la pierre est humide, la faire
sécher au soleil ou devant le feu à une chaleur douce, et
mieux encore dans une étuve. Si l'effet qui gênait le travail du dessinateur est dû au contact de l'haleine, l'exposition à l'air libre pendant quelques instans suffit pour
permettre la continuation du travail (*). On a remarqué

---

teintes qu'on doit en attendre. Cet essai devient surtout nécessaire pour un dessinateur qui changerait de crayon ou qui aurait
pris ses crayons chez un nouveau fabricant.

(*) La température d'un atelier où l'on dessine, pendant l'hiver, doit encore influer sur la pierre. On a remarqué qu'une
pierre lithographique sortant d'un milieu froid, et portée dans
un atelier dont la température est très élevée, se couvrait d'eau
après quelques heures de séjour dans ce lieu.

que la chute, sur la pierre, de pellicules tombées des
cheveux du dessinateur lorsqu'il porte la main à sa tête,
produit au tirage des petites taches noires, qu'on n'aperçoit pas avant l'encrage, mais qui paraissent après, et
qu'il est bien difficile de faire disparaître. Ces taches sont
dues à la présence d'une matière grasse qui fait, dans ce
cas, les fonctions de crayon. Les mêmes taches pourraient
être faites 1° par l'amidon qui tombe des cheveux des personnes poudrées, cette fécule étant aussi imprégnée de
matières grasses (*); 2° par les fragmens de crayon qui se
collent sur le garde-main et qui peuvent être appliqués
sur la pierre; 3° par le toucher d'une main recouverte de
sueur, ou qui aurait touché des cheveux ou d'autres corps
gras. On peut obvier à ces inconvéniens, 1° par beaucoup
de propreté; 2° en se couvrant la tête lorsqu'on dessine;
3° en évitant de porter la main sur les pierres, et en ayant
soin que le garde-main soit aussi propre dessus que dessous, et en se servant de la petite planchette dont nous
avons précédemment parlé; 4° en recouvrant son dessin
d'une vitre, pour que la poudre des cheveux ou même la
poussière qui voltige dans l'air ne puisse y tomber. D'autres taches, mais blanches, peuvent être produites, 1° par
la salive; 2° par l'éternument et le tabac tombant du
nez; 3° par tous les corps gommeux ou muqueux liquides
qui pourraient tomber sur la pierre non dessinée; 4° par
les excrémens déposés par les mouches ou autres insectes.
Dans ce cas, ces substances, tombées par accident sur la
pierre, peuvent agir de deux manières : si elles sont
sèches, elles s'interposent entre la pierre et le crayon,
qui disparaît lors de l'encrage et du tirage; si elles sont

(*) Un très beau dessin représentant saint Bruno, sur lequel
de la poudre provenant des cheveux était tombée, se couvrit
à l'impression d'un grand nombre de petits points noirs.

tification qui nous est propre, et qui a été mis en usage avec succès par un grand nombre de dessinateurs. Ce moyen, très simple en lui-même, consiste à jeter sur les traits à effacer une pincée de poudre de carbonate de chaux provenant du marbre saccharoïde (*), à frotter les traits avec cette poudre et un petit morceau de peau blanche, jusqu'à ce qu'ils aient disparu ; on brosse ensuite la pierre pour enlever la poussière.

CHAPITRE X.

DU DESSIN A LA PLUME ET AU PINCEAU. MÉTHODE A SUIVRE POUR APPRENDRE A ÉCRIRE SUR PIERRE.

Deux méthodes peuvent être suivies pour apprendre à écrire sur pierre. La première consiste dans l'emploi de la plume métallique dont nous avons parlé à l'article du dessin sur pierre ; la deuxième, dans celui du pinceau. La première de ces méthodes est la plus suivie, elle est exclusivement employée en Allemagne ; mais il n'en est pas de même en France, où quelques uns, en petit nombre il est vrai, de nos habiles écrivains se servent du pinceau avec une grande facilité. Par ce moyen, on s'épargne le besoin de tailler sa plume, opération difficile et qui exige, de la part de l'écrivain, une très grande habitude (5). Voici la méthode à suivre par l'élève qui veut s'exercer avec la plume aux écritures sur pierre.

(*) Tout le marbre en poudre employé à cet effet, et qui était vendu dans de petites bouteilles, était fourni à l'un de nous par M. Pradier, membre de l'Institut, qui ne nous en a jamais laissé manquer.

On répand sur la pierre bien poncée une quantité d'eau
de savon, ni trop légère ni trop forte, que l'on étend, à
l'aide d'un chiffon propre, sur toute la surface, qu'il faut
sécher ensuite en la frottant vivement et fortement avec
un linge bien sec, et prenant le soin de ne verser sur la
pierre que la quantité d'eau de savon nécessaire pour en
mouiller légèrement la surface. Quelques écrivains ont
l'habitude de frotter leur pierre, lorsqu'elle est sèche,
avec la paume de la main : cette pratique nous paraît vicieuse, surtout pendant l'été, où la transpiration, assez
considérable chez certains individus, absorbée par la
pierre dans le cours de cette opération, y maintient un
principe acide qui coagule l'encre à l'extrémité de la
plume, et l'empêche de couler avec autant de facilité.

La pierre une fois préparée, l'élève doit commencer par
tracer au crayon les lignes horizontales qui servent à fixer
la hauteur et l'écartement de ses écritures; puis, pour
acquérir l'habitude de la pente, et suivant que les écritures sont droites ou penchées, des perpendiculaires ou
des obliques aux premières, et qui forment, par conséquent, avec elles, des carrés ou des losanges. Ensuite,
tenant, pour les écritures penchées, sa pierre devant lui,
de manière à ce que les lignes horizontales deviennent
verticales, il tracera la première lettre, et successivement
toutes les autres, en allant de la partie supérieure vers
l'inférieure, ainsi que nous le faisons voir ici.

Ainsi, si on avait à écrire ces mots, *art du lithographe*,
l'élève, ayant la pierre placée comme il est indiqué, ferait 1º l'*a*, 2e l'*r*, 3º le *t*, 4º le *d*, et ainsi de suite.

L'élève doit avoir soin, pour garantir son travail et

pour être plus à son aise, de recouvrir la pierre avec la petite planchette dont nous avons déjà donné la description, et sur laquelle il s'appuie.

Il aura également l'attention, lorsqu'il commence à tracer à la mine de plomb les lettres sur lesquelles il doit revenir à l'aide de la plume, de ne faire d'abord avec sa plume que les traits, sur lesquels il repasse ensuite pour faire les pleins : s'il agissait autrement, il serait plus long et courrait le risque d'émousser sa plume ou d'écarter les deux parties qui forment le bec.

Si l'élève avait fait de faux traits, il pourrait les corriger, soit en les enlevant avec le grattoir, soit à l'aide de l'essence de térébenthine. Avant d'arriver à écrire des mots, l'élève doit s'exercer à faire ce qu'en écriture on appelle des bâtons, ou bien faire des lignes de lettres, des *a a a*, des *o o o*, des *n n n*, etc. Pour voir si les lettres sont bien formées, il prend une petite glace qui, replaçant les lettres dans la position qu'elles auront sur le papier, lui permet d'en apercevoir plus facilement les défauts.

L'écriture au pinceau se fait en prenant une pierre poncée ou seulement *grenée* (*). Lorsqu'on n'en a pas de poncée, ou lorsqu'on a des titres à faire sur une pierre grenée, on n'y passe pas d'eau de savon, mais on l'essuie pour enlever la poussière et les corps étrangers ; on trace ses lignes comme nous l'avons indiqué plus haut, sans tourner la pierre, et on trace au crayon, de droite à gauche, en prenant ses espaces, et en commençant par la première lettre du premier mot de la ligne, et en finissant par la dernière lettre du dernier mot. Ainsi, si on avait à écrire *mon cher confrère,* on écrirait :

_____

(*) On ne pourrait pas écrire avec la plume sur des pierres grenées, le grain arrêtant le bec de la plume qui ne peut glisser.

L'écriture ainsi tracée, on la charge au pinceau ; mais on commence par le côté opposé, et on écrit le trait en allant de gauche à droite.

Avec le pinceau on peut faire de suite les pleins, mais il est plus facile de se borner d'abord au trait, pour faire plus tard le plein de la lettre. On s'exerce au pinceau de même qu'on le fait à la plume, c'est à dire qu'on doit faire des bâtons, des *a*, des *o*, etc.

CHAPITRE XI.

DE L'ACIDULATION.

On a donné ce nom à une opération qui consiste à faire passer sur la pierre un acide affaibli, dans le but 1° d'enlever la poussière qui, dans l'action du polissage et dans le travail du dessin, peut en avoir rempli les pores ; 2° de rendre la pierre plus poreuse et susceptible de retenir l'eau avec plus de facilité ; 3° d'enlever au crayon et à l'encre l'alcali qu'ils contiennent, et par là de les rendre insolubles à l'eau.

L'acidulation est suivie d'un lavage à l'eau destiné à enlever le sel de chaux qui s'est formé. Le dessin est ensuite recouvert d'une solution de gomme, afin d'emplir les pores de la pierre et de l'empêcher de prendre le noir. Du procédé suivi pour aciduler les pierres, paraît dépendre ordinairement la beauté de l'impression. En effet, on a remarqué que, toutes les fois qu'on n'acidule pas assez, la pierre s'empâte, et cet inconvénient doit souvent arriver lorsqu'on acidule en inclinant la pierre ; car l'acide qui a passé sur la surface supérieure de la pierre est en partie saturé, et pourrait l'être totalement, lorsqu'il arrive à l'extrémité inférieure d'une pierre d'une grande étendue. Dans ce cas, il ne peut plus agir sur ces mêmes parties, qui sont sujettes à prendre le noir : le dessin présente, dans ce cas, une teinte ombrée qui en détruit en partie l'effet. Si l'acide, au contraire, est trop vivement employé, il altère les demi-teintes, qui manquent alors dans le dessin et nuisent à la beauté du tirage.

Ces inconvéniens nous ayant paru d'une gravité extrême, nous avons cherché un moyen facile d'aciduler les pierres les plus grandes, sans courir aucune des chances défavorables que nous venons d'indiquer. Après divers essais, la préparation obtenue de la manière suivante nous a paru présenter tous les avantages désirables.

On prend trois livres d'acide hydrochlorique pur ; on les met dans un vase bien propre (une terrine), on y ajoute peu à peu du marbre blanc en quantité suffisante pour saturer l'acide : lorsque la saturation est opérée, et qu'il y a un excès de marbre, on filtre le produit résultant de la combinaison de l'acide hydrochlorique avec l'oxide de calcium, l'*hydrochlorate de chaux*.

Lorsque la filtration est terminée, on lave le filtre à plusieurs reprises avec trois livres d'eau. Le lavage opéré, on fait dissoudre aussitôt dans le liquide obtenu, et qui contient la solution première et les eaux du lavage, douze onces de gomme arabique blanche, séparée de toute substance étrangère ; on ajoute à la dissolution trois onces d'acide hydrochlorique pur, on mêle, et l'on introduit le mélange dans des bouteilles bien propres. Nous avons indiqué l'emploi de l'acide pur, par la raison que l'acide hydrochlorique du commerce contient des substances étrangères qui pourraient nuire à la préparation.

Lorsqu'on veut employer la préparation acide, on en

verse dans un verre. A l'aide d'un pinceau en poils de blaireau, ou avec une queue de morue, on acidule avec la plus grande facilité toutes les parties de la pierre, en agissant de la même manière que si on voulait la gommer. On peut, à volonté, rendre cette solution moins forte en la coupant avec de l'eau gommée, ou la rendre plus active en ajoutant de petites quantités d'acide hydrochlorique pur ; mais les quantités que nous avons indiquées paraissent êtr: les plus convenables : dix mois d'expériences suivies nous l'ont du moins attesté. Des reproches bien différens nous ont été adressés par plusieurs personnes : les unes trouvaient que nous nous étions trop étendus en rapportant le mode suivi pour obtenir la préparation; d'autres, au contraire, que nous ne nous étions pas assez expliqués sur le mode d'agir qui était trop difficile. Voulant satisfaire ceux qui ont émis cette dernière opinion , nous indiquerons ici un second moyen, à l'aide duquel on pourra plus facilement préparer la liqueur acide. Ce moyen est le suivant : on prend muriate de chaux sec, 6 onces; eau, 1 livre 3 onces ; on fait fondre, on passe à travers un filtre de papier gris. Lorsque la liqueur est passée, on y ajoute un mucilage de gomme arabique fait avec 4 onces de gomme en poudre, et on mêle. Lorsque le mélange est complet, on y ajoute acide hydrochlorique pur, 1 once. On conserve ensuite dans des bouteilles de verre.

Voici les avantages que nous avons cru reconnaître dans l'emploi de la préparation dont nous donnons la formule. 1°. Elle offre une certitude que l'ancienne n'a pas, puisque le lithographe, même le plus exercé, n'emploie cette dernière qu'avec une juste défiance. 2°. Répandue à l'aide d'un pinceau, elle prépare également et d'une manière uniforme toutes les parties de la pierre : n'étant pas saturée au moment où on l'applique, elle agit avec la même énergie sur toutes les parties de la surface, et son action est égale. 3°. Elle peut être employée avec autant de facilité sur les grandes pierres que sur les petites. 4°. Elle n'exige pas que la pierre soit retournée, ensuite immergée à l'aide d'une grande quantité d'eau : opération désagréable qui rend les ateliers insalubres, nuit à la conservation des planches et à la santé des ouvriers ; de plus, elle dispense encore de recouvrir la surface de la pierre d'une couche de gomme arabique, cette gomme faisant partie de la composition. 5°. Les teintes les plus vigoureuses, de même que les légères, viennent également bien lorsque les pierres ont été acidulées de cette manière. 6°. Cette préparation peut être étendue sur les pierres avec la plus grande facilité, et l'opération peut être confiée même à un enfant, pourvu qu'il soit un peu intelligent. 7°. La pierre préparée reste constamment humide, effet dû à ce que la préparation contient une grande quantité d'un sel déliquescent qui pénètre la pierre et lui conserve pendant long-temps l'humidité indispensable (6).

Cette propriété est d'un grand avantage, car on a remarqué qu'une pierre qui sèche trop vite est plus difficile à encrer et donne beaucoup plus de peine à l'imprimeur, forcé d'employer alors un noir d'impression plus dur. Coupée avec de l'eau gommée, la préparation devient encore d'un grand secours pendant l'été ; elle empêche la pierre de se sécher, et par là prévient les difficultés que l'ouvrier rencontrerait pour tirer son dessin pur et d'un noir bien frais ; difficultés que quelques imprimeurs lithographes cherchent à vaincre en employant des substances diverses (telles que l'urine, le vinaigre, l'acide nitrique, la salive, etc.), dont l'inconvénient est d'endommager souvent les dessins. La pierre, recouverte de préparation, rend au travail sa première fraîcheur : il ne faut, pour cela, que la laisser reposer un quart d'heure après lui avoir fait subir cette opération. 8°. Elle procure une assez grande économie, car l'ouvrier, n'ayant pas besoin

d'employer un noir aussi dur, obtient dans le même espace de temps, et sans être aussi fatigué, un plus grand
nombre d'épreuves beaucoup plus régulières (on a reconnu qu'il pouvait en tirer un tiers en plus par jour).
9°. Cette préparation sert encore à enlever des taches qui
se seraient formées sur la pierre pendant l'impression,
dues à ce que certains endroits ont été plus graissés par le
crayon ou par la chaleur de la main. Ces taches paraissent
au tirage en fournissant des teintes plus vigoureuses, et
sont détruites par l'usage de la liqueur saline acide.

Dans les premiers temps qui suivirent l'introduction
de la lithographie en France, on faisait un grand abus de
la préparation à l'aide des acides. Le but qu'on se proposait était de mettre le dessin plus en relief, pour obtenir
un plus grand nombre d'épreuves. L'erreur dans laquelle
on était tombé est facile à démontrer. A cette époque, on
préparait les pierres avec une eau acidulée marquant trois
degrés au pèse-acide : ces pierres ne fournissaient que de
cent cinquante à deux cents bonnes épreuves. Plus tard,
elles furent acidulées avec de l'eau marquant seulement
un cinquième de degré au même pèse-acide : on put alors
tirer deux mille bonnes épreuves, et encore, à la fin du
tirage, le dessin n'était-il pas usé. On doit conclure de ces
faits que plus un dessin est en relief, plus vite il est altéré, et moins il peut fournir d'épreuves. Le principal
objet qu'on doit se proposer est de maintenir la pierre humide, afin d'empêcher le noir d'impression de s'attacher
à la surface qui n'est point couverte de travail (c'est à dire
de dessin); travail est le mot technique (7).

Quelques écrivains lithographes, qui préparent les écritures, se servent encore de l'acide nitrique étendu d'eau,
dans l'intention de mettre les caractères en relief. Ces artistes sont dans l'erreur; car il est reconnu que c'est une
chose non seulement inutile, mais préjudiciable, et que
les caractères saillans étant en opposition avec la racle (le

râteau), sont plus tôt usés, ou bien s'aplatissent plus vite et fournissent de mauvaises épreuves. Il est cependant nécessaire d'employer, pour les écritures, une préparation un peu plus acide et un peu plus active que celle dont on se sert pour le dessin, pour enlever la préparation de savon ou même d'essence de térébenthine mêlée d'un peu d'huile, que les écrivains passent sur la pierre dans le but de faciliter le travail de la plume. Cette acidulation plus active a dans ce cas, pour objet principal, de détruire les corps gras qui couvrent la surface de la pierre : précaution utile, car, sans cela, la pierre se noircit par places, et l'écriture est loin d'avoir la netteté convenable. Il reste à savoir si les écrivains ont besoin d'employer ces précautions premières : nous ne le croyons pas, si nous en jugeons d'après ce que nous avons vu et ce que nous voyons tous les jours. Un écrivain lithographe des plus anciens et des plus habiles, M. Moulin, n'a jamais usé de ces moyens; et cependant ses écritures, préparées sans peine, ont toujours fourni de belles épreuves. Il est bon de faire connaître ce fait; car un écrivain maladroit peut mettre le lithographe le plus habile en défaut, et donner lieu à des accidens, en plaçant sur la pierre une couche d'une substance qui pourrait ne pas être enlevée par l'acidulation (8).

Nous avons été informés depuis peu qu'on employait en Espagne, à Madrid, une liqueur d'acidulation composée des substances suivantes :

Gomme arabique	122 gr.	(4 onces).
Eau distillée	428	(14 onces).
Acide nitrique du commerce. .	20	(5 gros).

Cette préparation se conserve peu de temps sans altération.

Un amateur, qui s'en est servi, nous a dit en avoir tiré un bon parti. Nous n'avons pu jusqu'à présent constater par nos essais la supériorité de cette préparation sur celle que nous avons indiquée.

Une autre préparation, qui a une action analogue, se compose de :

Gomme arabique. . . . . . 122 gr. (4 onces).
Eau distillée . . . . 500 (1 livre).
Acide hydrochlorique . . . 23 (6 gros).

Cette préparation ne s'altère pas.

Un autre procédé pour l'acidulation a été indiqué par M. Ridolphi. Ce procédé a été décrit et communiqué par l'auteur au savant M. Brugnatelli : il consiste à substituer à l'eau acidulée une légère dissolution de nitrate de chaux parfaitement neutre. Ce sel liquide jouit de la propriété de décomposer le savon ou crayon sans exercer aucune action sur la pierre, et il n'endommage nullement les dessins qu'on y a tracés.

M. Ridolphi suit son procédé avec succès dans son imprimerie lithographique à Turin, et il prépare le nitrate dont il fait usage, en mettant dans l'eau-forte du commerce des éclats de pierres lithographiques, en continuant d'y en ajouter jusqu'à ce qu'il n'y ait plus d'effervescence, étendant ensuite le liquide avec de l'eau de puits, filtrant, et conservant pour l'usage.

L'auteur emploie sans doute cette dissolution plus ou moins concentrée, selon que le dessin à aciduler est plus ou moins vigoureux. Il est probable que le muriate de chaux, et peut-être l'acétate, fourniraient des résultats analogues.

CHAPITRE XII.

Il faudrait des volumes pour donner la description de toutes les presses qui ont été faites depuis l'introduction de la lithographie en France. Nous nous contenterons donc de donner une idée exacte des premières presses qui y furent introduites, la description de celles pour lesquelles des récompenses ont été décernées, et celles qui sont généralement adoptées dans les divers ateliers de Paris.

Les premières presses importées en France sont les *presses à levier, celles à montant brisé,* et *les presses à moulinet.* Ces dernières sont, entre celles dont nous venons de parler, les seules qui, perfectionnées, soient restées jusqu'à ce jour en usage.

Les personnes qui connaissent les différens genres d'impression savent que les presses des imprimeurs en caractères donnent, au moyen d'une vis, une pression qui se fait sentir à la fois sur toute la surface. L'impression en taille-douce se fait à l'aide d'un laminoir, en faisant passer la feuille de cuivre entre deux cylindres. C'est avec ces derniers que l'on fit les premiers essais en lithographie; mais on y renonça bientôt : la casse fréquente des pierres et le peu de netteté des épreuves en furent la cause. On construisit alors une autre grande presse particulière à l'art, et que l'on nomme *presse à tiroir* : sa pression s'exerce par un *râteau, racle* ou *couteau* en bois, dont la partie tranchante porte parallèlement à elle-même sur toute la surface de la pierre. On a remarqué que le râteau, parcourant, en raclant, toute la surface de la pierre, offre des épreuves bien plus nettes que par l'action du cylindre qui ne fait qu'appuyer. Dans la presse à levier, le chariot est mobile ; et dans celle à montant brisé, il est immobile, et le râteau seul parcourt la surface de la pierre.

A la plupart des presses lithographiques la pression se fait par ce que l'on appelle la *racle* ou *râteau*. C'est une planchette de huit à neuf lignes d'épaisseur, presque toujours en bois de poirier ; du côté destiné à presser sur la pierre, elle n'a qu'une ligne d'épaisseur ; elle est comprimée, par le mécanisme de la presse, sur le cuir du châssis qui ferme le chariot et pose sur la pierre par le moyen de la pression. L'encre s'imprime sur le papier dans toute la longueur du râteau, et seulement sur la largeur d'une ligne ; mais comme le râteau parcourt successivement tous les points de la longueur de la pierre, il permet, par ce moyen, d'imprimer tout ce qui se trouve à sa surface. On voit, par là, que l'impression ne s'opère pas tout d'un coup et d'à-plomb comme dans l'imprimerie en typographie, mais successivement comme dans l'imprimerie en taille-douce, avec cette différence cependant que, dans le dernier genre, c'est un cylindre qui roule sur le cuivre, et qu'en lithographie c'est un râteau que l'on tire sur la pierre.

De l'action de la racle comprimée sur le cuir qui couvre la pierre et le papier, par une force considérable, résulte nécessairement un frottement très grand ; car, malgré le soin qu'on a pris de tendre fortement le cuir des châssis, et bien que, pour le rendre plus lisse, on le frotte avec de la mine de plomb, cela ne l'empêche pas de s'étendre considérablement à mesure que le râteau passe dessus, et on est souvent obligé de le couper deux ou trois fois pour l'empêcher de plisser et d'abimer les épreuves, parce que le papier frotte sur la pierre en s'allongeant comme le cuir. Quand il est ce que les imprimeurs appellent un cuir *fait* ou bien tendu, il ne s'allonge presque plus, et s'il est bien entretenu et ménagé par l'ouvrier imprimeur, il donnera long-temps des épreuves toujours bonnes.

Il y a des châssis lithographiques qui ont un grand rapport avec ceux de l'imprimerie typographique, mais on ne s'en sert plus dans nos imprimeries : c'est le châssis dans lequel est un second petit encadrement auquel le papier est attaché quand on le renverse sur la pierre, comme chez les imprimeurs en lettres, par de petits cordons. Dans cette espèce de châssis il faut que, lorsqu'on ferme le cadre, le papier soit suspendu de manière qu'en le rabattant sur la pierre, il n'y touche pas, parce qu'il se salirait ; mais qu'il en soit éloigné d'un demi-pouce, et qu'il ne rencontre la pierre que dans le seul point de sa surface où la pression appuie successivement sur le cuir. Ce genre de châssis peut servir principalement dans le genre d'impression en couleur ; mais dans aucun atelier de Paris on ne l'a adopté. On pose le papier directement sur la pierre, et lorsque le cuir est bien tendu, que le papier n'est pas trop mouillé, et que l'on a eu soin que le cuir des châssis soit élevé d'un demi-pouce au dessus de la pierre, il est impossible, en prenant toutes ces précautions, que les épreuves soient abîmées par l'action de la presse. Il faut également avoir soin que le râteau soit bien ajusté avec la pierre, et s'il arrivait que le papier d'impression contînt des *bourras* ou petites pierres, ce qui ferait des crans dans le râteau, il faudrait lui donner un coup de varlope. Il est donc essentiel d'avoir toujours un bon râteau, et, pour le conserver tel, il ne faut pas se servir de papier trop commun, parce qu'il faudrait à chaque instant le rajuster. Quelques personnes, pour obvier à cet inconvénient, en ont fait en métal ; mais ce dernier en offre un plus grave. Le râteau de bois prend les cavités de la pierre, parce que l'on peut l'ajuster sur elle dans le cas où

Presse à montant brisé

elle ne serait pas bien droite, tandis que celui du métal,
ne pliant pas, peut occasioner la rupture des pierres.

De la presse à montant brisé.

Elle est composée d'une table rectangulaire, soutenue
par quatre piliers assemblés par des traverses. Des trois
côtés de la table sont fixés des montans qui sont assemblés à leur partie supérieure par des planches. La table se
trouve composée d'une caisse recouverte par un cuir
tendu sur un cadre ; mais, comme ce cadre est fixe, il a
fallu, pour opérer le frottement, que le râteau fût mobile :
aussi l'a-t-on rendu tel autour d'un centre d'oscillation
auquel s'exerce la pression sur le frottoir ou râteau : quant
à la pression, elle est due à une combinaison de leviers.

Le frottoir de cette presse est formé par une tige en
bois et terminé par une espèce de râteau ; la tige qui le
supporte est brisée par le genou, flexible dans un sens et
rigide dans l'autre, ainsi que l'indique la figure. Enfin,
à l'extrémité de cette tige, qui supporte le frottoir, on
place une poignée à l'aide de laquelle on tire ce même
frottoir à volonté. La tige pouvant gêner pour lever le
cadre, on dispose sur le montant antérieur un anneau qui
fait ressort, et dans lequel entre cette même tige.

———————

Une deuxième presse, qui nous est venue d'Allemagne,
est ainsi composée : elle est formée par une table rectangulaire, supportée par quatre piliers 1, et fixée par les traverses 2 ; les plus longues sont entaillées de la moitié de
leur épaisseur, afin de former une coulisse dans laquelle
on fait glisser, à volonté, sur un chariot, la pierre gravée. Ce chariot, qui supporte la pierre, est formé par une
caiss epeu profonde 4, dans laquelle on met du sable, afin
que, remplissant les inégalités de la pierre qu'on veut y
poser, celle-ci appuie sur tous les points. On fixe à cette

caisse un cadre qui lui sert de couvercle, et qui tourne autour des charnières 19; et, sur ce même cadre, on tend un cuir assez fort pour ne pas être déchiré par un frottement un peu considérable. Comme à la caisse 4, on a attaché deux boucles 5 dans lesquelles on passe des courroies fixées sur un cylindre 15 autour duquel on peut mouvoir à volonté le chariot dans la coulisse. Au milieu de la longueur de la table rectangulaire, on fixe une traverse 7 qui tourne autour de la charnière 20, et sur cette traverse on assujettit avec des vis de bois une barre de fer 21, dont l'une des extrémités fait partie de la charnière 20, et l'autre se trouve formée comme le pêne coulant d'une serrure. Ce pêne entre dans une entaille faite à une lame de fer 9, et sur la barre 21 sont taraudés deux écrous dans lesquels on a fait passer deux vis 18 destinées à pousser une règle 16 : cette règle se trouve placée dans une entaille faite à la traverse 7; elle y est fixée dans la position convenable par deux vis de pression 17. L'extrémité inférieure de la lame de fer 9 entre dans une entaille faite au levier de bois 11; elle s'y trouve fixée par le boulon 22 : en outre, cette lame pénètre dans un anneau de fer 10 qui se trouve fixé sous la traverse 2 placée en avant. Un autre frottoir (fig. 2) remplace avec avantage celui que nous venons de décrire : ses avantages dépendent de ce que la règle frottante, s'y trouvant mobile autour d'un axe 1, prend naturellement la direction de la pierre sur laquelle on la fait passer. Cette disposition évite l'ajustement long, et souvent inexact, de la règle sur la pierre. Le levier, qui exerce une pression sur la règle frottante, a son point fixe au boulon 23, son action au boulon 22, et la force qui le sollicite appliquée au boulon 24. Ce boulon 24, ou l'extrémité du levier 11, éprouve l'action du levier 12, qui a son point fixe sur le boulon 25, et son point d'application sur la planche 13. Enfin la lame de fer 28 est destinée à diriger un bras du levier 12, et ses vis 27 à maintenir la pierre dans le cadre.

Presse à Parmesan.

p. 82

De la presse à rouleau.

Cette presse, modification de la précédente et type de la plupart de celles en usage aujourd'hui, est due à M. le professeur Mitterer, dont nous avons déjà parlé. Nous allons la décrire, telle que Sennefelder nous la fait connaître. Elle offre dans le milieu de la machine un cylindre de dix à douze pouces d'épaisseur, et aussi long que toute la largeur de la presse ; il a de forts pivots de fer ou des axes qui se meuvent dans des gonds de cuivre bien graissés. Au dessus du cylindre est une planche sur laquelle est posée la pierre avec le châssis ; le râteau tient à un fort levier qui est soutenu en l'air par un contre-poids. Quand la pierre est noircie, le papier posé dans le châssis y est maintenu à la manière de l'impression ordinaire, en fermant le petit encadrement qui se trouve en dedans ; on ferme également le châssis par dessus la pierre lithographique, en prenant la précaution nécessaire, et on abat dessus la racle avec son levier ; celui-ci saisit, au moyen d'un fort crochet en fer, une avance qui est en connexion avec le marchepied, de manière que, par celui-ci, le levier peut être tendu avec le degré de force convenable ; alors, en faisant tourner le cylindre à poignée, ou le couloir, au moyen de deux barres dont on se sert au lieu de manivelle, on tire le châssis sous la racle autant que l'exige l'impression. Pour cela, on a attaché au châssis deux fortes courroies ou des sangles qui, se roulant sur le cylindre à poignée lorsqu'on tourne les deux barres, attirent ainsi le châssis. En tendant légèrement la presse, un ouvrier peut aisément tirer seul la pierre lithographique sous la racle. Pour faciliter ce procédé dans le cas d'une plus forte tension, on a pratiqué, de l'autre côté, une seconde barre, afin que le *noircisseur* puisse prêter la main à son camarade.

Des presses à levier et à moulinet.

La *presse à levier*, maintenant abandonnée, est la première dont on ait fait usage à Paris. Comme elle diffère très peu de la *presse à moulinet*, et que nous donnons le dessin de chacune d'elles, nous ne parlerons que de cette dernière, dont on se sert encore le plus généralement aujourd'hui dans les imprimeries. En voici la description.

A, *Chariot*. Table à rebords, destinée à recevoir, sur deux ou trois cartons, la pierre lithographique.

B, Pierre sur les cartons.

C, *Calles* et *Coins* pour fixer la pierre.

D, *Charnière*. Pièce de fer fixée par une de ses extrémités au chariot, et terminée de l'autre par une *fourchette*, dans laquelle on peut hausser ou baisser le châssis, suivant l'épaisseur de la pierre.

E, *Châssis*. Un grand et un petit pour chaque presse. Chacun d'eux doit être garni d'une peau de veau mince, égale, et dont on tourne en dessus le côté de la chair. Son extrémité inférieure est fixée au châssis par une plate-bande garnie de boulons à écrous. On la tend fortement sur le châssis, au moyen des vis et écrous à oreilles qu'il porte à son extrémité supérieure, ou bien au moyen d'écrous que l'on fait tourner sur les vis qui terminent les parties latérales de l'encadrement, lorsque le châssis est en fer.

F, *Vis d'écartement*. Elle sert à hausser ou baisser le châssis, et à maintenir son autre extrémité au niveau de celle des charnières.

G, *Râteau*. Chaque presse doit être munie d'une série de râteaux augmentant de demi-pouce en demi-pouce, depuis six pouces jusqu'à la largeur de la plus grande pierre que comporte la presse.

H, *Porte-râteau*.

Presse et Imprimerie (ancienne)

P. 84.

Presse à « Mondinet (moderne)

F. 84

I, Boulon avec son écrou, servant d'essieu au râteau pour qu'il puisse prendre l'inclinaison de la pierre.

J, *Régulateur*. Boulon à vis servant à élever ou abaisser le porte-râteau, suivant l'épaisseur des pierres.

K, *Bride* recevant le porte-râteau et pliant au moyen d'une charnière.

L, Traverses en bois, garnies de leurs vis, servant à fixer le départ et la longueur de la *course* du chariot.

M, Crans dans lesquels on place la traverse qui borne la course.

N, Tablette pour les vases à eau et éponges.

O, Poulies où passent les cordes des contre-poids qui ramènent le chariot au point de départ.

P, *Contre-poids* de rappel du chariot.

Q, *Sangle* fixée au chariot par une bride, et à l'arbre par une plaque de fer à crampons et à vis.

R, *Arbre* ou *axe*.

S, *Taquets* dans lesquels tourne l'arbre.

T, *Moulinet* dont le mouvement fait avancer le chariot en enroulant la sangle sur l'arbre.

U, Boulon du levier de pression.

V, *Barre* ou *Levier de pression*.

X, *Bride* en fer qui fait monter ou descendre le collier.

Y, *Crémaillère* en fer avec sa cheville. Elle sert à augmenter ou diminuer la pression : elle est fixée au dessous de la pédale, qu'elle traverse, par une cheville percée aux deux extrémités et attachée avec des vis.

Z, *Pédale*. Elle tient aux patins de la presse par un fort boulon.

a, Contre-poids servant à faire remonter la barre de pression.

b, Poulies de ce contre-poids.

c, Patins de la presse.

De la presse à engrenages.

Elle diffère de la précédente, en ce qu'elle n'a pas de pédale, et que le moulinet est remplacé par deux roues d'engrenage, qui, mises en mouvement à l'aide d'une manivelle, font tourner l'arbre de la presse. L'axe de la manivelle est à pompe, de telle sorte qu'on engrène en le poussant sur la presse, et qu'on désengrène en tirant à soi, lorsque la pression est faite. Un contre-poids ramène le chariot à son point de départ.

La pression est donnée au moyen d'un petit levier, dont on pourra prendre une idée dans le dessin de la presse. On la règle au moyen de deux régulateurs placés l'un sous la culasse du porte-râteau, l'autre sous l'*agrafe* qui remplace le collier de la presse à moulinet.

Il nous resterait à parler ici de la presse à cylindres de MM. François et Benoît ; mais comme elle a été l'objet d'un prix décerné par la Société d'Encouragement, nous en renvoyons la description au chapitre qui traitera des améliorations récompensées par cette Société.

CHAPITRE XIII.

DES HUILES CUITES OU VERNIS SERVANT A LA PRÉPARATION DES ENCRES D'IMPRESSION.

On a donné le nom de vernis à l'huile de lin épaissie par la cuisson. Les préparations à faire pour obtenir ce vernis sont toujours difficiles ; elles doivent être exécutées en plein air, ou du moins en des lieux construits de manière à être entièrement à l'abri de l'incendie.

La cheminée, recouverte d'une hotte en plâtre, doit

avoir un excellent tirage, afin de donner issue aux émanations qui s'élèvent, et qui ont une odeur désagréable et même dangereuse.

Trois sortes de vernis sont nécessaires à l'imprimeur lithographe.

Le premier, le *vernis fort*, a la consistance de la glu ; il est destiné à être mêlé aux autres pour en diminuer la fluidité.

Le deuxième, le *vernis moins fort*, a la consistance d'un sirop très cuit : on s'en sert le plus généralement pour les dessins au crayon. On le rend plus ou moins consistant en le mêlant avec une certaine quantité de *vernis fort* ou de *vernis faible*, selon le besoin et l'époque de l'impression.

Le troisième, le *vernis clair* ou *faible*, a la consistance du miel fluide : on l'emploie plus particulièrement pour l'impression des dessins au trait et des écritures. Nous allons indiquer la manière de les faire, en décrivant d'abord les instrumens nécessaires à ce travail.

Il faut se procurer :

1°. Une marmite en fonte, avec son couvercle ; elle doit être munie d'une anse.

2°. Une cuiller ou *poche* en fer.

3°. Un trépied.

4°. Un petit flacon d'essence de térébenthine.

5°. Un entonnoir.

6°. Une baguette en fer, de trois pieds de longueur et de trois lignes de diamètre : elle doit être effilée à l'une de ses extrémités.

7°. Du pain.

8°. Une bêche.

9°. Des cruches pour tenir l'huile et pour mettre le vernis.

10°. Une soucoupe.

Ces instrumens et ustensiles préparés, on allume du

feu sous le trépied ; on met dans la marmite, qui doit être bien propre, une quantité d'huile suffisante pour remplir les deux tiers seulement de sa capacité, quantité que nous supposerons de dix livres ; on place le couvercle sur la marmite, et on laisse chauffer. Pendant ce temps, on prépare, à l'aide de la bêche, un trou dans la terre, afin de pouvoir y enterrer, au besoin, la marmite et la recouvrir avec la terre enlevée. Si, pendant le cours de l'opération, la matière venait à s'enflammer, on ne pourrait l'éteindre qu'en fermant la marmite à l'aide du couvercle, et ce serait le seul moyen de prévenir la perte de l'huile.

On coupe en tranches environ une livre et demie de pain blanc, et on place ces tranches à sa portée. Lorque l'huile a été exposée pendant environ trois quarts d'heure à l'action de la chaleur, on découvre la marmite à l'aide de la baguette de fer, on prend une tranche de pain, et on la promène dans l'huile, ce qui doit déterminer un mouvement d'ébullition. Si ce mouvement ne se manifestait pas, il faudrait fermer la marmite et laisser chauffer l'huile encore pendant quelque temps.

On découvre de nouveau la marmite pour y replacer la tranche de pain, qu'on y laisse séjourner jusqu'à ce qu'elle soit bien rôtie. On la remplace alors par une seconde, et successivement jusqu'à la dernière, en continuant d'activer le feu. Lorsque l'huile laisse dégager une fumée épaisse et blanchâtre, ce qui indique qu'elle est sur le point de s'enflammer, on en prend alors une petite quantité dans la cuiller, on la place au milieu du feu, on l'enflamme et on la présente à la surface de la marmite pour enflammer la masse ; lorsque celle-ci est prise, on agite pour faciliter l'inflammation, et lorsque toute la surface est en combustion et qu'il s'en échappe des flammes bleuâtres, on recouvre la marmite et on l'enlève de dessus le feu en se servant d'un morceau de bois passé dans l'anse de la mar-

mite, afin de ne pas répandre l'huile. La marmite des-
cendue, on enlève d'abord le couvercle, puis, à l'aide
d'un morceau de bois enflammé, on allume de nouveau,
et on entretient la combustion en prenant de l'huile avec
la cuiller et en la laissant tomber, ainsi qu'on le pratique
lorsqu'on fait brûler du punch. Si la flamme devenait trop
grande et blanchâtre, et que l'huile s'enflammât dans la
cuiller, on arrêterait de suite la combustion en fermant la
marmite avec le couvercle, et en ayant soin de glisser le
couvercle jusqu'à ce que le filet formant bordure fût entré
dans la marmite. On la laisse ainsi pendant quelques instans, et on la découvre ensuite. Il arrive quelquefois qu'il
y a de nouveau inflammation : si la flamme est blanche,
on ferme de nouveau et on laisse refroidir. On découvre,
et si la fumée qui s'élève de l'huile est blanche et abon-
dante, on laisse fumer pendant quelque temps ; on prend
un tison allumé, on l'approche de l'huile qui s'enflamme
aussitôt. On continue ce travail pendant au moins une
heure et demie, en modérant la combustion, comme nous
l'avons dit plus haut. Lorsque l'huile a été réduite, on en
verse une petite quantité sur une soucoupe ; on la laisse
refroidir, et, en prenant une petite quantité entre le
pouce et le doigt indicateur, on voit si l'huile cuite a acquis de la consistance. Si elle a pris une couleur brune-
rougeâtre ; si, lorsqu'on écarte les deux doigts, elle fait
entendre un petit cri en s'étendant en fils déliés qui finissent par se rompre, elle est au point convenable. Lorsqu'elle ne présente pas tous ces caractères, elle peut être
désignée sous le nom de *vernis n° 2* ou *vernis moins fort*.
Si on laisse cuire davantage, et qu'on obtienne un vernis
plus noir, plus consistant, donnant des fils plus difficiles à
rompre, on peut lui donner le nom de *vernis n° 3* ou
vernis fort.

Si, au contraire, on a arrêté l'opération au bout de
trois quarts d'heure de cuisson, on obtient un vernis peu

cuit, qui adhère peu aux doigts, qui forme à peine des fils et qui est d'une couleur jaunâtre; on le désigne sous le nom de *vernis n° 1* ou *vernis faible.*

Ces vernis étant préparés, on les laisse un peu refroidir, puis on les introduit, à l'aide de l'entonnoir, dans les vases où ils doivent être conservés.

Quelques imprimeurs-lithographes, au lieu de pain, se servent d'oignon qu'ils fixent à l'aide de la baguette en fer, et qu'ils retirent lorsqu'il est suffisamment grillé, pour le remplacer par un second, et successivement.

D'autres emploient le biscuit de mer : lorsqu'il est desséché, ils le réduisent en poudre, le placent dans un petit sac, puis ils promènent le sac dans l'huile chauffée, et continuent la préparation comme nous l'avons dit. Les essais que nous avons faits avec les oignons et la sèche ne nous ont donné aucun autre résultat que ceux qu'on obtient de l'emploi du pain ; encore cet emploi est-il indispensable : c'est ce que de nombreuses expériences n'ont pu nous apprendre.

CHAPITRE XIV.

DE L'ENCRE D'IMPRESSION, DE SA COMPOSITION ET DE SA PRÉPARATION, INSTRUMENS NÉCESSAIRES.

On a donné le nom d'encre d'impression au vernis (huile épaisse) préparé comme nous l'avons dit, et mêlé avec une quantité plus ou moins grande de noir de fumée calciné.

De la préparation de l'encre d'impression, de la quantité et de la qualité du noir employé, résultent la couleur plus ou moins noire, plus ou moins brillante des épreuves, ainsi que la conservation du dessin sur la pierre pour obtenir un *long* tirage. Les lithographes emploient deux espèces d'encre. L'encre faite avec le vernis léger est l'encre qui sert pour l'impression des dessins faits au trait, des écritures et des autographies : cette encre peut s'appeler *encre n°* 1. L'autre, faite avec le vernis n° 2, est employée pour l'impression des dessins au crayon : cette dernière encre demande plus de soins dans l'addition du noir. On pourrait faire des encres intermédiaires dans le but d'adoucir la teinte ou de la rendre plus forte : l'encre plus douce servirait à imprimer les dessins légers, qui ont de la peine à prendre de la couleur ; l'encre plus forte serait appliquée aux dessins vigoureux qui auraient une tendance à noircir ou à s'empâter. En général, on ne saurait trop recommander une attention toute particulière dans la préparation des unes et des autres, puisqu'on voit tous les avantages qui doivent résulter de cette préparation. Plusieurs personnes ont eu l'idée de se servir, pour la préparation de l'encre, de bleu d'indigo, de cire, de suif, de résine, de laque noire, etc. ; mais les mélanges que nous avons faits de ces diverses substances avec le vernis et du noir de fumée ne nous ont pas fourni des encres meilleures ni plus belles que celles que l'on prépare avec le beau noir de fumée et le vernis. Cette préparation étant plus simple, nous avons cru devoir lui donner une préférence que nous croyons bien fondée.

Le lithographe qui veut préparer les encres doit se munir des instrumens ou vases ci-après indiqués :

1°. Une pierre ou table à broyer, en pierre très dure. Cette table, la seule en usage jusqu'à ce jour dans les imprimeries lithographiques, se compose d'un bâtis solide et en pierre qui supporte le marbre à broyer. Cependant, d'après des expériences toutes nouvelles, et qui nous sont particulières, la forme de cette table nous paraît devoir être modifiée, attendu qu'il nous est démontré que l'encre doit être préparée à chaud, afin que le noir y soit intro-

Si, au lieu d'employer une table froide, on emploie la table chauffée, on incorpore d'une seule fois tout le noir avec le vernis, et on procède ensuite au broyage partiel, qui est plus facile.

On doit employer à la préparation de l'encre un homme vigoureux qui sache bien manier la molette. On conçoit que ce travail, confié à un homme qui n'aurait pas la force convenable, donnerait lieu à des mélanges mal faits, et par suite à des encres imparfaites.

On pourrait se servir, pour préparer l'encre lithographique, d'une pierre dite *à chocolat* et du cylindre en fer employé par les chocolatiers, en prenant soin, comme ces industriels, d'échauffer la pierre, ainsi qu'ils le font. Ce mode serait plus facile, et l'incorporation du noir se ferait plus vivement et avec moins de peine de la part du broyeur.

CHAPITRE XV.

PRÉPARATION DE L'ENCRE GRASSE DITE DE CONSERVATION.

On a donné le nom d'*encre grasse* ou *de conservation* à un mélange de suif, de savon et de vernis ou d'huile cuite. Ce composé graisseux, qui ne se dessèche pas, est destiné à remplacer, sur les traits du dessin, à la fin d'un tirage, l'encre ordinaire d'impression, dont l'action de l'air opère promptement la dessiccation, et met ainsi la pierre hors d'état de fournir convenablement à un nouveau tirage.

On concevra l'utilité de l'encre de conservation, lorsqu'on saura d'abord qu'un dessin peut, suivant la nature de l'encre employée à son impression, se dessécher en plus ou moins de temps; ensuite, que l'encre grasse a souvent encore la propriété de faire revivre des teintes légères qui auraient fléchi pendant le tirage. Cette encre, dont nous aurons l'occasion de parler plus tard, est indispensable dans un atelier d'impression lithographique. Elle se prépare de la manière suivante :

Cire vierge. . . . . 2 parties.
Suif. . . . . 2 parties.
Savon râpé. . . . . . . 1 partie.
Vernis n° 2 . . . . 2 parties.

On met la cire et le suif dans un vase en fonte placé sur des charbons ardens ; on laisse chauffer jusqu'à ce que le mélange s'enflamme ; on étouffe la flamme en couvrant le vase, qu'on retire alors du feu ; on le découvre, et l'on ajoute le savon au mélange, en ayant soin d'en mettre à la fois, et à mesure seulement qu'il fond, une petite quantité, pour ne pas donner lieu à un boursouflement qui ferait passer le mélange par dessus les bords et déterminerait la perte d'une partie de la masse. Si, pendant qu'on ajoute le savon, on s'apercevait que le mélange fût refroidi, on remettrait le vase sur le feu : si, au contraire, le mélange s'enflammait de nouveau, on recouvrirait encore le vase et on ne le découvrirait qu'au bout de quelques instans de repos.

Le savon étant fondu, on ajoute le vernis au produit résultant du mélange des trois substances ; on laisse chauffer pour que le mélange se fasse bien, on remue avec une cuiller de fer, et on verse ensuite dans un pot qu'on ferme, pour préserver l'encre, ainsi composée, du contact de la poussière et d'autres corps étrangers.

CHAPITRE XVI.

DES PAPIERS DIVERS, DES MACULATURES, DU MOUILLAGE.

Le papier étant une des matières nécessaires à l'imprimeur-lithographe, l'étude de ses qualités est d'une grande importance, surtout depuis qu'on a remarqué que l'usage du papier acide, pour le tirage, déterminait une estompe du dessin, qui est plus ou moins marquée selon que le papier est plus ou moins acide.

Les papiers dont on fait usage, pour l'impression en lithographie, sont collés ou sans colle, vélins ou vergés, et le papier de Chine. Les papiers-vélins servent au tirage des dessins au crayon ; on réserve, pour le tirage des dessins au trait, factures, circulaires, etc., le papier sans colle. Quant au papier végétal, on ne l'emploie qu'aux calque et décalque des dessins sur pierre.

Du choix du papier-vélin.

Le papier-vélin de bonne qualité doit offrir les caractères suivans : la pâte doit être bien blanche et bien unie ; il doit être doux au toucher, flexible sans se casser, et exempt de petites aspérités nommées, par les ouvriers, *boutons*, *bourras*, de graviers, et d'égratignures provenant de l'opération pratiquée par les papetiers pour faire disparaître les aspérités dont nous venons de parler. Il faut, en outre, que ce papier ait du corps, afin de pouvoir bien enlever l'impression. Il doit être bien lavé lors de la fabrication, et par conséquent ne contenir que le moins d'acide possible : on peut s'apercevoir de son degré d'acidité au moyen de la teinture de tournesol. Pour s'assurer si un papier est acide ou non, on laisse tomber sur ce papier quelques gouttes de cette teinture ; on examine ensuite comment elle se conduit : si le papier est acide, l'auréole qu'elle a formée est d'une couleur violette au centre, et rouge à la circonférence, qui forme une bordure plus ou moins vive.

Si le papier est peu acide, l'extrémité de l'auréole est d'un blanc violet.

Les papetiers, qui connaissent maintenant l'emploi de la teinture de tournesol, ont soin d'essayer leur papier avant de le présenter à l'imprimeur-lithographe (*).

Dès diverses espèces de papier dont on fait usage en lithographie.

On se sert rarement du papier à vergeures pour l'impression du dessin, parce que les vergeures longitudinales et transversales empêchent la surface du papier de poser également sur la pierre, et que le dessin tiré sur ce papier présente assez souvent des lignes peu marquées, surtout lorsque les vergeures sont très profondes. Ce papier, étant d'une valeur moindre de moitié, est cependant employé par quelques imprimeurs pour des dessins peu finis et d'une médiocre valeur. Si l'on se trouve dans la nécessité de l'employer, on doit le choisir très doux au toucher, flexible, peu cassant, le plus épais possible, exempt enfin d'alun, d'acide et de petites aspérités. Les papiers collés sont généralement acides : on doit donc, par les raisons que nous avons déduites plus haut, choisir ceux qui rougissent le moins la teinture de tournesol. Les papiers des fabriques d'Angoulême méritent la préférence sur ceux de Normandie, souvent plus acides,

---

(*) Des recherches faites par les papetiers feraient cesser cette acidité et ces inconvéniens.

mais d'un prix moins élevé; ce qui force à les employer toutes les fois qu'on a des ouvrages de ville, des factures, prix courans, etc. Mais pour les travaux qui exigent du soin, ou qui doivent fournir un grand nombre d'épreuves, on doit avoir recours à l'usage du papier des fabriques d'Angoulême (10).

Le papier dit *de Chine* nous vient de la Chine, par l'entremise des Anglais : il est préparé avec des chiffons, le jeune bambou, le mûrier, la peau qui se trouve dans le cocon des vers à soie, l'ouate, le liber de l'arbre à papier. Le papier de Chine qu'on trouve dans le commerce n'est pas aussi bien fabriqué que nos papiers ordinaires; il est très mince, doux et soyeux, quoique très solide. On y trouve des morceaux de paille, des petites pierres et des poils. La couleur gris de perle, que quelques personnes regardent comme un défaut, le fait rechercher des amateurs, qui trouvent que cette couleur adoucit les teintes et donne plus de suavité au dessin. Il y en a de plusieurs qualités : on doit préférer les plus belles, et quoiqu'elles soient plus chères, on y trouve de l'avantage, parce que les qualités inférieures contiennent de petits cailloux, des pailles, etc.; qu'il faut beaucoup de temps pour les nettoyer, et que de plus on n'y réussit pas toujours. Ce papier a deux surfaces différentes, l'endroit et l'envers : on reconnaît l'endroit en regardant horizontalement la feuille, qui paraît alors luisante comme du satin; l'envers, au contraire, vu de la même manière, est mat et rempli de lignes qui forment une diagonale avec les feuilles. Cette surface n'est pas douce au toucher, elle est *rugueuse*. Quoique le papier de Chine ait été choisi de première qualité, il faut encore l'éplucher, c'est à dire enlever les petites pierres et les poils qu'il peut contenir. Cet épluchage se fait à l'aide d'un couteau ou d'un grattoir : on doit, lorsqu'on fait cette opération, y apporter beaucoup de soin, pour ne pas le percer, ce qui le mettrait hors d'état de servir. Plusieurs papiers de Chine ne valent rien ; ils ont l'inconvénient d'estomper les dessins après vingt-cinq ou trente épreuves. On a attribué cet inconvénient grave à un mauvais collage ; et l'un de nous a eu du papier qui lui était arrivé directement de la Chine, et avec lequel on ne pourrait tirer quatre épreuves sans estomper le dessin.

Le papier à calquer, papier végétal, est fait avec de la filasse de chanvre ou de lin travaillée en vert : ce papier doit être très blanc, très transparent ; il doit être exempt d'aspérités qui lui ôteraient de son uniformité. Il ne faut pas le confondre avec le papier huilé, qui est vendu par les marchands de couleur et qui est employé au calque et au décalque. Si l'on employait, pour la lithographie, des papiers huilés, on courrait le risque de *faire faux* sur la pierre (11).

On a donné le nom de *papier-maculature* au papier commun ou ordinaire : ce papier doit être d'une pâte unie. On emploie le papier maculature lorsqu'on tire une feuille des deux côtés. Interposé entre la feuille et le garde-main, il est destiné à recevoir en décalque une partie du noir d'impression, qui serait reportée de ce garde-main sur le papier destiné à l'épreuve suivante.

On est parvenu à diminuer l'emploi des maculatures, en se servant d'un garde-main préparé de la manière suivante.

On réunit deux feuilles de papier vélin, en enduisant les deux surfaces, qui doivent se toucher, d'une couche mince de colle de pâte, et on leur fait subir une légère pression, afin de bien étendre les deux feuilles de manière à ce qu'elles ne présentent aucun pli ; on donne une seconde pression un peu plus forte, en ayant soin de se servir d'une pierre plus grande que les deux feuilles, et de manière à ce que le râteau dépasse le bord libre des deux feuilles. Si l'on ne prenait cette précaution, le papier se plisserait sur les bords et ne serait pas bien tendu. On retire le papier devenu carton, et on le laisse sécher; on passe ensuite une couche d'huile siccative des deux côtés, de manière à imbiber la totalité du carton; on le laisse bien sécher, on le lisse en le passant à la presse, ou, ce qui vaut mieux, on le fait cylindrer, et on s'en sert comme de maculature, en ayant soin, à chaque tirage, de retourner le carton.

L'emploi de ce carton *maculature* est d'une grande économie, et on a pu s'en convaincre; car, lors de la première publication des listes électorales autographiées, en 1828, on a pu faire une économie de vingt-cinq rames de papier de la valeur de 270 francs. De plus, le tirage est plus rapide, puisqu'au lieu de deux feuilles on n'en pose qu'une. On conçoit que les imprimeurs sont d'ailleurs embarrassés du soin de faire sécher les maculatures.

L'emploi du carton maculature a été indiqué à M. Fonrouge, qui s'en est servi lors du tirage des listes électorales pour 1829. Nous espérons qu'avant peu tous les lithographes reconnaîtront l'avantage de l'emploi de ce carton, et nous nous estimerons heureux d'avoir pu être utiles en faisant connaître ce nouveau moyen.

CHAPITRE XVII.

DU MOUILLAGE DES PAPIERS ET DE LA PRÉPARATION DU PAPIER DE CHINE.

Le mouillage du papier, opération très simple, demande cependant quelques précautions desquelles dépend la beauté des épreuves. Il faut, lorsqu'on l'opère, y apporter assez de soin, afin de ne tomber ni dans un excès ni dans un autre, c'est à dire de ne pas mouiller assez ou trop le papier. Dans le premier cas, celui où le papier ne serait pas suffisamment mouillé, il prendrait mal le noir ; et, dans le second, les teintes légères ne viendraient pas. De divers essais que nous avons faits, nous avons pu conclure que l'égalité dans le mouillage des feuilles donnait lieu à celle de *ton* dans les épreuves. Le papier destiné au dessin de l'impression lithographique doit être seulement humecté, afin de le rendre plus doux. Le mouillage du papier sans colle s'opère de la manière suivante. On coupe le papier de la grandeur convenable à l'usage auquel on le destine, c'est à dire par demi-feuilles, par quarts ou par huitièmes ; on pose une ou deux feuilles de maculatures, puis trois ou quatre feuilles de papier sur un *ais*, planche assez grande pour que le papier ne puisse la déborder ; on trempe ensuite une feuille dans un baquet d'eau propre, en ayant soin de tenir cette feuille par deux des coins opposés : lorsqu'elle est bien trempée, on l'incline un peu pour la laisser égoutter, on la pose ensuite sur les feuilles de papier sèches qui sont sur l'*ais*, et on la recouvre de dix feuilles sèches ; on met de nouveau une feuille mouillée comme nous l'avons dit, puis dix sèches ; on continue de la sorte jusqu'à la fin. On recouvre la dernière feuille d'un papier maculature, plus d'une planche ou ais, et enfin d'une pierre lithographique, du poids d'environ 30 ou 40 kilogrammes, qui forme presse ; on le laisse ainsi pendant une heure ou deux, ensuite on le découvre, puis on le manie, c'est à dire qu'on change les surfaces en les maniant plusieurs fois par petits paquets de trois à quatre feuilles ; on les entasse avec soin pour que les bords soient bien égaux, on les recouvre de la feuille de maculature, de la planche, et on comprime fortement à l'aide d'une presse à vis destinée à cet usage. On laisse en presse pendant au moins dix heures, après quoi le papier est propre à l'impression.

Si les feuilles de papier qu'on mouille étaient trop gran-

des pour qu'on pût les faire égoutter en les tenant diago-
nalement, à l'aide de la bouche on peut tenir un des coins :
le papier, étant tenu par trois de ses extrémités, est moins
sujet à se casser. Le mouillage des papiers colombier,
grand-aigle et grand-monde ne peut, à cause de leur
dimension, s'opérer ainsi que nous venons de l'indiquer
pour les papiers d'une moindre dimension, on y procède
de la manière suivante : on dispose sur un ais plusieurs
morceaux de maculature pour couvrir cette planchette,
on place dessus cinq feuilles de papier colombier ou de
toute autre grande dimension ; et, à l'aide d'un petit
balai bien propre et trempé légèrement dans l'eau,
on asperge la cinquième feuille de manière à la mouiller
également dans toutes ses parties. Lorsque la feuille est
mouillée, on la recouvre de neuf feuilles de papier sec ;
on mouille la neuvième comme nous l'avons dit, et on
continue jusqu'à épuisement du papier. On couvre cette
dernière feuille de maculatures, on charge un peu dans
la presse ; au bout d'une heure, on le découvre, on le
manie, on le tasse, et on le remet à la presse jusqu'au
lendemain matin. Il est bon d'observer qu'en hiver, le
papier séchant moins, on peut, lorsqu'on fait le mouillage,
mettre jusqu'à quatorze feuilles sèches sur une de papier
mouillé. La pratique fait bientôt connaître à l'imprimeur
le degré d'humidité que doit avoir le papier.

Si, par hasard, lorsque le mouillage a été opéré, on
reconnaissait que le papier est trop humide, on peut obvier à cet inconvénient en intercalant de quatre en quatre
feuilles une feuille de papier sec, en remettant à la
presse pendant une heure, et soumettant le papier ainsi
remanié à une forte pression.

Si les papiers mouillés sont de plusieurs dimensions,
l'imprimeur doit, lorsqu'il les met en presse, placer en
bas les sortes les plus grandes, et, de plus, séparer chacune d'elles par un ais : sans cette précaution, la pression

ne s'exerçant pas également, le milieu du papier serait seul convenablement mouillé.

Le papier collé se mouille d'une manière différente. On pose sur un ais une feuille de maculature, puis, par dessus, un cahier de papier sec contenant six feuilles. Lorsque ce papier est ainsi disposé, on mouille un cahier de six feuilles en le trempant entièrement dans un baquet d'eau propre, et le tenant par le dos avec deux doigts. Lorsque le cahier est trempé, on le laisse égoutter et on le place sur le premier cahier, et ainsi de suite ; on place sur le dernier la maculature, qu'on recouvre d'un ais. On lui fait subir de suite une légère pression, soit en chargeant l'ais supérieur de pierres lithographiques, soit en le mettant à la presse. Au bout d'un quart d'heure, on retourne les cahiers, qui offrent quelquefois des plis ; on les tasse et on les porte à la presse, où ils doivent rester bien serrés pendant dix à douze heures ; on les retire et on s'en sert pour le tirage.

Le papier collé de grande dimension ne peut se mouiller ainsi, parce qu'il est plus difficile de l'imprégner d'eau. Afin d'y parvenir plus aisément, on se sert d'une éponge légèrement mouillée ; on la passe sur toute la surface de la feuille, d'un seul côté ; on la place ainsi mouillée sur une planche couverte de maculatures et d'une feuille de papier sec ; on mouille de même les autres feuilles d'un seul côté, et on les pose sur la première ; on continue ainsi, et on termine par une feuille non mouillée, par des maculatures et par l'ais. On met de suite à la presse, et on donne une forte pression qui est continuée pendant dix à douze heures, puis on s'en sert pour le tirage. Le papier ne doit être mouillé qu'au fur et à mesure des besoins, car, en été, le papier trop long-temps mouillé d'avance, et particulièrement le papier collé, *se pique*, c'est à dire se recouvre de moisissures et de petites taches.

Le papier de Chine ne peut s'employer tel qu'il est : on

doit, avant de s'en servir, lui faire subir l'opération suivante. On place sur la pierre du papier de Chine et sur le côté de ce papier qui n'est pas soyeux, et qui offre des lignes ou des raies, que nous avons désigné par le mot *envers*, on étend une légère couche de colle de pâte ; on étend également cette colle à l'aide d'une éponge fine, puis on laisse sécher. Le but qu'on se propose en agissant ainsi est de faire adhérer le papier de Chine au papier blanc non collé qui lui sert de doublure, et qui forme les marges blanches de l'épreuve.

On doit avoir soin, lors du tirage, de ne pas confondre le côté collé avec celui qui ne l'est pas : sans cela, le dessin se collerait sur la pierre, au lieu de se coller sur le papier, et il faudrait ensuite laver son dessin pour le débarrasser de la colle et du papier de Chine qui y serait fixé.

Le papier de Chine étant ainsi encollé et séché, on le coupe en morceaux d'une grandeur voulue, on l'intercale dans les papiers blancs qui doivent lui servir de doublures, et qui ont été mouillés comme nous l'avons dit. On le laisse ainsi pendant une heure, espace de temps suffisant pour humecter un peu la colle et donner de la souplesse au papier.

CHAPITRE XVIII.

DE L'IMPRESSION LITHOGRAPHIQUE, DES DESSINS AU CRAYON, DU DOUBLAGE DES PIERRES, DES ACCIDENS QUI PEUVENT SURVENIR PENDANT L'IMPRESSION ET MOYENS D'Y REMÉDIER.

Des soins apportés à l'impression lithographique du dessin au crayon dépendent assez ordinairement la beauté des épreuves et la possibilité d'un long tirage : cette opé-

ration réclame donc de l'imprimeur la plus sérieuse attention. Il est, pour en assurer le succès, plusieurs conditions à remplir. Elles consistent :

1°. Dans le choix des ouvriers ;

2°. Dans l'examen des dessins ;

3°. Dans le doublage des pierres.

L'ouvrier qui se destine à la pratique de l'impression
du crayon sur pierre doit être intelligent, vif, robuste et
sobre. Il doit apprendre à se servir de son rouleau, de manière à distribuer l'encre convenablement, afin que le
dessin ait tout l'effet qu'en attend le dessinateur ; il doit
aussi s'appliquer à empêcher que les teintes légères et
vaporeuses ne prennent une trop grande quantité de noir
d'impression ; à nourrir les parties les plus fortes, et à
donner de la vigueur aux premiers plans, en les encrant
davantage et en appuyant le rouleau. La position à laquelle a le droit de prétendre l'imprimeur habile dans son
art le range au nombre des artistes, puisque de la manière d'opérer dépend le succès d'un dessin, dont l'impression est toute de sentiment.

Il doit étudier l'action du rouleau, la nature des encres
qu'il emploie, la teinte des dessins qu'il imprime, les
qualités de la pierre sur laquelle ils sont tracés, l'espèce du
papier dont il se sert, la manière d'agir de la presse avec
laquelle il travaille, et la connaissance des substances qu'il
doit employer pendant le tirage.

On ne peut faire ces études avec fruit qu'en pratiquant ;
mais il est facile à un homme qui a l'esprit d'observation
d'arriver promptement à la perfection.

La vivacité est nécessaire à l'imprimeur-lithographe :
les dessins sont plus frais, plus vifs ; tandis que ceux obtenus par un ouvrier lent présentent une impression
lourde ; les teintes légères se grisent, les noirs manquent
de fraîcheur et de vivacité. Il est nécessaire que l'ouvrier
soit robuste, afin qu'il ne se fatigue pas facilement : les

épreuves tirées par une main fatiguée sont reconnaissables par les imperfections qu'elles présentent, et plus le dessin est vigoureux, plus ces imperfections sont sensibles.

Le manque de sobriété dans un ouvrier pourrait donner lieu, lors du tirage, à de nombreux accidens ; et un chef d'atelier doit, dans son intérêt et dans celui du dessinateur, renvoyer l'ouvrier, même le plus habile, qui aurait le défaut que nous signalons.

On compte peu d'imprimeurs-lithographes habiles dans leur profession. Il serait à désirer que l'on formât une école-modèle qui pût fournir aux principales villes de France des ouvriers expérimentés, en les choisissant surtout, de préférence, parmi les jeunes gens qui, sans fortune, auraient déjà reçu un commencement d'éducation. Le prix de la journée ordinaire de l'imprimeur-lithographe, presque double de celui des autres états, met l'imprimeur à même de vivre honorablement, et son genre d'occupation est d'autant plus agréable, qu'il le met en relation avec des gens du plus grand mérite qui le guident de leurs conseils dans l'impression de leurs dessins.

L'examen des dessins qui doivent être soumis au tirage est indispensable. Le chef d'un établissement lithographique doit, lorsqu'on lui confie l'un d'eux à imprimer, s'assurer si les teintes légères sont bien graissées, si les teintes vigoureuses ont été faites avec franchise, et si elles ne sont pas trop fatiguées par le travail toujours peiné d'une main timide. On reconnaît ce défaut à une teinte noire tirant sur le roux. Dans le cas contraire, le dessin est d'un noir bleu, et les teintes légères du dessin, regardées horizontalement, doivent être luisantes. S'il en était autrement, il faudrait avertir l'artiste que son dessin ne viendra pas bien au tirage, quelque soin qu'on apporte à l'impression.

La pierre étant supposée franchement crayonnée, on fait subir au dessin l'acidulation, opération que nous avons décrite dans un des chapitres précédens. On laisse ensuite reposer la pierre pendant l'espace d'une heure, si l'on veut faire le tirage de suite, ou jusqu'au lendemain, si l'on n'est pas pressé.

Quelques lithographes tirent leurs épreuves sans prendre cette précaution ; mais des expériences faites comparativement ont démontré que le dessin, tiré une heure après, était plus facile à imprimer, et donnait de plus belles épreuves.

Anciennement on mettait un intervalle de vingt-quatre heures entre l'acidulation et le tirage, parce qu'on ne croyait pas qu'en tirant plus tôt, le dessin pût réussir ; mais on a renoncé à cette méthode.

Cette amélioration est principalement due à M. Isabey, qui, le premier à notre connaissance, fit tirer un portrait de femme à ses risques et périls ; le portrait vint parfaitement, et on abandonna une pratique qui faisait perdre beaucoup de temps. La pierre acidulée, avant de passer au tirage, on procède au doublage de la pierre dans le but de la garantir et de l'empêcher de casser.

Le doublage est simple, facile ; il exige peu de temps, et offre une garantie contre les accidens qui pourraient amener la rupture de la pierre : aussi chaque chef d'établissement lithographique doit-il exiger que ses ouvriers doublent toutes les pierres qui ne sont pas d'une épaisseur convenable et supportent des dessins de quelque importance ; on peut toutefois s'abstenir de doubler les pierres qui ont une très grande épaisseur, par exemple, une pierre d'un pied qui aurait deux pouces d'épaisseur. Le seul moyen qu'ait le lithographe de s'assurer que ses pierres seront toujours doublées, c'est de rendre responsables ceux de ses ouvriers qui viendraient à casser à la presse une pierre sans être doublée ; une seule pierre brisée dans un atelier donne à tous les ouvriers des craintes salutaires.

Parmi les faits qui démontrent l'utilité du doublage,

nous citerons : 1º une expérience de six ans, espace de temps pendant lequel il ne s'est pas cassé une seule pierre doublée ; 2º la rupture de deux pierres formant la doublure, sans que la pierre portant le dessin fût endommagée. Le doublage se fait de la manière suivante : on prend une pierre d'une grandeur égale à celle qui supporte le dessin (il n'est pas nécessaire qu'elle soit lithographique ; une pierre dure bien plane sur les deux faces et d'un pouce d'épaisseur est suffisante); si la pierre est d'un pied, on prend une poignée de plâtre passé au tamis, on le gâche avec un peu d'eau dans une sébile de bois, en ayant soin de faire une pâte molle ; on met à plat la pierre qui doit servir de doublage, on pose sur le milieu le plâtre délayé, on met ensuite la pierre supportant le dessin sur le plâtre (bien entendu que la partie qui est en contact avec le plâtre gâché est le côté non dessiné); on tourne la pierre en appuyant un peu, de manière à ce qu'il n'y ait qu'une très petite quantité de plâtre entre les deux pierres. Par cette pression, les deux pierres s'adaptent l'une à l'autre, de manière à ne former qu'une seule masse; on enlève la plus grande partie du plâtre qui dépasse les bords avec la main, et on nettoie le reste avec une éponge. Il faut avoir soin de nettoyer de suite la sébile, afin que le plâtre n'ait pas le temps de durcir, ce qui rendrait le nettoiement plus difficile.

On ne doit doubler la pierre qu'après qu'elle a été acidulée et gommée, par la raison qu'un ouvrier maladroit pourrait porter les doigts sur le dessin, ou y laisser tomber du plâtre, ce qui l'endommagerait plus ou moins Avant qu'on eût employé le doublage, on avait essayé plusieurs moyens propres à garantir la pierre. Ces moyens consistèrent d'abord dans l'emploi du sable ; on disposait le chariot de façon qu'en plaçant la pierre sur ce sable, elle se trouvât parfaitement d'à-plomb. Cette méthode, qui paraissait bonne, ne pouvait servir lorsqu'on pratiquait le

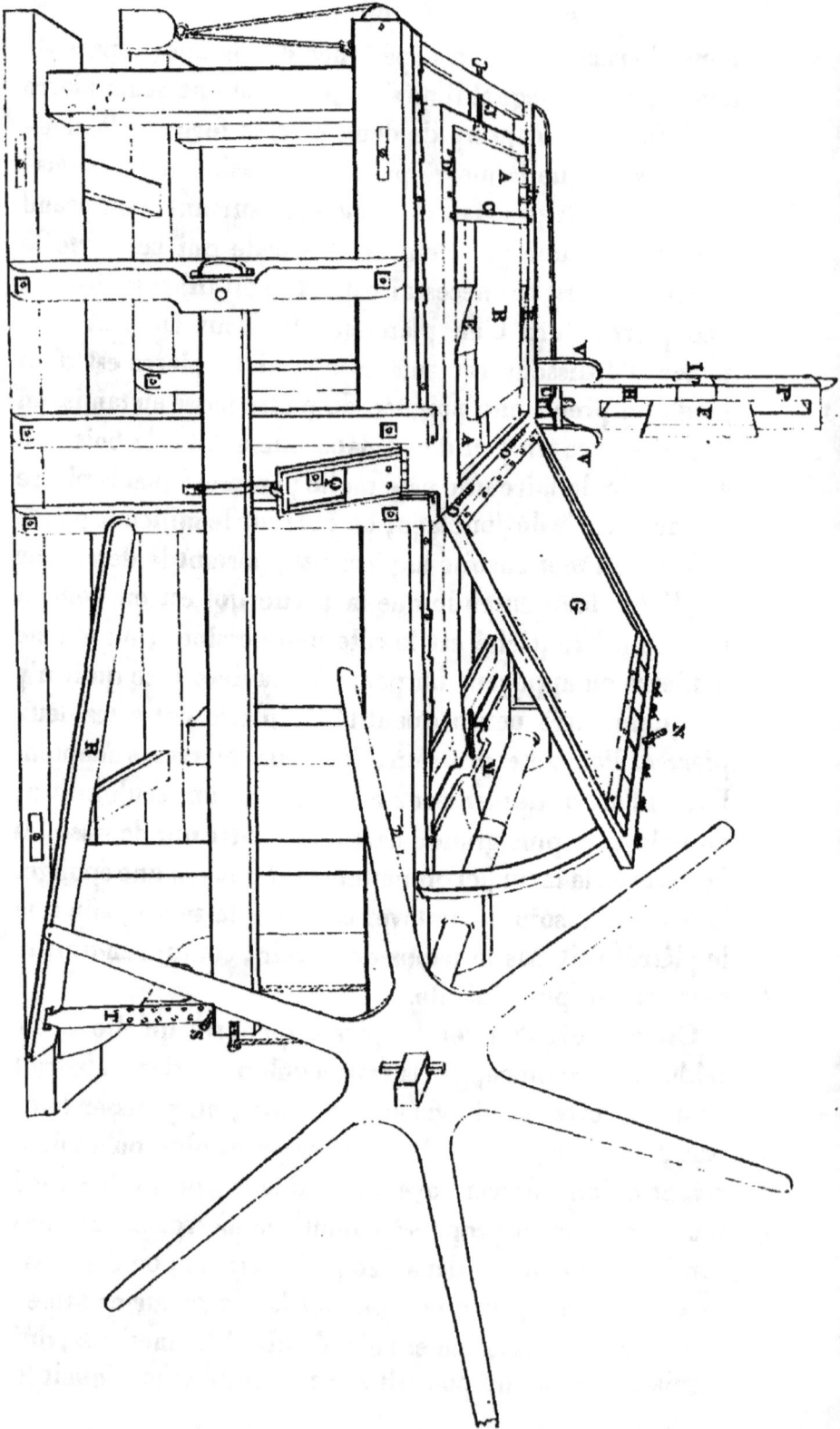

tirage : en effet, quelques précautions que l'on eût prises, des parcelles de sable se répandaient sur le dessin et s'attachaient sur le rouleau d'encrage qui détruisait partiellement le dessin. D'un autre côté, lorsqu'on faisait agir la presse, le sable glissait sous la pierre, et on ne pouvait tirer complétement l'épreuve.

Ces inconvéniens firent renoncer à ce moyen.

On crut pouvoir tirer un meilleur parti du sable placé dans un sac, ce qui formait un matelas sous la pierre; mais le dernier inconvénient que nous avons signalé se représentait ici : le sable se ramassait vers le fer du chariot, de manière à ne plus permettre la pression. Ce moyen fut donc abandonné comme le précédent.

Au sable on substitua du feutre, dont plusieurs couches formaient un coussin élastique. Ce tissu, qui coûtait très cher, ne garantissait pas la pierre, et plusieurs fractures ayant démontré son inutilité, on l'abandonna aussi. Dans la plupart des ateliers on fait usage aujourd'hui d'un carton de trois lignes d'épaisseur, ou de deux morceaux d'une ligne et demie, sur lesquels on place la pierre : mais ce moyen ne vaut pas celui du doublage, puisqu'il n'empêche pas la pierre de casser. En effet, une pierre de 18 pouces de longueur sur 22 pouces de largeur, ayant 2 pouces et demi d'épaisseur, cassa après la 545e épreuve. La fracture s'était faite en épaisseur et en profondeur, quoiqu'elle fût bien d'à-plomb sur les cartons.

La pierre étant doublée, on la porte sur la presse, et on la pose dans le chariot A, le dessin B vis à vis de soi, autant que possible; on cale la pierre sur la gauche avec une barre de bois C, qui se fixe dans les crans D du chariot. On assure la pierre des deux côtés, sur la largeur, avec des cales de bois ou coins EE; la pierre bien fixée, on ajoute le râteau ou la racle F, en s'assurant que le râteau est bien de niveau; s'il ne l'était pas, on le redresserait en se servant d'une varlope : on s'assure également qu'il est bien droit en le posant sur la pierre.

Le râteau doit être assez grand pour couvrir entière-ment le dessin, il est même essentiel qu'il le dépasse d'un demi-pouce de chaque côté; mais il ne faut jamais qu'il soit plus grand que la pierre. Sans cela, il pourrait cou-per le papier ou percer le cuir du châssis G. On fixe la racle dans le porte-râteau H, au moyen d'une clavette I; on rabat le porte-râteau de manière à ce que la racle porte sur le blanc ou la partie non dessinée de la pierre. Si le râteau portait sur la partie de la pierre qui est dessinée, ce qui serait dû à ce que la pierre serait trop en avant, on reculerait le chariot en se servant de la vis J, placée sur l'arrière de la presse H, ou bien la pierre, en enlevant la barre C, pour la reporter en arrière et la fixer dans d'au-tres crans; de manière, enfin, que le râteau soit sur le blanc et dans la position convenable.

Le râteau ajusté, on règle la course du chariot en fai-sant agir le moulinet, et en arrêtant lorsque le râteau se trouve sur le blanc hors du dessin, à la partie opposée à celle d'où il est parti. Arrivé à ce point, on fixe la course du chariot par la vis I, qui est placée dans la traverse M. On doit avoir soin, lorsqu'on règle la marche du chariot, de ne pas laisser porter le râteau sur le dessin, qui, sans cette précaution, courrait le risque d'être détruit en par-tie par le frottement.

Des indications qui viennent d'être données, l'artiste conclura qu'il doit toujours laisser sur sa pierre une marge d'un pouce au moins de chaque côté du dessin : s'il s'en dispensait, l'ouvrier, forcé d'atteindre l'extrémité de la pierre, pourrait la faire basculer et crever le cuir du châssis. D'un autre côté, il serait forcé, en commençant, d'ajuster son râteau sur le dessin même, et il en écrase-rait une partie.

La pierre et la racle ainsi ajustées, il ne reste plus qu'à donner le degré de pression convenable. Ce degré de pression n'a pas été jusqu'à présent évalué d'une manière bien positive ; la pratique seule a fait connaître ce qu'il devait être et a servi de guide aux ouvriers. Avant de donner ce degré de pression, on couvre le dessin avec une feuille de papier blanc ; on rabat le cuir du châssis, qui doit être placé de manière à ce qu'il y ait un demi-pouce d'intervalle entre le châssis (*) et la pierre. Si le cuir portait sur la pierre, il faudrait le relever, en tournant la vis N, qu'on trouve dans la traverse qui forme l'extrémité du châssis, et en remontant les deux boulons qui sont dans les charnières O O, fixées au chariot ; en éloignant ainsi le cuir du châssis, on évite de donner une première pression qui serait opérée par le cuir seul, et qui, étant suivie d'une autre pression donnée à l'aide de la racle, aurait le grave inconvénient de donner des lignes doubles et un dessin rempli de *babochages*.

Lorsque le cuir est bien tendu, on baisse le porte-râteau P ; on en fixe l'extrémité dans une bride ou collier Q, on pose le pied sur la pédale R, et l'on exerce la pression. Si le pied éprouve une grande résistance pour amener la pédale sur le sol, cet effet est dû à ce que la pression est trop considérable. On diminue cette pression en enlevant la cheville S, qui est dans la crémaillère T, pour la placer dans un trou plus élevé ; ou bien, on tourne la vis U, placée entre les deux jumelles V V. Si la pédale cède au moindre effort, ce qui est dû à ce que la pression n'est pas assez forte, on procède en sens inverse, c'est à dire que l'on déplace la cheville placée dans la crémaillère, pour la faire descendre plus bas, ou bien on détourne la vis U pour faire descendre le porte-râteau.

La presse étant disposée de manière à donner une pres-

(*) Il y a deux sortes de châssis, le petit et le grand. On se sert de celui qui est le plus approprié à la grandeur de la pierre qui supporte le dessin que l'on veut *tirer*.

sion convenable, on procède à l'impression de la manière
suivante. L'ouvrier relève le châssis, ôte sa pierre, et la
porte dans un bassin rempli d'eau bien propre, où il la
laisse tremper, et, pour ne pas perdre de temps, il vient
apprêter son rouleau d'encrage. A cet effet, il prend une
petite quantité de noir qui ne soit ni trop dur ni trop mou;
il l'étend sur le rouleau avec un petit couteau, il roule
son cylindre sur une pierre placée sur la table au noir, il
continue à rouler le cylindre dans tous les sens, jusqu'à
ce que le noir soit également étendu sur la pierre, et jusqu'à ce qu'il ait pris l'apparence d'un beau drap homogène dans toutes ses parties. Si le noir employé par l'ouvrier était trop dur pour le dessin qu'il doit imprimer, il
l'adoucirait en y ajoutant un peu de vernis ou d'huile
cuite. Il est important que l'ouvrier combine son encre
d'impression avec le dessin qu'il doit tirer, c'est à dire
que s'il doit imprimer un dessin vigoureux, il prenne le
noir que les imprimeurs appellent *noir serré*; si le dessin
est léger et vaporeux, il emploiera un noir doux. Sans ces
précautions, le dessin vigoureux, encré avec un noir trop
doux, pourrait tendre à s'empâter et fournir de mauvaises
épreuves, ou bien encore les nuances ne seraient pas con-
servées, puisqu'elles offriraient une teinte égale. D'un
autre côté, le dessin vaporeux, imprimé avec une encre
dure, fournirait des épreuves très pâles. Il faut donc que
le chef d'atelier surveille l'ouvrier et le force, dans ce cas,
à user de ses connaissances et de toute son intelligence.

Après avoir apprêté son rouleau, l'ouvrier retire sa
pierre de l'eau, il la lave à grande eau pour bien la dégommer, à l'aide, s'il le veut, d'une éponge, en ayant
soin toutefois de ne frotter que très légèrement. La pierre
lavée, il la laisse égoutter et la pose dans le chariot, en
l'ajustant comme il l'avait fait précédemment; puis il
éponge, avec un chiffon propre, l'eau qui pourrait encore
s'y trouver. La pierre étant encore humide dans toutes

ses parties, l'ouvrier jette quelques gouttes d'essence de
térébenthine sur le dessin, et afin de ne pas s'exposer à
en verser une trop grande quantité, il se sert d'un flacon
fermé par un bouchon entaillé sur deux ou trois côtés, et
de manière à ne laisser échapper que de très petites gouttes
de liquide ; avec une petite éponge propre, il frotte sur
toute la surface du dessin, qui disparaît (*). Il jette ensuite un peu d'eau sur la pierre, et l'essuie avec un linge
propre et doux jusqu'à ce que sa pierre soit bien propre.
Il prend alors, dans sa sébile, quelques gouttes d'eau qu'il
jette sur la pierre ; il promène une éponge sur toute sa
surface, pour l'humecter (**). Il prend son rouleau d'encrage, le passe sur toute la surface de la pierre et dans
tous les sens : le dessin, qui avait disparu par l'effet de
l'essence de térébenthine et par le frottement, revient
peu à peu. Lorsque l'ouvrier s'aperçoit que son rouleau
prend sur la pierre, c'est qu'elle manque d'humidité : il
doit alors poser son rouleau sur la table au noir, jeter
quelques gouttes d'eau sur sa pierre, y passer l'éponge de
nouveau pour en humecter la surface, comme il l'avait
déjà fait précédemment ; il passe son rouleau sur la pierre

(*) Dans les premiers temps où l'on s'occupait de lithographie,
on enlevait le dessin à l'aide d'une mixture composée de parties
égales d'essence de térébenthine, de mucilage de gomme arabique et d'eau ; mais l'emploi de cette mixture a été abandonné,
parce que très souvent elle donnait lieu à la destruction des demi-teintes, ce qu'on a attribué à la présence de la gomme.

(**) Pendant long-temps on laissait sur la pierre un peu d'essence de térébenthine, mais on a abandonné ce moyen, parce
que l'on s'est aperçu que l'essence délayait le vernis d'encrage
et donnait lieu à des empâtemens, non seulement dans les parties vigoureuses, mais encore sur les parties de la pierre qui
n'étaient pas assez humides.

8

au noir, il le charge d'encre en le roulant à plusieurs reprises sur cette pierre, et il encre de nouveau son dessin
jusqu'à ce qu'il s'aperçoive que les divers plans du dessin
sont encrés convenablement. Si le dessin, par ce second
encrage, n'avait pas le ton convenable, il mouillerait sa
pierre de nouveau, et encrerait une troisième fois.

La distribution du noir ou l'encrage est, parmi les opérations de la lithographie, une de celles qui présentent le
plus de difficultés. Il ne s'agit pas, pour arriver au point
convenable, de charger son rouleau d'encre et de le passer machinalement sur le dessin ; il faut, pour bien faire,
savoir, en serrant ou en lâchant son rouleau, mettre de
l'encre en quantité convenable sur le dessin, ou enlever
l'encre qui y serait de trop. Cette partie de l'art du lithographe est toute de sentiment, et il est impossible, à un
imprimeur qui n'aura pas de goût, de faire quelque chose
de bien.

Les difficultés que nous venons de faire connaître, dans
le procédé d'encrage au rouleau, font craindre que l'encrage mécanique ne puisse jamais être mis en usage pour
tirer des épreuves d'un dessin au crayon. En effet, l'encrage mécanique ne pourra donner que des épreuves dé-
fectueuses, en ce que les plans ne seraient pas en harmonie, puisque le rouleau peserait également sur les vigueurs,
sur les teintes moyennes et sur les teintes vaporeuses.

L'encrage étant fait, l'ouvrier prend une feuille de papier convenablement humectée ; il la pose légèrement sur
sa pierre, en ayant soin de ne pas la faire frotter, mais
de la placer d'à-plomb. Il prend la feuille dite *garde-main*,
il la met sur la feuille blanche, afin que le cuir ne salisse
pas le verso de l'épreuve qu'on va tirer ; il baisse le châssis, puis le porte-râteau, qu'il fixe au moyen du collier.
Il met le pied sur la pédale, et enfin, à l'aide du moulinet, il fait marcher le chariot, qui s'arrête à la distance
déterminée d'avance d'après la dimension du dessin. Ar-

rivé à ce point, il ôte son pied de dessus la pédale, il décroche la bride et relève le porte-râteau; le chariot, à l'aide de contre-poids, revient à sa première position. Il relève le châssis, puis son garde-main, et enfin il enlève doucement l'épreuve qui adhère au dessin. On doit enlever l'épreuve avec précaution, afin que le dessin, qui tient quelquefois dans les parties vigoureuses, n'abandonne pas le noir : ce qui arriverait si l'on enlevait brusquement l'épreuve.

En examinant avec attention la première épreuve, lorsqu'elle est tirée, on s'aperçoit presque toujours que les teintes légères ne sont pas arrivées à leur ton ; que les vigueurs sont trop noires : ce qui constitue une mauvaise épreuve. On procède au tirage d'une seconde, en prenant toutes les précautions que nous avons indiquées; mais on doit observer qu'il ne faut pas que l'ouvrier cherche à faire venir son dessin trop promptement, en se servant d'un noir gras; ce qui pourrait donner lieu à des empâtemens.

La seconde épreuve tirée, on l'examine de nouveau, et on voit qu'elle est mieux que la première. Si elle offre quelques inégalités, on y remédie lors de l'encrage, et l'on procède au tirage de la troisième, qui doit servir de modèle pour le reste du tirage. Quelquefois, après avoir tiré plusieurs épreuves d'essai, on remet la pierre sous l'encre de conservation, et on ne fait son tirage que le lendemain ou quelques jours après ; mais cette opération est inutile, car nous avons remarqué que le tirage n'en était pas meilleur, et qu'il y avait même du désavantage à opérer de la sorte.

Quand l'ouvrier cesse son tirage, et qu'il abandonne sa pierre, soit pour ses heures de repas, soit pour tout autre motif, il la gomme en se servant d'une petite éponge trempée dans l'eau gommée, et qui ne sert qu'à cet usage. Sans cette précaution, le dessin, lors du tirage, deviendrait lourd ; et si la pierre était restée sans gomme pendant plusieurs jours, elle prendrait le noir partout (*). Lorsque l'ouvrier reprend son tirage, il dégomme la pierre avec de l'eau pure, en se servant d'une éponge à dégommer. Il n'est pas nécessaire d'enlever le dessin à l'aide de l'essence de térébenthine, ainsi qu'il l'a fait la première fois : il encre de suite après le dégommage.

Si le tirage ne doit être repris qu'au bout d'un jour ou deux, ou même après un espace plus grand, il agit de la manière suivante. A l'aide de l'essence de térébenthine, il enlève son dessin, le lave et l'essuie comme il a été dit, et il procède à l'encrage en se servant de l'encre grasse, dite de conservation ; il laisse sécher pendant une demi-heure, puis il gomme légèrement la pierre avec une éponge.

CHAPITRE XIX.

POSE DU PAPIER LORS DE L'IMPRESSION.

Lorsqu'on a des repères à faire sur une pierre, soit pour y poser le papier de Chine ou tout autre papier que l'on désire imprimer, dans un point donné, au lieu de faire un creux dans la pierre ou de faire une ligne noire, on prend un stylet d'étain très pointu, et avec une règle on établit deux points qui servent de points de repère, qui ne prennent pas le noir d'impression et ne laissent aucune trace ; ce qui n'arrive pas quand ces points sont en creux. Ce mode d'opérer peut être aussi employé lors des impressions à plusieurs planches.

(*) Il est cependant quelques pierres qui ne présentent pas ces phénomènes (12).

CHAPITRE XX.

DE LA CONSERVATION ET DU SATINAGE DES ÉPREUVES.

L'ouvrier-imprimeur doit, lors du tirage, mettre tous ses soins à conserver la fraîcheur des épreuves. Il y parvient en prenant la précaution de mettre une feuille de papier joseph ou de papier serpente sur l'épreuve qu'il vient d'imprimer, et successivement d'autres feuilles entre chaque épreuve, afin qu'elles ne frottent pas les unes sur les autres, ce qui occasionerait un décalque noir sur le papier qui supporterait l'épreuve. Lorsque l'imprimeur a fini son tirage ou sa journée, il étend les épreuves une à une sur des cordes, afin de les faire bien sécher, et au bout de trois à quatre jours, il les envoie au satinage. Si l'on procédait plus tôt à cette opération, le noir se déchargerait dans les cartons du satineur, l'épreuve perdrait alors son brillant, les cartons seraient salis et pourraient à leur tour salir d'autres dessins en y portant le décalque des épreuves précédentes. Lorsqu'on ne veut que redresser les épreuves sans les satiner, on les place dans les cartons de pâte lisse, après les avoir fait sécher comme nous l'avons dit; on les met ensuite en presse, après les avoir humectées en les plaçant entre des feuilles de papier mouillées et les y laissant pendant douze heures au moins; on les retire ensuite et on les empile : on doit avoir la précaution de n'en oublier aucune entre les cartons.

Le satinage se fait de la manière suivante. On fait sécher des épreuves pendant cinq à six jours; après ce temps, on les humecte en les plaçant dans des feuilles de papier mouillées, on les place une à une entre des cartons lisses, et on les porte à la presse, où on les laisse au moins pendant douze heures, en donnant une très forte pression.

Les épreuves qui ont subi cette pression sont parfaitement redressées, et elles acquièrent un luisant à l'aide des cartons.

CHAPITRE XXI.

DE L'IMPRESSION LITHOGRAPHIQUE DES DESSINS AU TRAIT, A LA PLUME, ET DES CARTES GÉOGRAPHIQUES.

L'impression du trait est beaucoup plus facile que celle des dessins au crayon ; elle demande moins de pratique, et, dans l'espace de deux ou trois mois, on peut former de bons ouvriers, ce qui ne peut se faire pour l'impression du dessin, où une et même deux années de travail sont à peine suffisantes. Pour l'impression du trait, l'ouvrier doit être leste, vif et propre. Cependant, malgré la facilité qu'offre ce genre d'impression, on rencontre peu d'ouvriers capables de bien imprimer la carte géographique, par la raison que les ouvriers en général regardent cette impression comme étant au dessous d'eux et convenable pour les apprentis : ils ne se croient bons ouvriers que lorsqu'ils impriment le dessin. C'est en faisant le *tirage au trait* qu'on forme des élèves qui apprennent le maniement de la presse et du rouleau, et qui plus tard sont mis à l'impression du dessin. Il serait à désirer que les ouvriers qui impriment la lithographie fussent divisés en deux classes, comme les imprimeries se sont divisées : la première classe comprendrait les ouvriers qui impriment le dessin, et la deuxième ceux qui impriment le trait.

deux impressions sont tellement différentes qu'un bon

ouvrier pour le trait imprime mal le dessin au crayon, et qu'un bon ouvrier pour le dessin au crayon ne saurait d'abord imprimer dans sa journée qu'un petit nombre d'épreuves d'un dessin à l'encre. Les ouvriers qui impriment le trait sont ordinairement payés à la tâche, et, lorsqu'ils sont habiles, ils peuvent gagner depuis trois jusqu'à six et sept francs : on voit, par là, que cette occupation peut faire vivre convenablement celui qui la pratique.

L'impression au trait se fait en suivant la marche que nous allons indiquer.

1°. Si la pierre qui supporte le trait a moins d'un pouce d'épaisseur, il faut la doubler comme nous l'avons indiqué. Ce genre de tirage ne demandant pas une aussi forte pression, on n'a pas besoin de doubler toutes les pierres.

2°. L'ouvrier dégomme sa pierre, la pose en presse, la cale et l'ajuste; il garnit son rouleau d'encre légère faite avec le vernis faible, n° 2, en ayant soin d'en mettre très peu sur la table au noir; il enlève son dessin à l'essence de térébenthine, le lave et l'essuie bien; il passe ensuite son rouleau à plusieurs reprises, et jusqu'à ce qu'il s'aperçoive que toutes les lettres et le dessin sont parfaitement noirs; il pose sa feuille et son garde-main, rabat le châssis, ferme le porte-râteau et donne la pression voulue.

La première épreuve tirée, on procède au tirage des suivantes, en ne passant qu'une seule fois et promptement le rouleau sur la pierre, après avoir placé le papier, rabattu le châssis et le râteau.

CHAPITRE XXII.

DU PAPIER AUTOGRAPHE ET SA PRÉPARATION.

On a donné le nom de *papier autographe* à du papier ordinaire, collé ou non collé, sur lequel on a étendu une composition destinée à recevoir l'encre autographique pour la reporter sur pierre.

L'emploi du papier autographe s'explique facilement, surtout lorsqu'on réfléchit qu'il permet à chacun de tracer son écriture pour en tirer un grand nombre de *fac-simile*, et qu'il évite le travail difficile d'écrire de droite à gauche, pour obtenir par le tirage une écriture allant de gauche à droite. Un grand nombre de compositions peuvent servir d'enduit : ainsi on peut employer des composés de plâtre, de craie, de pâte de jujubes, de colle de Flandre, de colle de poisson, etc., etc.

Nous allons indiquer les moyens que nous prenons pour nous procurer un papier sur lequel il est facile d'écrire, et qui a l'avantage de bien transmettre les traits.

On prend :

1°. Amidon. . . . . 6 parties.
2°. Gomme arabique . . . . 1 partie.
3°. Eau de fontaine . . . . . 50 parties.
4°. Alun . . . . 1 partie.
5°. Gomme-gutte, quantité suffisante pour colorer le papier en jaune citron.

On prend l'amidon, on le réduit en poudre, on le délaie avec une petite quantité d'eau, et on fait chauffer en ajoutant ensuite de petites quantités d'eau, pour l'amener à l'état d'empois. On fait dissoudre, dans une partie de l'eau, la gomme arabique, l'alun ; puis ou y délaie la gomme-gutte. Lorsque le tout est bien dissous, on mêle ; on incorpore ce mélange à l'empois, on fait cuire pendant quelques instans, on passe à travers un linge, puis on se sert du mucilage qui a passé, pour l'étendre, à l'aide d'une éponge et d'une manière bien égale, sur des feuilles de papier collé ou non collé, qu'on fait sécher. Ensuite on prend une pierre poncée bien sèche et bien propre, on la met dans la presse, on applique la surface de papier, qui a été enduite d'empois préparé, sur la surface polie de la pierre ; on pose une feuille de maculature sur la partie non enduite, on ferme la presse, on donne une ou deux pressions un peu fortes, afin de bien lisser la feuille, on la retire de la presse, et on la conserve pour s'en servir au besoin.

On peut aussi appliquer cette composition sur du papier végétal, qui sert alors à faire des *fac simile*.

Une formule qui se rapproche de la nôtre, et qui a été publiée tout récemment dans le *Journal des Connaissances usuelles*, consiste à prendre :

Amidon.	12 parties.
uomme	2 parties.
A l n.	1 partie.
Graine d'Avignon	1 partie.

Mais l'auteur n'a pas indiqué quelle est la quantité d'eau à employer pour réduire l'amidon en empois, dissoudre la gomme et l'alun, et extraire la matière colorante des graines d'Avignon. Nous bornerons là ce que nous avions à dire sur le papier autographe, qui peut, dans un grand nombre de cas, être avantageusement remplacé par le taffetas gommé.

CHAPITRE XXIII.

DE L'AUTOGRAPHIE, DE SON IMPRESSION ET DU TRANSPORT.

On a donné le nom d'autographie à l'art de transporter sur pierre les écritures ou dessins tracés avec une encre grasse sur un papier préparé, auquel on a donné le nom de *papier autographe*. L'autographie est une des parties de l'impression sur pierre qui offrent le plus de ressources, par la facilité qu'on a de reproduire presque instantanément les écritures quelconques, et par conséquent celle de l'auteur même. Elle est de la plus grande utilité pour le commerce, la magistrature, les administrations; et, en effet, une circulaire, une lettre de commerce, écrites sur papier autographe et avec l'encre autographique, peuvent être immédiatement reproduites à un très grand nombre d'exemplaires. Le tirage pouvant être fait par un ouvrier qui ne saurait pas lire, si l'on en avait le désir, on peut appliquer l'autographie à des écrits qu'on voudrait tenir secrets; ce qu'on ne peut faire pour l'impression typographique, puisque l'on est forcé de mettre dans sa confidence tout au moins le compositeur et le prote, et il en est de même de la lithographie.

L'autographie est due à Sennefelder, qui en avait bien senti toute l'importance, car il s'exprime ainsi à ce sujet :

« Cette manière est tout à fait particulière à l'imprimerie chimique, et je suis très porté à croire qu'elle est ce qu'il y a de plus important dans ma découverte. On n'a plus besoin, pour multiplier ses idées par l'impression, d'apprendre à écrire à rebours; car quiconque

» sait écrire sur le papier pourra le faire aussi avec l'encre
» chimique, et quand il les aura transportées sur la pierre,
» il en tirera une quantité d'exemplaires innombrable,
» qui viendront du décalque de l'original. Les gouverne-
» mens de Munich et de Saint-Pétersbourg (même quel-
» ques bureaux à Paris) ont adopté cette manière. Les
» décisions que le conseil prend sont écrites dans le mo-
» ment avec l'encre chimique, et le secrétaire les envoie
» à l'imprimerie ; au bout d'une heure, il y a déjà cin-
» quante exemplaires de prêts pour être distribués aux
» membres du conseil. Un établissement de ce genre est
» surtout très avantageux pour les circulaires et, en gé-
» néral, pour tous les ordres du gouvernement qui de-
» mandent de la promptitude. Je suis persuadé qu'avant
» dix ans, tous les gouvernemens de l'Europe auront un
» établissement lithographique de ce genre. En temps de
» guerre, cette manière est d'un grand avantage pour
» l'état-major d'une armée ; elle remplace parfaitement
» une imprimerie de campagne, et permet une plus
» grande promptitude et un plus grand secret. Le com-
» mandant n'a qu'à écrire lui-même ses ordres secrets et
» les faire imprimer en sa présence par quelqu'un qui ne
» sache pas lire l'écriture ou qui a la planche devant lui,
» à rebours ; il peut être sûr alors qu'il ne sera pas trahi.
» Si, pour éviter toutes méprises, on a besoin de plans
» sur des positions ou situations militaires, l'ingénieur
» n'aura qu'à les dessiner sur le papier : en peu d'instans
» il en aura beaucoup de copies à distribuer à ses su-
» balternes. Par la suite, le commerce se servira sûre-
» ment aussi de ce procédé ; car il arrive souvent, surtout
» dans les grandes maisons, qu'on a besoin d'avoir beau-
» coup de copies exactes d'un écrit quelconque. Les au-
» teurs et les savans pourront, par cette manière, faire
» copier à très bon compte leurs manuscrits.

» Cette manière sera d'une grande utilité, surtout dans

» les pays où il n'y a ni imprimerie ni fonderie en carac-
» tères, même dans les imprimeries d'Europe, par exem-
» ple, dans celles où la Société biblique fait imprimer ses
» bibles en langues étrangères, et pour lesquelles elles
» n'ont pas de lettres fondues.

» Les artistes mêmes lui rendront hommage, quand sa
» perfection toujours croissante les aura habitués à tracer
» leurs dessins sur du papier, soit avec de l'encre, soit
» avec du crayon ; ce qui facilitera leur travail et leur fera
» porter leurs ouvrages partout avec eux, et en rendra
» l'envoi très facile dans les lieux les plus éloignés. »

L'opinion émise par Sennefelder s'est réalisée, et déjà
un grand nombre de préfets ont des presses autographi-
ques qui servent au tirage des circulaires.

L'armée française, commandée par le duc d'Angou-
lème, en Espagne, avait une presse autographique pour
l'impression des plans et des ordres généraux : cette presse
était sous la direction de M. Sedille. C'est sous le ministère de M. Decazes que l'administration publique com-
mença à employer l'impression autographique. L'exécution des autographies était confiée à M. de Lasteyrie, qui
les faisait écrire par M. de Cormont, et tirer par M. Du-
carme. Deux faits assez curieux marquèrent l'époque de
cette innovation. M. Decazes, qui était grand partisan de
la lithographie, étonné de ce qu'on lui disait de l'autographie, refusait presque d'y croire. Pour le convaincre,
on lui présenta un morceau de papier autographe et de
l'encre autographique, en le priant de tracer quelques
lignes, qui seraient portées sur la pierre et retraceraient
fidèlement, et nombre de fois, son écriture. Il accéda à
cette demande, et il fit un bon de cent francs payable au
porteur. Le billet écrit, le transport fut opéré sur la pierre
et on procéda au tirage des épreuves. Ce billet, sur l'ordre
du ministre, fut présenté au caissier, qui s'empressa d'en
acquitter le montant; la somme fut reportée à M. Deca-

zes, qui en gratifia les ouvriers. Il invita en même temps
un d'entre eux à faire disparaître de dessus la pierre le
tracé autographique, au moyen de la pierre ponce, et non
point avec l'essence de térébenthine; car il avait vu que
l'effaçage, fait au moyen de cette essence, n'était qu'illu-
soire, et que l'on pourrait faire reparaître la trace en passant sur la pierre le rouleau d'encrage. Quelque temps
après, M. Decazes ayant à écrire une lettre circulaire à
MM. les préfets, il la fit sur du papier autographe, et
l'envoya à l'imprimerie pour qu'on en tirât le nombre
nécessaire d'épreuves. Parmi les préfets auxquels ces lettres furent transmises, plusieurs, reconnaissant l'écriture
du ministre, et ne pouvant croire toutefois qu'il eût écrit
lui-même une lettre circulaire, s'imaginèrent que l'écriture était contrefaite, et demandèrent des renseignemens
à cet égard. Lors des premiers envois de lettres circulaires
autographiées, les employés de l'administration des postes
firent quelques difficultés pour recevoir, au tarif des objets
imprimés, les lettres que l'on voulait affranchir, préten-
dant qu'elles étaient écrites à la main et non imprimées ;
mais on leur démontra qu'ils étaient dans l'erreur, et les
envois furent faits depuis sans difficulté.

L'autographie se pratique de la manière suivante.

1°. On prend de l'encre autographique liquide ou en
bâton; si elle est solide, on la délaie avec un peu d'eau
distillée, en passant le bâton d'encre dans un petit godet,
et en continuant l'opération jusqu'à ce que la dissolution
ait acquis une consistance telle que l'encre ne soit pas trop
épaisse, ce qui l'empêcherait de couler, ni trop liquide,
ce qui donnerait lieu à des traits qui s'élargiraient et qui
ne pourraient être transportés.

2°. On prend une feuille de papier autographe et on
l'essaie. Si le papier offre de la difficulté pour écrire, on
y passe un peu de poudre fine de sandaraque, en frottant
légèrement avec un petit tampon de papier, pour ôter le

luisant de la feuille ; avec une patte de lièvre on enlève le surplus de la poudre, qui gênerait l'écrivain.

3°. On prend une plume neuve ; on la taille à l'anglaise, en ayant soin de pratiquer une fente assez longue, d'amincir le bec sur les deux côtés, pour que l'encre puisse couler plus facilement.

4°. On procède au tracé de l'écriture, en ayant soin d'écrire posément, pour que l'encre se détache bien de la plume, et qu'on puisse observer les *pleins* et les *déliés*. Si on écrivait trop vite, une partie de l'écriture, trop faiblement tracée, ne viendrait pas au transport. Il ne faut pas non plus qu'on emploie trop d'encre dans l'écriture, parce qu'alors les traits s'élargiraient, ce qui aurait de l'inconvénient. Pour faciliter la régularité de l'écriture, on peut se rayer au crayon de mine de plomb, qui n'altère pas le papier autographe.

5°. La pièce étant écrite, on la laisse sécher entièrement, ce qui demande un peu plus ou un peu moins de temps (d'une demi-heure à une heure), selon la nature de l'encre. Lorsqu'elle est sèche, on procède au transport ainsi qu'il suit : on prend une pierre neuve ou bien poncée, on la fait sécher dans une étuve chauffée à 30 degrés, ou avec des rognures de papier qu'on brûle devant, en ayant soin que la fumée ne porte pas sur la pierre, ou encore on l'expose au soleil pendant une demi-heure. On doit avoir soin de ne pas porter trop haut le degré de température, qui ne doit pas passer 25 à 30 degrés (si l'on chauffait trop fortement, la pierre pourrait casser lors du transport). Le chauffage de la pierre a pour but de la priver de l'humidité qu'elle pourrait contenir, et qui s'opposerait au décalque. On pose la pierre dans le chariot, on la fixe, on ajuste le râteau qui doit être bien droit ; on mesure sa pression, et on se sert de trois ou quatre feuilles de maculatures. On prend un petit morceau de pierre-ponce, on le passe à sec sur toute la surface de la pierre ; ensuite, à l'aide d'un petit morceau de papier propre, on enlève la poussière qui provient du frottement. Toutes ces choses ainsi disposées, on commence par examiner la nature du papier autographe sur lequel est l'écriture. Ce papier peut être indifféremment *très mince,* comme le papier appelé *pelure ;* ou bien *très épais, avec* ou *sans colle ;* on peut employer également le *papier à lettre* dit *papier coquille.* Si le papier est mince, avant de le placer sur la pierre du côté de l'écriture, on l'humecte en le mettant pendant quelques instans dans des maculatures humides, et lorsqu'on s'aperçoit qu'en appuyant le doigt sur la partie qui doit supporter l'écriture, elle adhère un peu, on pose la feuille sur la pierre, on la recouvre d'une feuille de maculature humide, on met par dessus une feuille de maculature sèche, on rabat le châssis, on ferme le râteau, et on donne une légère pression dans le but de coller la feuille de papier sur la pierre. Si on donnait d'abord une forte pression, on pourrait déchirer la pièce d'écriture. La pression étant donnée, on ouvre la presse pour s'assurer si le papier-maculature présente des plis, ou s'il est lisse : dans le premier cas, on change la maculature. Cette précaution prise, on referme la presse, on donne une seconde pression beaucoup plus forte que la précédente ; on ouvre une deuxième fois la presse, et, si rien n'est dérangé, on procède à une troisième pression, qui doit être beaucoup plus forte. Souvent deux coups de presse sont suffisans, mais, pour plus de sûreté, il vaut mieux en donner un troisième.

La troisième pression étant donnée, on enlève la pierre de dedans le chariot, et on la met dans un baquet plein d'eau propre, qui doit recouvrir la surface sur laquelle le transport est opéré. On la laisse reposer pendant dix minutes, on enlève ensuite le papier autographe, et on voit qu'il se détache facilement en abandonnant entièrement, sur la surface de la pierre, les traits qu'il avait reçus. Pour

que le transport soit parfait, il ne doit rester sur le papier
aucune trace de l'écriture qui y avait été tracée. Si le papier est très épais et sans colle, on le pose sur des feuilles
de maculatures sèches, de manière à ce que le côté où se
trouve l'écriture soit sur la maculature; on prend une éponge
et de l'eau propre, et on humecte lestement la surface opposée à l'écriture. On s'aperçoit que le papier est suffisamment imbibé d'eau, lorsqu'il devient transparent et
qu'il laisse apercevoir les caractères : on le pose alors sur
la pierre, puis un morceau d'une feuille de maculature
sèche, et on donne la pression, en revenant à trois fois,
avec les précautions que nous avons indiquées. On doit
faire observer ici que le papier autographe sans colle,
lorsqu'il est mouillé, doit être posé de suite sur la pierre
pour procéder au transport, par la raison que, s'il restait
quelque temps mouillé, l'eau pénétrerait la composition,
et lors du premier coup de presse, l'encre et la composition se mêleraient, et rien ne resterait sur la pierre. Si
l'autographie est faite sur papier à lettre dit *papier coquille*, on agit de la manière suivante. On pose la feuille
sur des maculatures, on l'humecte sur la partie opposée
à celle qui doit supporter l'écriture, jusqu'à ce qu'il soit
bien imbibé, et que, devenu transparent, il laisse apercevoir les écritures. Si on avait mis une trop grande quantité d'eau, on peut l'enlever avec une éponge. On pose
la feuille sur la pierre, du côté de l'écriture; on recouvre
d'une ou deux feuilles de maculature sèche, et on procède comme nous l'avons dit. Si le papier avec lequel on
a fait le papier autographe est épais et collé, il est plus
difficile de l'imbiber, et on doit se servir, à cet effet, d'une
eau acide à un degré : lorsque le papier est bien humecté,
ce qui est plus ou moins long, on agit comme nous l'a-
vons dit précédemment. Le transport étant opéré, et la
pierre ayant été mise à tremper, puis retirée de l'eau, et
le papier autographique ayant été enlevé, on procède à

l'acidulation en passant de la préparation (l'acide gommeux) sur la pierre, à l'aide du blaireau. L'acidulation étant faite, on laisse reposer la pierre pendant dix minutes, on la porte sur la presse, on l'ajuste ; on prend le rouleau d'encrage, on le garnit de noir faible, qui doit être en petite quantité sur la pierre. Le rouleau étant garni, on prend l'éponge à dégommer, et, à l'aide d'un peu d'eau et d'un léger frottement, on enlève la gomme de dessus la surface de la pierre, et l'on essuie avec un linge fin et doux : on humecte ensuite la pierre, on passe le rouleau et on procède au tirage, comme nous l'avons dit précédemment.

On remarquera qu'il n'est pas nécessaire d'enlever les transports autographes avec l'essence de térébenthine : cependant si les écritures s'empâtaient, ou si la pierre se salissait, il serait convenable de faire usage de cette essence pour enlever les écritures et nettoyer la pierre : on procéderait ensuite à l'encrage. Le transport des écritures peut se faire de suite, ou bien au bout de quelques jours : il est préférable d'agir de suite, car si l'opération est retardée, la feuille de papier peut recevoir de la poussière et se salir. Il faut donc avoir soin de la tenir dans un lieu fermé, et de ne la toucher que pour la porter sur pierre. En général, les autographes ne font pas assez d'attention à cela ; ils laissent traîner les feuilles dans leurs ateliers, et si elles prennent de la graisse avant d'être transportées sur pierre, il en résulte des taches et des empâtemens qu'il est assez difficile de faire disparaître du transport.

Des fac-simile.

Le transport des *fac-simile* se fait de deux manières : 1° en se servant d'un papier dit *papier végétal*, qui est transparent ; 2° à l'aide d'une *toile gommée* montée sur un cadre de bois ou de fer. Si on emploie le papier végétal, après qu'il a reçu la préparation que nous avons indiquée, on agit de la manière suivante : on prend la lettre que l'on veut copier, on la pose sur une planche, on place dessus le papier végétal, de manière que la partie non préparée soit en contact avec l'écriture. On fixe le papier soit à l'aide d'un châssis double ou de pains à cacheter, soit avec la colle à bouche, et on suit le trait ou l'écriture en se servant d'une plume garnie d'encre autographique. Le fac-simile étant achevé et l'encre sèche, on prend une pierre poncée bien propre et légèrement chauffée ; on y passe la ponce sèche, dont on essuie la poussière avec du papier, comme nous l'avons dit. On place la pierre sur la presse, on l'ajuste, on pose le papier végétal sur la pierre, de manière que l'écriture soit en contact avec la pierre ; on met par dessus la feuille de papier une feuille de maculature sans colle, qui a été bien mouillée à l'aide d'une éponge ; on la recouvre avec une ou deux autres feuilles sèches, on rabat le châssis et le porte-râteau, on ferme la presse, et on lui fait subir une première pression. On ouvre la presse, on lève les feuilles de maculature pour voir si le papier à transport est bien étendu : s'il ne l'était pas, il faudrait mouiller une seconde feuille et la mettre dessus ; mais on courrait le risque d'avoir des *doubles traits*. Si le papier est bien étendu, on donne deux autres coups de presse, on ouvre le châssis, et on tire la pierre que l'on porte dans un baquet ; on agit ensuite comme pour le transport ordinaire.

Si on se sert de la *toile gommée* montée sur un châssis, on procède ainsi qu'il suit. On passe de l'essence de térébenthine sur toute la surface de la toile gommée, on l'essuie ensuite avec un linge propre, on pose le châssis sur la lettre que l'on veut copier, on prend une plume garnie d'encre autographique, et on calque l'écriture ou le trait ; lorsque le calque est fait, on le laisse sécher, on prend une pierre poncée, on la ponce de nouveau, on essuie

avec du papier, on passe sur toute la surface un peu d'essence de térébenthine qu'on laisse évaporer, on pose ensuite la toile gommée sur la pierre, en ayant soin de
mettre l'écriture en contact avec elle. On recouvre le taffetas de deux feuilles de maculatures, on rabat le châssis
et le porte-râteau, on ferme la presse, et on donne une
forte pression. On relève le porte-râteau et le châssis, et
on enlève doucement le taffetas gommé, qui adhère un
peu à la pierre. Il est bon de faire remarquer ici que,
dans ce cas, on ne doit donner qu'un seul coup de presse :
si on en donnait plusieurs, l'écriture serait doublée et le
transport ne pourrait servir. Au bout de huit à dix minutes, on pratique l'acidulation, et après quelque temps
on procède au tirage.

Cette opération, qui est très simple, et qu'on peut
faire avec la plus grande facilité, offrait, il y a quelques
années, un grand nombre de difficultés, par la raison que
le papier végétal qu'on employait n'était pas préparé. On
suivait les contours du dessin qu'on voulait calquer avec
du crayon rouge ou de l'encre de sanguine : lorsque le
trait était ainsi marqué, on posait la feuille sur une pierre
bien poncée, on lui faisait subir une forte pression, ce
qui donnait lieu à un décalque de couleur rouge, qu'on
recouvrait au pinceau d'une couche d'encre lithographique. Ce procédé, plus difficile, demandait plus de temps,
beaucoup d'adresse, et le dessin était moins exact. C'est
pour obvier à ces inconvéniens que l'un de nous a eu
l'idée de faire préparer le papier, pour agir comme nous
l'avons dit.

Des deux manières de faire les *fac-simile*, la première,
qui se pratique au moyen de papier végétal apprêté, est
bien supérieure à l'autre, puisque la feuille se colle sur
la pierre, et qu'on peut donner une ou deux pressions
sans craindre de doubler l'écriture ; et en outre le décalque se fait mieux. Nous engageons donc les lithographes

à se servir du papier végétal préparé, s'ils veulent obtenir de bons résultats.

L'autographie a été employée en 1828, au lieu de la typographie, pour l'exécution des listes électorales des départemens de la Seine et de Seine-et-Oise : elles furent autographiées par MM. Engelmann et Langlumé et par M. Delarue. L'emploi de ce mode d'exécution valut à la préfecture de la Seine une économie de 3 à 4,000 fr.; et 500 volumes de 480 pages grand in-4°, format raisin, furent établis en douze jours. Mais telle est la marche des bureaux, que les imprimeurs qui, en 1828, avaient reçu des félicitations de M. de Chabrol, ne furent pas chargés, en 1829, de la confection des mêmes listes. Lors de l'exécution des premières listes, MM. Engelmann et Langlumé avaient vingt presses qui étaient constamment occupées au tirage de ces listes : les premiers ils purent se féliciter d'avoir montré, d'une manière convenable, les avantages que présente l'autographie appliquée à l'exécution de travaux vastes et qui doivent être exécutés avec célérité.

L'impression typographique n'aurait pas pu exécuter ce travail aussi promptement, à cause de la disposition des listes électorales, qui sont formées de tableaux qui exigent un matériel considérable en *filets, accolades, formes*, etc., etc.

CHAPITRE XXIV.

DES ACCIDENS QUI PEUVENT SURVENIR PENDANT L'IMPRESSION. MOYENS D'Y REMÉDIER.

Le grand nombre d'accidens qui peuvent survenir pendant l'impression des dessins et autres méritent d'être signalés : ils sont de nature à fixer l'attention des lithographes, qui doivent, autant que possible, chercher les moyens de les prévenir ou d'y remédier lorsqu'ils sont arrivés. On a déjà atteint ce but en partie; mais des recherches bien faites donneront sans doute naissance à de nouvelles améliorations, qui seront du plus grand intérêt et pour les arts et pour l'industrie. Nous parlerons successivement de ces accidens et des moyens mis en usage pour les combattre.

Des taches en général.

On a remarqué, depuis qu'on s'est occupé de l'art lithographique, que des dessins ou des écritures livrés à l'impression présentaient, lors du tirage, des taches de diverses natures.

La plupart de ces taches, attribuées par le dessinateur au manque de soin de l'imprimeur, viennent souvent du fait du dessinateur lui-même, ou de ceux qu'il reçoit chez lui et qui examinent son dessin. Ces taches peuvent aussi avoir été faites pendant le transport des pierres de l'atelier du dessinateur à l'atelier d'impression; en général, elles sont dues à des matières grasses; elles sont causées, 1° par l'application de la main ou d'une partie de la main sur la pierre : cette application, si la main est grasse ou en sueur, donne lieu à des taches qui, lors de l'impression, indiquent quelle est la partie de la main qui y a donné lieu; 2° par des pellicules qui tombent de la tête du dessinateur pendant qu'il fait son dessin; 3° par des cheveux ou de la poudre à poudrer qui peuvent être tombés sur le dessin; 4° par de l'eau de savon; 5° par des morceaux de crayon lithographique qui se collent sous le garde-main lorsqu'on taille le crayon, et qui sont ensuite portés sur la pierre. Toutes ces substances donnent, au tirage, des taches noires qu'on n'a pu apercevoir avant cette opération.

Ces taches sont très difficiles à enlever, et la difficulté devient plus grande lorsqu'elles occupent un espace assez considérable et qu'elles altèrent une partie du dessin. Jusqu'à l'époque où l'on s'est occupé de la recherche de moyens nouveaux pour l'effaçage et la retouche des pierres, on se servait du sable et de la molette, et on enlevait, en usant la pierre, et le dessin et la tache. On peut à présent agir avec plus de vitesse et plus de précision, et enlever, à l'aide de la potasse ou de la térébenthine et de l'acide, les places tachées, pour raccorder le dessin. Nous donnons à nos lecteurs des explications plus détaillées sur cet objet à l'article *Effaçage* et *Retouche*. Les taches qui proviennent ordinairement des cheveux, et qui forment de petits points noirs, s'enlèvent à l'aide d'un bec de plume non fendu. On trempe cette plume dans l'acide nitrique à 5°, dans lequel on met un peu de mucilage de gomme; lorsque la plume est chargée d'acide, on pose le bec sur le milieu de la tache, et on frotte pour que ce bec mette en contact l'acide avec la pierre. Il faut, lorsqu'on fait cette opération, prendre la pierre lorsqu'elle est bien posée : sans cela, l'acide se répandrait sur la pierre, et donnerait lieu à une tache blanche. Les taches de poudre et toutes celles qui sont d'une petite dimension peuvent être enlevées de la même manière.

D'autres taches sont dues à la salive, à la gomme, à l'eau gommée, à des acides, à de l'eau. Les taches de salive proviennent de ce qu'en regardant un dessin il peut s'échapper de la bouche une petite quantité de salive qui tombe sur la pierre, et qui s'interpose entre le grain et le crayon; lors du tirage, le *mucus* se dissout, et le crayon supporté par ce corps s'enlève et laisse une petite tache ordinairement ronde et blanche. La gomme et l'eau gommée produisent les mêmes effets, la gomme s'interpose, puis elle se dissout, et on obtient des résultats semblables aux précédens.

L'acide forme des sels qui empêchent le crayon d'adhérer à la pierre; il en résulte des taches blanches.

On corrige ordinairement ces taches blanches en passant du crayon sur les points blancs. On doit faire cette retouche après avoir tiré une épreuve et après avoir fait sécher la place où la tache blanche se fait apercevoir. Si on en tirait plusieurs, le crayon ne prendrait plus ou difficilement ; il ne tiendrait pas, si la place était mouillée. Il arrive quelquefois, bien qu'on ait pris les précautions que nous indiquons, que la retouche ne tient pas, et que les taches, bouchées d'abord, laissent filer le crayon et reparaissent plus tard : il faut alors, à l'aide d'une pointe fine, faire de petites piqûres sur lesquelles on met du crayon, puis on passe dessus un peu de gomme. On pourrait aussi, si l'on voulait, user de nos moyens de retouche ; mais il faudrait avoir soin d'employer la liqueur de manière à ce qu'elle ne se répandit pas au delà de l'espace occupé par la tache.

Les taches d'eau peuvent être dues à ce que de l'eau, tombée sur une pierre grenée, y a séjourné et s'y est incorporée, ou bien à ce que de l'eau provenant du lavage, et qui, lors de l'égouttage, serait tombée sur la pierre et aurait formé une ligne sur laquelle ce liquide aurait séjourné : cette eau, ainsi desséchée sur la pierre, ne permet pas au crayon de s'y fixer comme il le ferait sur une pierre blanche ; la teinte qu'on obtient est moins forte de moitié que celle des parties environnantes, et cette teinte faible se représente sur toutes les parties où l'eau a passé (*). On parvient à corriger ces défauts avec plus ou moins de

---

(*) Autrefois les dessinateurs qui voyaient cet effet accusaient presque toujours les imprimeurs d'avoir laissé tomber de l'acide sur leur pierre : depuis qu'il est connu, on prend des précautions pour l'éviter. (Voir le *Grenage des pierres.*)

peine, suivant l'étendue des taches, en faisant bien sécher la pierre après avoir tiré une ou deux épreuves, et en y passant du crayon en assez grande quantité pour mettre le nouveau dessin en harmonie avec le premier. Lorsque la retouche est faite, l'imprimeur mouille avec une éponge la pierre dans toutes ses parties, à l'exception de l'endroit retouché ; il humecte cette partie avec son haleine, de peur d'enlever avec son éponge une partie du crayon ; ensuite il encre avec son rouleau, et les parties nouvelles reprennent l'encre. Si le crayon ne prenait pas, cela tiendrait à ce que l'opération aurait été mal faite ; il faudrait recommencer en ayant soin de bien faire sécher sa pierre.

CHAPITRE XXV.

DE LA GRAVURE SUR PIERRE, DES CORRECTIONS, DE L'ENCRAGE, DU TIRAGE, ET DES PRÉCAUTIONS A PRENDRE DANS CE TRAVAIL.

La gravure sur pierre, depuis long-temps usitée en Allemagne, n'a été importée en France qu'en 1804, par M. André, qui obtint un brevet d'importation de dix ans.

Cette manière d'imprimer est fondée sur la propriété dont jouissent les pierres calcaires qu'on emploie, de faire effervescence avec les acides, qui les décomposent ; effet qui n'a pas lieu lorsque ces pierres sont imprégnées de quelques substances grasses. Ce mode de graver peut être de la plus grande utilité pour la reproduction des écrits, des cartes géographiques, ou d'une foule d'ouvrages. de petites images, etc. On en tire un grand parti en Allemagne, mais en France on ne compte qu'un établissement, celui de M. Knecht, successeur de Sennefelder, où l'on s'occupe spécialement de l'impression de ce genre.

En ce moment, M. Knecht fait exécuter un ouvrage considérable qui doit retracer au trait les plantes du Brésil. Parmi les artistes qui s'occupent de la gravure sur pierre, on doit mentionner M. Roux aîné, qui, à l'aide d'une machine, obtient des lignes d'une finesse extrême et qui rivalisent avec celles des ciels qu'on remarque dans les meilleures gravures.

Les sciences ont perdu dans Paulmier un artiste habile qui, dans ce genre, avait atteint la perfection. Il s'occupait particulièrement de la topographie, et les cartes géographiques qu'on a de lui ne laissent rien à désirer. Il est à regretter que ce savant n'ait pas fait plus d'élèves (*).

Sennefelder décrivit, le premier, le procédé à suivre pour ce genre de gravure. Ce procédé a été modifié depuis, et voici celui qu'on emploie le plus ordinairement.

On prend une pierre égale et dure, on la polit en se servant de la pierre-ponce; lorsqu'elle est bien poncée, on l'acidule comme s'il y avait un dessin dessus, on la gomme, on la laisse reposer pendant vingt-cinq à trente minutes, on la lave ensuite à grande eau, et on la laisse égoutter un moment; on la gomme très légèrement une seconde fois avec une éponge, pour ne pas éprouver de peine en faisant agir le burin, qui, sur une couche épaisse, glisserait et n'atteindrait pas la pierre. Il faut que cette couche soit seulement assez forte pour que la main ne puisse l'enlever entièrement lorsqu'on l'appuie

---

(*) Paulmier, n'ayant pu trouver en France des avantages assez grands pour y vivre avec aisance, fut appelé en Belgique par le roi des Pays-Bas, qui lui confia un travail topographique des plus importans, travail qu'il n'acheva pas, une chute qu'il fit dans ses ateliers l'ayant enlevé trop tôt à l'art qu'il exerçait avec tant de succès.

dessus, et que le souffle (l'haleine) ne la détrempe pas.
Lorsque la gomme est sèche, ce qui ne demande que
quelques instans, on la noircit ou on la rougit (selon la
volonté de l'artiste) en jetant sur la couche de gomme de
la poudre de sanguine, de vermillon ou de noir de fumée ; à l'aide d'un léger frottement, et en se servant de
coton, on étend la couleur sur toute la surface : elle est
nécessaire pour qu'on puisse apercevoir le travail que fait
la pointe. On procède ensuite au décalque du dessin
en se servant d'une couleur opposante à celle qui est sur
la pierre, en passant sur tous les traits du dessin avec
une pointe émoussée, afin de ne pas égratigner la couche de gomme ou la pierre ; on peut aussi et sans faire de
décalque, tracer directement son dessin sur la pierre.

Le décalque terminé, ou l'esquisse faite au crayon, le
dessinateur, muni de pointes et de burins de différentes
sortes, grave son dessin, qui doit paraître en blanc, pour
faire opposition à la couche noire ou rouge. Il faut avoir
soin de ne pas trop creuser les lignes fines : sans cela, le
dessin ne viendrait pas au tirage, le papier ne pouvant
pénétrer au fond de ces lignes. Les lignes larges se pratiquent, soit avec un burin qui donne d'une seule fois toute
la largeur du trait, soit avec de petites pointes, en y revenant à plusieurs reprises. A mesure que l'on grave la
pierre, il y a production de poussière blanche, qu'on doit
enlever, soit avec une petite brosse, soit avec un blaireau, ou bien encore avec un soufflet ; il ne faut pas se
servir de l'*haleine*, dans la crainte de donner au travail
une humidité qui lui serait nuisible. Lorsqu'on s'occupe
de graver sur pierre, il faut éviter de laisser tomber sur
la pierre, en travaillant, des corps gras, et même d'y
porter les mains. Le travail, lorsque la pierre a été salie
par de la graisse, de l'huile, etc., devient très difficile ;
la pointe est sujette à glisser et peut donner lieu à des
accidens dans le dessin ; en outre, la couche de gomme

étant très mince, elle peut être pénétrée par le corps gras, ce qui, lors du tirage, donnerait lieu à des taches.

On doit aussi éviter de laisser tomber de l'eau sur la pierre ou de la mouiller de toute autre manière : l'eau dissolvant la gomme, la solution pourrait s'introduire dans les traits et les rendre impropres à prendre le noir. La gravure sur pierre offre quelques difficultés pendant les temps froids : la pierre, plus froide que la température du lieu, se couvre d'eau qui dissout la gomme et donne lieu à des accidens qui empêchent le travail. On doit donc, pour éviter ces accidens, tenir sa pierre dans un lieu dont la température soit égale, afin que l'eau ne se condense pas sur la surface de la pierre et ne dissolve la gomme.

Des corrections.

Il est très difficile de corriger les faux traits qui auraient pu échapper au graveur dans la gravure de la planche. On est obligé, pour ces corrections, de gratter ; et, si l'on n'y prend garde, on forme alors une concavité dans laquelle on retrace une partie du dessin qui ne vient pas au tirage : pour éviter cet inconvénient grave, il faut donc avoir soin de gratter légèrement, en prenant d'un peu plus loin, pour venir en mourant, afin de ne pas faire un trou, mais seulement une concavité peu apparente, peu sensible ; lorsque le grattage est terminé, on acidule l'endroit gratté, à l'aide d'un petit pinceau ; on gomme ensuite, et lorsque la couche gommeuse est sèche, on noircit ou rougit cette place, et on raccorde à la pointe le dessin pour le lier aux parties environnantes. Si on ne devait pas faire de dessin à la place qui a été grattée, il faudrait seulement passer un peu de préparation, qui empêcherait les faux traits, qu'on aurait effacés, de prendre le noir lors du tirage.

De l'encrage de la pierre.

Avant de procéder à l'encrage, il faut s'assurer que la pierre n'est point humide. On prend une encre faite avec un vernis léger (l'encre qui sert pour les écritures); on y ajoute un peu de suif et de noir de fumée, on broie le tout sur un marbre avec un couteau à palette, on le passe le plus promptement possible sur toute la surface de la pierre, avec une petite brosse à peindre, on fait entrer ce noir dans les traits de la gravure; ensuite on prend un morceau de flanelle trempé dans de l'eau gommée, on frotte légèrement la surface de la pierre, et tout le noir ou le rouge disparaît par ce lavage; le dessin qui, avant cette opération, se détachait en blanc sur un fond de couleur, se détache alors en noir sur un fond blanc.

Impression de la gravure.

Ce genre d'impression, quoique facile, demande cependant de la pratique; il est très usité en Allemagne : des gravures, des pièces d'écriture et des cartes géographiques, apportées en 1829 par M. le baron de Férussac, sont d'une perfection qui ne laisse rien à désirer.

Dans l'impression de la gravure, comme dans tous les autres genres d'impression, on ne doit jamais négliger d'employer de l'encre de bonne qualité; car de là dépendent la beauté des épreuves et le plus ou le moins de facilité dans le tirage.

Voici comment on compose l'encre la plus propre à ce genre d'impression.

On prend du vernis faible servant aux impressions des dessins à la plume et des écritures, on y mêle du noir de fumée calciné, on broie le tout à la molette, on ajoute un peu de gomme arabique dissoute dans une très faible quantité d'eau, afin de ne pas être embarrassé pour mêler l'eau gommée au vernis (*).

On procède ensuite à l'encrage de la manière que nous allons l'indiquer.

On a plusieurs chiffons : le premier sert à mouiller la pierre et à l'essuyer ; le deuxième à prendre de la couleur et à l'étendre sur la surface de la pierre, en frottant sur toute la gravure, de manière à ce que la couleur entre dans toutes les lignes gravées ; avec le troisième, qu'on trempe dans l'eau gommée, on enlève le superflu de l'encre. Cette opération étant terminée, on reprend le premier chiffon et on nettoie la pierre. Lorsque les chiffons sont noircis par la couleur, on les remplace par d'autres : l'emploi de chiffons sales donnerait lieu à des accidens, en ce sens que la pierre ne serait pas assez propre, et que les épreuves seraient tachées.

Lors du premier tirage, la pierre est plus difficile à nettoyer ; sa surface, qui n'est pas encore bien préparée, est sujette à se salir ; ce qui nécessite l'emploi d'une plus grande quantité de chiffons, qui doivent être trempés dans de l'eau gommée. Après quelques tirages, la pierre se polit et ne se noircit presque plus, ce qui rend l'impression plus facile. L'encrage étant terminé, on procède au tirage en agissant comme nous l'avons indiqué, lorsque nous avons traité de l'impression des dessins sur pierre.

Une seconde manière d'agir pour l'impression des gravures est très usitée à Paris.

On se munit d'un tampon, on le noircit avec l'encre préparée comme nous l'avons dit ; le tampon étant garni,

(*) Nous ne nous rendons pas compte de l'effet que peut produire la gomme dans cette préparation ; les Allemands en ajoutent à leur encre, ce que nous ne faisons pas, sans nous en trouver plus mal.

on encre la pierre en tamponnant sur toute la partie gravée ; on humecte la pierre avec de l'eau, et on passe le
rouleau d'encrage pour enlever la plus grande partie du
noir qui aurait pu rester sur les surfaces planes de la
pierre. La gravure étant encrée, on procède au tirage par
les moyens ordinaires. Cette méthode est plus simple, et
les épreuves obtenues sont ordinairement plus propres, ce
qui est dû à ce que les ouvriers ne sont pas forcés de se
noircir les mains, comme ils le font en se servant des
chiffons. Dans cette impression, on doit, lorsqu'on a tiré
quelques épreuves, s'abstenir de l'usage du tampon : on
n'emploie plus que le rouleau d'encrage. Le papier employé au tirage de la gravure sur pierre doit être plus
mouillé que celui qu'on destine à l'impression des dessins, puisqu'il doit pénétrer dans les tailles de la pierre ;
il faut aussi augmenter le degré de pression, lors du tirage, proportionnellement à la grandeur et à la consistance de la pierre.

L'ouvrier qui s'occupe de l'*impression au rouleau* doit
être habile ; il doit faire agir son rouleau en tous sens et
de manière à noircir tous les traits, comme nous l'avons
déjà dit.

Cette manière d'imprimer permet de tirer, dans un
temps donné, un plus grand nombre d'épreuves : la pierre
peut aussi fournir un tirage plus long ; ce qui s'explique
par ce qu'elle est moins frottée. Cependant, si on avait à
tirer des gravures précieuses, il vaudrait mieux employer
l'impression au chiffon, qui fournirait de plus belles
épreuves pour la teinte : il faut alors recommander aux
imprimeurs d'employer des pouces (*), pour ne pas salir
le papier et donner des épreuves bien nettes.

(*) On a donné le nom de *pouces* à un petit carré de papier
qu'on plie par le milieu : ce papier, qui sert de pinces, s'interpose entre le papier et les doigts de l'imprimeur.

CHAPITRE XXVI.

DES PRÉCAUTIONS A PRENDRE, PAR L'IMPRIMEUR-LITHOGRAPHE, LORSQU'IL OPÈRE PAR UN TEMPS FROID OU A UNE HAUTE TEMPÉRATURE.

La saison ayant été des plus froides pendant un hiver, nous avons pu observer l'action d'une basse température sur les opérations qui se font en lithographie, et sur les inconvéniens qui en résultent.

1º. Une pierre qui avait passé une nuit dans un local où la température marquait 2 degrés sous zéro, ayant été acidulée, on remarqua, lorsqu'on voulut pratiquer l'encrage, que toutes les parties légères et quelques teintes vigoureuses ne prenaient pas d'encre, et ne fournissaient rien au tirage ; qu'au contraire, une partie de ce crayon était enlevée lorsqu'on passait le rouleau sur la pierre. Nous pensons que cet effet est dû à la solidification du crayon, qui n'adhère pas à la pierre : cet accident s'étant représenté, on fit quelques essais dans le but d'obvier à ce grave inconvénient.

Le moyen le plus simple pour ne pas éprouver cette destruction partielle du dessin consiste à placer la pierre, qui aurait été exposée au froid, dans une pièce chauffée de 14 à 20 degrés, et à la laisser dans cette pièce pendant dix à douze heures, avant de procéder à l'acidulation.

2º. Lorsque l'atelier est susceptible de se refroidir entièrement pendant la nuit, au point d'offrir, le matin, une température au dessous de zéro, on remarque : 1º que la pierre ne prend le noir qu'avec la plus grande difficulté, et qu'on n'obtient que des épreuves faibles ; 2º que lorsqu'on jette de l'eau sur la pierre, cette eau se congèle, et ne peut mouiller également toutes les parties de la pierre, qui se trouvent chargées de petites portions de glace : celles-ci sont assez dures pour rayer le dessin, si l'on se sert de l'éponge ;

3°. Que le noir d'impression devient très dur, et qu'il est difficile d'encrer son rouleau et ensuite la pierre ;

4°. Que ce n'est que lorsque la température de l'atelier est au moins à 5 degrés que ces accidens cessent peu à peu.

On peut obvier à ces inconvéniens : 1° en conservant, la nuit, dans le poêle qui sert à faire le chauffage de l'atelier, du feu alimenté par du poussier de charbon, et en ayant soin de laisser la porte du poêle ouverte, et d'en faire fermer la clef presque entièrement, afin que le tirage ne soit pas trop fort ; 2° ou bien en allumant le feu une heure avant l'ouverture de l'atelier. Le premier de ces deux moyens nous semble plus commode ; la température de l'atelier se maintient, et le matin on n'a pas la crainte de voir ses travaux suspendus, celui qu'on aurait chargé d'allumer le feu ne l'ayant pas fait assez tôt. 3°. On peut dégommer la pierre avec de l'eau tiède, et continuer le tirage avec de l'eau également tiède. 4°. On peut aider au tirage en employant un vernis plus ou moins léger, selon la température et la nature de l'impression : ce qui doit être déterminé par l'imprimeur.

On conçoit qu'il en est de même pour le papier, et qu'on doit le conserver, après qu'il a été mouillé, dans un endroit dont la température soit toujours au dessus de zéro : au dessous, le papier se gèle, se durcit, devient comme une planche, et ne peut servir au tirage avant qu'il n'ait été dégelé ; ce qui se fait, au surplus, très facilement, en posant le papier soit sur une planche placée près ou sur le poêle, soit dans l'étuve.

Dans les grandes chaleurs, on éprouve aussi beaucoup de difficultés pour l'impression. 1°. La pierre a toujours

une tendance à se graisser, parce qu'elle se dessèche
promptement, et aussi parce que l'encre devient beaucoup plus molle. On remédie à ces inconvéniens en dé-
gommant la pierre avec de l'eau très froide ou à la glace,
en se servant de vernis très fort, et en répandant abon-
damment de l'eau dans l'atelier, pour entretenir une température au dessous de 15 degrés. Si la température était
plus élevée, il serait urgent de cesser d'imprimer, ou du
moins de ne le faire qu'après avoir placé de la glace dans
les ateliers et ramené la température à 10 ou 12 degrés.
Un assez bon moyen pour conserver les pierres dans les
grandes chaleurs, ou lorsqu'il fait bien froid, consiste à
les porter à la cave lorsqu'on a suspendu le tirage.

Un lithographe qui a travaillé dans l'Amérique méri-
dionale y a établi un atelier dans une cave : c'était le seul
moyen qu'il eût trouvé pour obtenir des épreuves convenables.

On voit, par tout ce que nous venons d'exposer, qu'une
température trop basse ou trop haute n'est pas convenable à celui qui s'occupe de l'impression lithographique.
On doit, autant que possible, lorsqu'on élève un atelier,
le choisir situé au nord. Cet atelier est, à la vérité, plus
froid pendant l'hiver, mais il est plus frais pendant l'été ;
et il est toujours plus facile de l'échauffer en hiver que
de le refroidir en été.

CHAPITRE XXVII.

DE LA RETOUCHE DES DESSINS SUR PIERRE AVANT ET APRÈS L'IMPRESSION.

Jusqu'ici les dessinateurs et les lithographes sont d'ac
cord sur ce point que la retouche des dessins sur la pierre
est une des opérations les plus difficiles, et l'on n'avait

encore proposé, pour cette opération, aucun moyen qui
fût entièrement exempt de reproches. Les auteurs qui ont
écrit sur cet art ont indiqué l'emploi de l'alun, celui des
acides acétique et nitrique ; mais aucun de ces moyens
n'étant basé sur des raisonnemens positifs, ils ne réus-
sissent pas constamment, et ils laissent souvent l'artiste
dans l'embarras. Quelquefois l'emploi de l'un de ces
moyens a conduit à une réussite complète, tandis que
d'autres fois, dans des circonstances analogues, l'emploi
du même moyen a amené des résultats incomplets ; d'autres fois encore l'artiste a échoué. Tout cela a fixé notre
attention, et nous a portés à faire des essais pratiques dans
le but de vaincre ces difficultés. Nous pensons que nous y
sommes parvenus : du moins nous l'avons démontré d'une
manière irrécusable.

Avant de faire des essais, nous avons dû examiner
les diverses opérations qui précèdent le tirage des épreuves, et rechercher quelle est celle de ces opérations qui
peut empêcher la retouche. L'acidulation des pierres, en
attachant le crayon lithographique (*), a surtout fixé notre
attention, et de l'examen de cette opération nous avons
pu conclure que le crayon, en partie décomposé, n'était
plus apte à en recevoir une nouvelle quantité : nous avons
pensé que, pour obvier à cet inconvénient, on devait
ramener à l'état savonneux la partie du dessin que l'on
veut retoucher. Nous avons conçu que ce savon nouvel-
lement préparé pourrait s'unir à celui qu'on y apporterait ;
et c'est en nous basant sur cette idée que nous avons fait
nos expériences. La difficulté principale à vaincre était
de connaître le degré de force du liquide à employer : de
nombreux essais nous ont d'abord indiqué qu'une prépa-

(*) Ce crayon est un composé de savon, de cire, de gomme
laque et de noir de fumée.

ration liquide obtenue en dissolvant, dans 125 grammes
(4 onces) d'eau, 2 grammes (demi-gros) de potasse à la
chaux, remplissait les conditions voulues. Depuis, nous
avons reconnu, par diverses expériences, qu'une solution
de potasse plus concentrée pourrait servir au même usage.
Nous avons même employé avec succès la liqueur d'effaçage, mais en ayant soin de ne pas la laisser séjourner sur
le dessin plus de quatre à cinq minutes. Cette préparation
alcaline, étendue sur le dessin débarrassé de la gomme
qui le recouvre, et y séjournant d'une à cinq minutes
avant d'être enlevée, le rend apte à recevoir de nouveau le crayon lithographique, qui tient alors constamment et vient au tirage. Voici les essais que nous
avons faits, et dont les résultats ont été présentés à la
Société d'Encouragement et à l'Institut. Une pierre
dessinée de manière à représenter six petites teintes plates, ayant été acidulée, le dessin fut soumis à la
presse lithographique. Le tirage fait, on appliqua sur le
premier dessin une légère couche de la liqueur alcaline ;
on laissa en contact pendant cinq minutes, on lava, puis
on fit sécher ; on garnit ensuite ces petits carrés d'esquisses représentant des arbres, on acidula en se servant
de la préparation acide coupée par moitié avec de l'eau gommée, l'on tira ensuite : aucune des retouches ne manqua.

De nombreux essais nous confirmèrent l'exactitude des
faits que nous avions observés, et il en résulte que l'eau
alcaline, préparée comme nous l'avons dit, peut servir à
faire tenir la retouche, et qu'en l'employant d'après l'indication que nous donnons ici, l'artiste pourra faire en
lithographie ce qu'on fait en gravure, c'est à dire envoyer son dessin à la lithographie pour en avoir une
épreuve, et retoucher ensuite son dessin.

M. Knecht, comme nous l'avons dit à l'article *Effaçage*, a donné un procédé à l'aide duquel on peut effacer
partiellement pour retoucher.

Depuis, M. d'Orschewiller, dessinateur habile, a trouvé un moyen d'enlever à volonté, et en les dégradant, les teintes de crayon appliquées sur la pierre, mais qui n'ont pas été acidulées. Ce procédé consiste, après avoir posé sur le dessin un papier végétal transparent, à redessiner, avec une estompe, un stylet en bois, en ivoire ou en corne, dont on varie la forme selon le besoin, les parties que l'on désire enlever. Le frottement répété détache complétement le crayon lithographique de la pierre et le fixe au papier, d'où il suit naturellement qu'en modifiant l'effort du stylet ou de l'estompe, on n'enlève de dessus la pierre et on ne reporte sur le papier végétal que la quantité précise de crayon qui peut déterminer l'intensité de la teinte que l'on veut conserver. Dans le cas où l'on veut faire une retouche complète, on peut, par le frottement, remettre une partie de la pierre dans son état primitif; ce qui n'empêche nullement le dessinateur de recommencer son travail, comme si rien n'eût été déjà fait à cette place. Outre cet avantage pratique, qui est déjà fort grand, le procédé trouvé par M. d'Orschewiller permet encore de faire aisément, avec la plus grande pureté, les contours et les détails clairs les plus délicats : nous avons mis en usage ce procédé, et nous pouvons affirmer qu'il nous a parfaitement réussi.

CHAPITRE XXVIII.

DE LA REPRISE DES PIERRES APRÈS UN LONG TIRAGE.

Lorsqu'après un long espace de temps on veut reprendre des pierres qu'on a mises sous l'encre grasse après un ou plusieurs tirages, il arrive souvent qu'au lieu de fournir de bonnes épreuves, ces pierres en donnent de tachées : ces taches, qu'on ne sait pas trop encore à quelle cause attribuer, puisqu'aucun des essais que nous avons faits n'a pu éclairer la question, et que les auteurs qui ont écrit sur l'art du lithographe n'en ont rien dit, font perdre beaucoup de temps à l'imprimeur, et à l'éditeur, qui ne peut avoir des épreuves aussitôt qu'il le désire.

Voici le procédé employé jusqu'à présent pour remédier à cet inconvénient. Si une pierre est tachée de gomme, ce qui s'aperçoit dès la première épreuve (ces taches sont noires ou blanches), on commence par enlever, au moyen de l'essence de térébenthine, en ayant soin de frotter doucement avec la paume de la main ; on essuie la pierre avec un linge propre, on humecte avec de l'eau propre, et on encre avec de l'encre grasse dite *de conservation*, ou avec de l'encre très faible ; on tire une épreuve. Si les taches n'ont pas disparu, on fait un mélange, à parties égales, d'essence de térébenthine et d'huile de pied de bœuf ; on en frotte tout le dessin en appuyant avec la paume de la main. De cette manière, on enlève le mieux possible l'encre qui se trouve sur la pierre ; on essuie, on humecte et on encre de nouveau la pierre, toujours avec une encre légère, on tire une épreuve. Si les taches n'ont pas disparu, on enlève de nouveau avec l'essence de térébenthine ; on essuie bien, on mouille, on encre avec de l'encre grasse dite de conservation ; on laisse sécher la pierre, on gomme légèrement, et on laisse reposer pendant deux ou trois jours. On la reprend ensuite, on enlève avec le mélange d'essence et d'huile de pied de bœuf ; on essuie, on mouille et on encre pour tirer une épreuve. Si l'épreuve tirée laisse encore apercevoir les taches, on humecte la pierre ; on prend ensuite une éponge, on la trempe dans de l'eau de savon un peu forte, on frotte et on encre la pierre, puis on procède au tirage, en continuant jusqu'à ce que l'épreuve vienne bien.

On n'a pas toujours besoin de faire toutes ces opérations ; le plus souvent même, des pierres qui ont reposé pendant trois ou quatre ans fournissent à l'instant même de bonnes épreuves ; d'autres, au contraire, qui n'ont reposé que deux mois, sont couvertes de taches.

On peut aussi détruire ces taches en se servant d'une encre très légère et très grasse, et en continuant de tirer des épreuves jusqu'à ce que ces taches aient disparu ; mais ce moyen est assez coûteux, car il faut quelquefois tirer quarante à cinquante épreuves avant la disparition de ces taches ; ce qui tient à ce que les parties du dessin qui ne prenaient plus l'encre ne la prennent que successivement, et à mesure que l'encre desséchée, qui avait remplacé les teintes du crayon, s'est ramollie. Quelquefois aussi ces taches cessent après douze ou quinze épreuves ; mais comme on ne peut savoir d'avance combien il en faudra tirer avant de les faire disparaître, il est plus prudent de recourir à l'emploi de l'huile de pied de bœuf mêlée d'essence de térébenthine.

Quelques lithographes, mais le nombre en est bien faible, assurent qu'ils ne connaissent pas ces taches : c'est du charlatanisme, ou bien ces praticiens n'ont repris qu'un bien petit nombre de pierres, ce qui ne leur a pas permis d'observer ces accidens (13).

Déjà les taches, qui se montrent lors du tirage des reprises de pierres, avaient fixé l'attention de M. le comte de Lasteyrie, qui avait fait des essais à ce sujet : il eût été à désirer que ce savant en fît connaître les résultats.

Divers ouvriers-lithographes emploient, pour combattre les taches qui se représentent au tirage, lors de la reprise, un mélange qu'ils nomment le *flacon*. Ce mélange est composé de savon une partie, suif une partie, térébenthine 4 parties, huile de lin 2 parties.

On fait fondre le savon et le suif dans l'huile de lin, on ajoute l'essence de térébenthine, et on mêle.

On se sert de ce mélange en imbibant un morceau de drap ou de flanelle, mouillant la pierre, puis frottant avec le chiffon de laine imbibé, en essuyant, et en encrant ensuite pour procéder au tirage. Ce produit remplace d'une manière bien simple l'eau de savon dont nous avons indiqué l'usage.

On peut encore se servir, mais sans avantage bien marqué, de l'encre grasse délayée avec de l'essence de térébenthine, en l'employant à l'aide d'un chiffon de laine.

CHAPITRE XXIX.

DE L'EFFAÇAGE.

Par le mot *effaçage* nous désignons l'opération que l'ouvrier fait subir aux pierres dans le but d'enlever les dessins faits au crayon lithographique.

L'effaçage est complet ou partiel : il est complet, lorsqu'on enlève le dessin en entier, et qu'on remet la pierre dans un état tel qu'elle puisse recevoir un nouveau dessin ; il est partiel, lorsqu'on n'en enlève qu'une portion, dans le but d'apporter des modifications à ce travail. Dans le premier cas, on commence par polir la pierre avec du grès, et on continue de le faire jusqu'à ce que tous les traits formant l'ensemble du dessin aient disparu (*).

(*) Quelques lithographes se servent de l'acide nitrique ou hydrochlorique, de la force de 5 ou 6 degrés, pour laver les pierres ; ils répandent l'acide sur ces pierres, à l'aide d'une éponge, aussitôt après qu'elle a été polie avec le grès ; ensuite ils la passent au sablon.

Lorsqu'on est arrivé à ce point, on lave la pierre à grande eau ; puis, à l'aide de sablon très fin et d'un frottement continué plus ou moins long-temps, on amène la pierre à l'état convenable en usant sa surface. L'effaçage d'une pierre est assez long, il emploie ordinairement la journée d'un homme ; et lorsque la pierre est d'une grande dimension, il faut deux ouvriers, et quelquefois cet espace de temps n'est pas suffisant. On doit apporter des soins à ce travail, car si l'effaçage était incomplet, l'ancien dessin reparaîtrait lors de l'impression du nouveau, et donnerait naissance à des accidens sur lesquels l'artiste n'aurait pas compté. L'effaçage partiel s'opère : 1° en usant la partie du dessin qu'on veut enlever, avec une molette en verre, par l'intermédiaire du sablon fin, et en passant ensuite, pour plus de sécurité, de l'acide nitrique faible sur la partie ainsi nettoyée ; 2° en enlevant, à l'aide d'un grattoir ou de tout autre instrument, la partie du dessin à laquelle on veut apporter des modifications.

Ainsi que nous l'avons déjà dit, l'effaçage complet des pierres est long et dispendieux. L'effaçage partiel présente plusieurs inconvéniens. Ces inconvéniens sont : 1° de ne pouvoir effacer le seul endroit du dessin qu'on voudrait retoucher ; 2° de laisser sur la pierre un vide causé par la perte de substance enlevée par le frottement ou par le grattage ; 3° d'offrir de la difficulté pour le raccord des parties restantes avec celles qu'on veut ajouter de nouveau. Ces inconvéniens graves nous ont conduits à rechercher s'il n'y aurait pas quelques moyens d'opérer l'effaçage d'une manière plus facile. Divers essais nous ont conduits à reconnaître qu'on peut le faire en saponifiant le crayon et l'encre qui forment le dessin ; celui-ci devient soluble, et peut ensuite être enlevé par le seul lavage à l'eau. Ce fait une fois établi, nous recherchâmes la composition de la liqueur à employer, et nous trouvâmes que la solution alcaline, préparée avec trois livres d'eau et une livre de potasse à la chaux (la pierre à cautère), donne un liquide convenable (ce liquide doit être conservé dans un flacon bien fermé). Nous nous livrâmes ensuite à divers essais, dont voici les résultats. Une planche, représentant un alchimiste, fut soumise au tirage : après cette opération, nous priâmes M. Payen, membre du comité de la Société d'Encouragement, de vouloir bien signer cette planche. Lorsque cette signature fut apposée sur la pierre, nous effaçâmes la moitié du dessin, nous acidulâmes la pierre et en fîmes le tirage : la partie non effacée vint, comme cela devait être; la partie effacée ne reparut pas (*). Une autre pierre, recouverte d'un dessin très vigoureux (elle représentait un enfant), fut soumise à l'action de la même liqueur : le dessin fut parfaitement enlevé, et la pierre, ensuite nettoyée, servit à recevoir un dessin fait par M. Bowr.

Une planche de la vue de Civita-Castellana, planche usée et qui, depuis cinq ans, était dans les ateliers, fut signée aussi par M. Payen, puis soumise au tirage. Elle fournit une épreuve qui n'était point de la plus grande fraîcheur; mais ce dessin suffisait pour faire des essais. Le tirage fait, nous procédâmes à l'effaçage de quelques parties, seulement, du dessin lithographique qui recouvrait cette pierre. Le ciel, le chêne, placés sur la droite; la grande montagne occupant la gauche; des rochers sur le devant furent enlevés; enfin, la montagne de gauche fut percée : les places lavées étaient blanches. On s'occupa ensuite de rapporter, sur les endroits ainsi effacés, d'au-

---

(*) On arrive plus vite en employant une solution préparée avec une livre de potasse à la chaux, autant qu'on peut en dissoudre. Si on met trop de potasse, celle-ci se dépose : on se sert alors du liquide clair qui occupe la partie supérieure du vase qui renferme la solution.

tres objets que ceux qui y figuraient auparavant, au nombre desquels sont un palmier remplaçant le chêne, et un
bâtiment substitué à la montagne; enfin toutes les parties rapportées furent mises en harmonie. La pierre, acidulée, fut ensuite soumise au tirage, et aucune des parties enlevées ne parut dans l'épreuve du deuxième tirage.
Il semble qu'on peut conclure de ce fait et de ceux qui
précèdent, qu'à l'aide de la solution de potasse, préparée
comme nous l'avons dit, on peut enlever une partie d'un
dessin, et en tracer un nouveau, sans craindre que la
partie enlevée prenne le noir et reparaisse. Cependant,
pour bien opérer, il faut de l'habitude.

Non contens de ces premiers essais, nous en fîmes de
nouveaux, sur la demande de divers membres de l'Institut et de la Société d'Encouragement. Ainsi, M. Arnout
voulut bien faire un dessin au trait sur une pierre que
nous avions effacée à l'aide de la liqueur de potasse : lors
du tirage, le trait vint parfaitement, et aucune tache ne
se fit apercevoir sur la pierre. Ce dessin fut modifié à
deux reprises différentes, et chaque fois on eut le même
succès.

Un dessin, représentant un moulin à eau, fut effacé en
partie par notre procédé; la pierre fut remise à M. Alexis
Noël, qui pratiqua de nouveau une partie du dessin sur
la pierre effacée, et qui accorda l'ancien dessin avec le
nouveau, de manière à faire de ce moulin un paysage
embelli par une cascade. Vauquelin, membre de l'Institut, ayant désiré voir opérer, nous nous rendîmes dans
son laboratoire, et là, en sa présence et celle de M. Jaume
Saint-Hilaire, nous mîmes à nu plusieurs parties d'un
paysage, en enlevant le dessin à l'aide de la liqueur de
potasse. Le paysage, en partie nettoyé, fut ensuite rac-
cordé et soumis au tirage : ce dessin, ainsi que les précédens, faisaient partie d'un mémoire autographié dont
la plupart des exemplaires furent distribués aux membres

de l'Institut. On eût dû penser que des expériences faites devant une commission prise dans le sein de la Société d'Encouragement, devant les commissaires choisis par l'Institut, étaient à l'abri de toute critique : elles ont cependant été attaquées dans le 15ᵉ volume de l'Encyclopédie moderne, page 231, art. *Lithographie*. Dans cet article, l'auteur affirme qu'on ne peut effacer avec la préparation que nous avons indiquée. Mais il a commis une grave erreur en rappelant les documens que nous avons publiés, car il cite la formule de la liqueur destinée à préparer le dessin pour la retouche, comme étant celle de la liqueur d'effaçage : il est probable que, s'il a opéré, il a dû commettre la même faute en faisant préparer la liqueur dont il s'est servi. Nous avions pensé qu'une assertion, comme celle qui était avancée dans l'Encyclopédie, méritait d'être réfutée par des faits; mais il paraît que nous étions dans l'erreur. Voulant justifier l'opinion émise par la Société d'Encouragement, qui nous a décerné la médaille d'or de première classe, nous écrivîmes à l'auteur de l'article que nous venons de citer, une lettre dans laquelle nous lui proposions de répéter devant lui nos expériences, en l'invitant à choisir l'heure, le lieu, le dessin, qui lui conviendraient, et en le priant de vouloir bien faire préparer devant lui la liqueur d'effaçage indiquée dans notre formule; toutes ces démarches furent inutiles : notre lettre resta sans réponse, et lorsque nous nous présentâmes chez lui, nous ne pûmes obtenir que des explications évasives. Nous nous abstiendrons de toute réflexion sur ce déni de justice.

En même temps que nous soumettions nos essais au jugement de la Société d'Encouragement, M. Knecht indiquait un autre procédé pour l'effaçage. Ce moyen consiste à enlever, avec de l'essence de térébenthine, la partie du dessin qu'on veut effacer, en y revenant à plusieurs reprises et jusqu'à ce qu'on n'aperçoive plus de traces anciennes ; à laver ensuite à l'eau simple, à aciduler avec du vinaigre la partie nettoyée par l'essence et par l'eau ; à laisser sécher la pierre, et à raccorder ou à terminer le dessin.

Il faut avoir soin de ne pas attaquer la partie dessinée qui ne doit pas être effacée, et de ne dessiner sur la pierre que lorsqu'elle est bien sèche.

Déjà l'on avait fait usage de la térébenthine pour l'effaçage, mais le peu de soin qu'on apportait à l'emploi de cette substance était sans doute la cause de l'insuccès. On doit beaucoup au savant praticien qui a su faire connaître les précautions à prendre pour réussir (14).

Emploi de la solution.

La solution s'emploie de la manière suivante. Pour opérer l'effaçage complet, on lave la pierre à grande eau, en se servant d'une éponge; on la recouvre ensuite de la solution alcaline, en se servant, pour l'étendre, d'un chiffon fixé à un bâton. On laisse réagir pendant quatre ou cinq heures. Ce temps écoulé, on enlève, au moyen d'un chiffon, la liqueur qui a dissous le dessin ; on lave la pierre avec de l'eau, on la laisse sécher, on recouvre une deuxième fois la pierre avec la préparation, on laisse encore en contact pendant quatre heures, puis on répète le lavage(*). Par mesure de précaution, on peut laisser séjourner davantage la liqueur sur la pierre avant de la laver. Lorsqu'on veut effacer une partie du dessin seulement, on lave la pierre à l'eau, puis on la laisse sécher; on trace ensuite au crayon les endroits à enlever; on la recouvre, en se servant d'un morceau de bois effilé, de la liqueur de potasse; on laisse en contact, comme nous

(*) On peut encore aciduler la pierre après ce lavage, puis la passer à l'eau.

l'avons dit, et on continue l'opération de même que pour l'effaçage complet. Cette manière d'opérer n'est pas difficile, et l'un de nous, qui n'a pas l'habitude du dessin, a enlevé tout le ciel d'un dessin lithographique précieux qui devait, après la retouche, fournir encore un grand nombre d'épreuves. On doit, lorsque la pierre est lavée, avoir soin de la faire bien sécher avant de dessiner de nouveau : le dessin ne tiendrait pas sans cette précaution.

L'emploi de la liqueur alcaline présente les avantages suivans. 1°. Cette liqueur peut servir à enlever les dessins usés, et à rendre les pierres aptes à recevoir un nouveau dessin, pourvu que le dessinateur n'y ait pas donné des coups de burin, comme cela se pratique quelquefois ; à moins cependant que ces traits ne se trouvent dans des parties blanches. 2°. Elle peut servir aussi à enlever certaines parties du dessin, qui ensuite peuvent être remplacées par d'autres. 3°. Elle évite l'emploi de l'effaçage par le sable ou par le grattoir, qui, ainsi que nous l'avons démontré, ne sont pas sans inconvéniens. 4°. Elle peut être d'une grande utilité pour les établissemens qui s'occupent d'autographies ; car une seule personne peut, dans une journée, effacer un assez grand nombre de pierres, qui eussent exigé beaucoup de temps et l'emploi de plusieurs ouvriers. 5°. Elle ménage les pierres qui, par le grattage, avaient besoin d'être usées avant de servir de nouveau. 6°. Elle épargne aux diverses administrations, pressées d'ordinaire pour l'expédition de leurs circulaires, les frais d'achat et l'embarras d'un grand nombre de pierres. 7°. Elle peut être employée avec avantage pour corriger les nombreuses fautes qui se glissent dans les dessins géographiques, corrections nécessitées par la multiplicité des noms, et qui jusqu'à présent ne se faisaient que par le grattage. 8°. Elle peut être employée au même usage dans les dessins anatomiques. 9°. L'emploi du

moyen que nous indiquons aura pour résultat de diminuer considérablement l'exportation du numéraire que la
France envoie à l'étranger pour se procurer les pierres
lithographiques, attendu que, par l'effaçage, les pierres
ne seront plus usées comme elles l'étaient (15).

CHAPITRE XXX.

DE L'ENCOLLAGE.

Le papier sans colle étant préférable pour le tirage des
dessins lithographiques, il faut, pour les colorier ensuite, préparer le papier de telle sorte que les couleurs
puissent s'y étendre et se fondre sans être absorbées d'a-
bord : on y parvient en l'encollant de la manière suivante.

Pour cent feuilles in-folio, on prend quatre onces de
colle de Flandre bien transparente, une once de savon
blanc coupé en petits morceaux ; on met le tout dans un
vase de terre avec deux pintes d'eau, on porte sur le feu
et on fait bouillir. Quand le savon est fondu, on retire
de dessus le feu, et on ajoute quatre onces d'alun en poudre ; on remue, puis on arrête l'ébullition en ajoutant
une très petite quantité d'eau froide ; on passe avec ex-
pression à travers une serviette bien blanche, et on reçoit
ce qui passe dans une terrine plate. Lorsque le mélange
est ainsi préparé, on y ajoute une pinte et un quart
d'eau, on mêle bien exactement, et l'encollage est fait.

Pour encoller une feuille, on la prend par les deux
coins de la partie supérieure, en la serrant à l'aide du
pouce et de l'index ; et puis, en la soutenant à l'aide des
autres doigts, on la passe dans la terrine plate qui contient l'encollage, et cela sans la quitter, afin d'éviter
qu'elle ne se plisse. On la retire ensuite, et on la place

de manière à ce que l'excès de ce liquide puisse s'écouler par l'un des angles ; on l'étend ensuite à plat sur des châssis bien tendus et faits avec des pièces de calicot fixées par les deux bouts.

Il faut avoir l'attention de tremper également la feuille, car s'il restait une partie sèche, elle ne serait pas apte à recevoir la couleur, et l'épreuve serait tachée.

CHAPITRE XXXI.

DU DESSIN AU TAMPON, DES PRÉPARATIONS QU'IL FAUT FAIRE SUBIR À LA PIERRE. MOYENS DE REMÉDIER AUX *INCONVÉNIENS* QUI PEUVENT SURVENIR PENDANT L'IMPRESSION. DESCRIPTION DES INSTRUMENS NÉCESSAIRES.

On a donné le nom de *dessin au tampon* ou de *lavis lithographique* à une méthode particulière qui fournit des dessins semblables à ceux au lavis. Cette méthode a été mise en usage pour la première fois, en 1819, par M. Engelmann, qui en est l'inventeur. Les premiers essais qu'il en fit s'appliquèrent aux *Souvenirs d'Espagne*, par le général Bacler d'Albe ; à l'ouvrage de MM. Taylor, Charles Nodier et Cailleux, et à l'*Ancienne France*. Il en obtint les plus heureux résultats : en effet, les ciels et les teintes légères, qu'on voit dans les planches de ces ouvrages, sont remarquables par la finesse de l'exécution. On eût pu, il est vrai, atteindre le même but sans recourir à ce moyen, mais par un travail dix fois plus long.

Cette méthode, malgré les avantages qu'elle présente, est cependant peu usitée. Cela tient 1° à ce que plusieurs artistes lithographes, qui s'en sont servis avant d'avoir étudié la manière de le faire avec tous les soins désirables, n'ont pas réussi dans leurs essais, et ont rejeté sur la méthode, bonne en elle-même, les effets de leur négligence.

2°. A ce qu'on est obligé de couvrir d'une réserve une partie du dessin qui doit rester teintée comme elle est, tandis que d'autres parties doivent être plus vigoureuses. Il en résulte que l'artiste travaille sans voir l'effet de son dessin, ce qui le force quelquefois à recommencer son travail, qui devient alors tout à fait manuel, et ne lui inspire plus aucun goût pour ce qu'il fait.

3°. A ce qu'on peut faire des taches lorsqu'on emploie une encre trop liquide, ou qu'il y a trop d'encre sur le tampon.

4°. A ce que le tirage en est plus difficile, le travail ayant une tendance à devenir lourd. Malgré ces inconvéniens, avec de l'adresse on peut tirer un bon parti de cette manière de dessiner, particulièrement pour l'impression des planches en couleur, dont nous parlerons dans le cours de cet ouvrage. Voici comment M. Engelmann s'exprime dans l'exposé des avantages de sa méthode.

« Les lithographes, jaloux d'imiter le lavis à l'encre de la Chine, avaient essayé de divers moyens; ils espéraient arriver au but qu'ils se proposaient d'atteindre en se servant de l'encre lithographique plus ou moins étendue d'eau : ils ont tous échoué dans leurs tentatives. Pénétré que j'étais de l'impossibilité d'avoir aucun résultat satisfaisant en suivant cette voie, et persuadé qu'il n'y avait qu'un moyen d'obtenir des effets à peu près semblables à ceux des lavis, celui de produire sur la pierre des teintes d'un grain fin et égal, dont on peut à volonté augmenter la vigueur, de manière à offrir tous les tons intermédiaires entre le blanc et le noir, je m'appliquai à rechercher les moyens de parvenir à ce point difficile : il fallait que la matière dont les teintes devaient se former fût très adhérente à la pierre, afin que les points presque imperceptibles qui en seraient recouverts résistassent à l'acide et attirassent la couleur d'impression. Dès lors je jugeai que c'était d'une encre liquide et noire, et non d'un corps sec tel que les crayons, qu'il fallait se servir. Je remarquai ensuite qu'en faisant usage d'un tampon de peau légèrement chargé d'une couche d'encre, on obtenait, sur une pierre préparée pour le crayon un grain très fin et parfaitement égal. Cet effet est aisé à concevoir : la peau, fortement tendue, ne peut atteindre le fond de la pierre entre les petites aspérités du grain ; elle ne dépose l'encre qu'à leurs sommités ; et à mesure que l'on augmente l'épaisseur de la couche d'encre, que l'on exerce une plus forte pression du tampon sur les aspérités, celles-ci s'y enfoncent davantage et se chargent de plus de couleur : mais, en même temps, les aspérités inférieures recueillent aussi une portion de la couleur et, de cette façon, on obtient une dégradation ou une vigueur progressive dans les tons.

» Mais l'emploi de ce procédé laissait encore quelque chose à désirer : il ne suffisait pas qu'on pût donner aux teintes la force désirable ; de graduer, à l'aide du tampon, les ciels et les autres parties de ce genre, en appuyant fortement aux endroits qui devaient être les plus forcés, et en diminuant la pression à mesure que l'on approchait des parties lumineuses ; il ne suffisait pas que, même avec un petit tampon, l'on pût faire quelques images d'une forme vague et molle ; il fallait, pour produire des nuances arrêtées et d'une dimension très resserrée, préserver la pierre du contact du tampon dans les endroits où l'on ne voulait pas mettre de couleur. Cela a lieu en interposant, entre le tampon et la place à ménager, un corps imperméable à la graisse : la gomme a cette propriété, mais, en l'employant seule, on ne trace que difficilement des lignes pures sur la pierre, lorsque déjà elle est un peu chargée de graisse. J'ai donc composé, pour suppléer à la gomme, une couleur que j'appelle *réserve*; elle s'étend

11

fort aisément, et les traces formées par elle sont très visibles à travers le tamponnage le plus foncé.

» Après avoir établi ce qui constitue *l'aquatinte* ou le lavis lithographique, je dois indiquer quels sont les précautions à observer, les moyens à prendre pour assurer le succès de son travail. Il faut 1° des tampons de différentes grosseurs, garnis d'une peau de gant très fine, rembourrés de coton, et pourvus d'un manche facile à tenir dans la main.

» 2°. Un bâton d'encre pour le lavis lithographique. Je dis lavis, parce que celle dont on se sert pour le pinceau et la plume n'est point bonne à cet usage ; elle n'est pas assez gluante.

» 3°. Un godet de réserve.

» 4°. Un flacon contenant un mélange d'essence de térébenthine et d'essence de lavande, à peu près en égale quantité : la première sèche trop vite ; la seconde tient l'encre plus long-temps fraîche et gluante, mais employée seule, elle sécherait trop lentement. On doit faire d'abord un décalque, en appuyant toutefois les traits avec plus de force ; autrement il pourrait arriver qu'en appliquant les premiers tons, le tampon n'arrachât ou ne fît disparaître les lignes trop faiblement tracées. On ne peut cependant employer en ce cas, pour le trait, le crayon ou l'encre lithographique : tous les deux, étant des corps solubles à l'eau, se perdraient en lavant la pierre pour en détacher la réserve. Ainsi, pour obtenir un trait d'une extrême netteté, comme quand il s'agit de dessiner un morceau d'architecture, il faut se servir d'un pinceau ou d'une plume trempé dans l'encre lithographique délayée avec de l'essence de térébenthine ou de lavande. Le premier tracé déterminé, on étend, à l'aide d'un pinceau, la réserve dissoute dans l'eau sur la marge de la pierre et sur toutes les parties du dessin qui doivent rester blanches. Il faut que la couche en soit assez nourrie pour que l'encre ne

puisse pénétrer nulle part : toutefois il est nécessaire d'é-
viter qu'elle soit épaisse au point de former relief, parce
que cela empêcherait le tampon d'approcher immédiatement du bord, et dès lors il serait à craindre que les contours ne restassent mous et indécis.

» Cette opération achevée, on verse sur une palette
quelconque ou sur une assiette quelques gouttes d'essence
de térébenthine et de lavande mêlées, dont on se sert pour
délayer le bâton d'encre, et l'on ne cesse de frotter ce bâton sur la palette que lorsqu'on a obtenu une couleur
noire ayant à peu près la même consistance que le miel ;
on en charge alors, mais en petite quantité, l'un des tampons, que l'on appuie contre l'autre à plusieurs reprises
et en tous sens, jusqu'à ce que la surface de la peau semble
couverte également, et dans toutes ses parties, de la couleur noire. On essaie le tampon ainsi disposé sur une portion de la pierre où il ne doit point y avoir, par la suite,
de travail, ou sur un autre morceau de pierre : il convient qu'il ne laisse après lui qu'une marque légère pour
faire les premiers tons, les plus diaphanes.

» Il y a moins d'inconvénient à ce qu'il n'y ait pas assez
d'encre sur le tampon que s'il y en avait trop ; car, en
ce cas, des taches seraient presque inévitables.

» Ceux qui ne sont point habiles dans le maniement du
tampon doivent, avant d'en faire usage, s'y exercer sur
une pierre inutile, jusqu'à ce qu'ils soient parvenus à
faire des teintes bien unies et régulièrement dégradées.
Lorsqu'on a donné sur la pierre quelques coups de tampon, on le frappe sur celui qui a servi à étendre la couche
coloriée, et que l'on tient dans la main gauche : cette
précaution est indispensable, car on conçoit que, sans elle,
le milieu du tampon, dont la couleur s'est détachée sur
la pierre, ne marquerait plus, tandis que les bords, qui
ne l'ont point touchée, et qui conséquemment sont encore chargés d'encre, pourraient, au moindre coup donné

irrégulièrement, produire sur le dessin des cercles noirs qu'il serait presque impossible de faire disparaître. Si, malgré cette attention, il arrive que le tampon ne laisse plus de teintes sur la pierre, alors on le recouvre légèrement d'encre, en observant le procédé que j'ai indiqué plus haut, et en ne s'en servant qu'après l'avoir toujours préalablement essayé. Du reste, on sent que la pratique, mieux que la théorie, donne dans ces moyens d'exécution les connaissances nécessaires; et si je m'attache à de si minutieux détails, ce n'est que dans l'intention de convaincre ceux auxquels je m'adresse qu'ils ne sauraient apporter trop de soin et dans leur travail et dans les préparations qu'il exige : la moindre négligence ne peut que nuire au succès de l'ouvrage.

» Du moment que la teinte forme suffisamment les tons les plus légers (s'ils doivent rester tels), on la couvre de la *réserve*. Dès qu'elle est sèche, on recommence le tamponnage, afin d'avoir un ton plus vigoureux dans les parties qui le demandent. On le recouvre encore de *réserve*, comme le premier, et l'on continue ainsi à monter progressivement les tons jusqu'au degré de rigueur que l'on désire leur donner. Je dois faire observer qu'il faut laisser aux teintes le temps de sécher, avant de passer la *réserve* dessus : autrement la couleur rouge de la *réserve* s'attacherait à l'encre trop gluante, et laisserait au dessin une nuance rougeâtre qui en rendrait la couleur désagréable et empêcherait d'en voir l'effet.

» Si, durant le travail, l'encre se dessèche sur la palette, on la détrempe d'un peu d'essence en frottant de nouveau avec le bâton. Lorsqu'on travaille à la portée d'un poêle ou d'une cheminée, on fera bien d'en approcher de temps en temps la pierre, afin de la chauffer légèrement : par là l'encre et la réserve sèchent plus vite, et le travail s'en trouve de beaucoup accéléré.

» Si, croyant son dessin terminé, ou ne se retrouvant

plus dans les tons divers , ou enfin pour tout autre motif,
on désire connaître l'effet du travail , on plonge la pierre
dans l'eau , où on la laisse quelques minutes ; ou bien
l'on en verse dessus à grands flots jusqu'à ce que l'on juge
que la *réserve* soit dissoute ; puis, avec une éponge mouillée, on essuie légèrement la pierre jusqu'à ce que la *réserve* et le noir qui couvrait celle-ci en soient disparus
entièrement. A mesure que cette opération approche de
son terme , on peut frotter avec plus de force pour détacher absolument toutes les parcelles de noir qui tiendraient
encore à la pierre. Si l'on se bornait à la laver seulement
avec une éponge, il arriverait sans doute que l'encre qui
couvre la *réserve*, et qui s'en détache à mesure que la
dernière se dissout, s'attacherait à l'éponge , qui en laisserait des traces dans les lieux qui doivent en être préservés. Tous les efforts que l'on ferait, dans ce cas , pour effacer les taches, seraient superflus, et n'en produiraient que
de nouvelles ; enfin l'ouvrage serait entièrement gâté et
perdu. Lorsque la réserve et l'encre sont enlevées, on
rince avec soin son éponge dans une eau limpide, et l'on
relave la pierre, afin de n'y laisser aucun vestige de
gomme ; car, s'il en restait la moindre portion, elle ferait
le même effet que la réserve, elle empêcherait les tons
nouveaux, ou la retouche au crayon, de se fixer sur la
pierre.

» Du moment que la pierre est parfaitement sèche , on
peut recouvrir les parties du dessin où cela doit avoir lieu,
et retamponner celles qu'il faut monter de ton. De cette
manière on a la faculté de passer des glacis sur l'ensemble,
de mettre des détails dans les masses trop confuses ou trop
indiquées dans la première opération.

» Cette retouche terminée, on lave de nouveau la pierre,
comme il a déjà été dit, et, au moyen de ces précautions,
il est possible de revenir sur son dessin autant de fois
qu'on le juge nécessaire.

» En définitif, après avoir fait du tampon l'usage que l'on a voulu, soit qu'on ait seulement établi les grandes masses, soit qu'on ait exécuté les détails, il n'y a point d'inconvénient à se servir du crayon lithographique, de la plume ou du pinceau pour terminer son dessin : on peut même les employer ensemble, et, pour ajouter à l'effet, on peut enlever les lumières au moyen du grattoir. Lorsque l'on a fait les retouches au crayon, il n'est plus possible d'y revenir avec la réserve et le tampon, car le crayon se dissoudrait lorsqu'on laverait la réserve. Toutefois, avec de l'adresse, on peut ajouter quelques glacis au tampon, en n'appuyant que dans les endroits qui doivent être colorés. Il y a encore un moyen auquel on peut recourir, mais je ne l'indique que comme un pis-aller : c'est de laisser à jour, dans un papier que l'on applique sur la pierre, la place du dessin qui doit être tamponnée. Ce procédé est long, vétilleux ; il n'est guère propre à exécuter des formes franches et compliquées.

» Sur un fond uni fait au tampon, que l'on dessine un sujet quelconque, dont on enlève les lumières avec le grattoir, on obtient les mêmes effets que ceux du dessin sur papier de couleur. Il est aisé d'avoir ainsi des demi-teintes légères, que le tirage reproduit presque toujours au mieux ; tandis que celles exécutées seulement au crayon ne tiennent que rarement bien. On peut tamponner cette première teinte de manière à ce qu'elle soit plus foncée dans un endroit que dans un autre, et qu'elle ajoute à l'effet et à l'harmonie de la composition, et il est plus facile de manier le crayon sur une pierre préparée de la sorte, que si elle était uniquement blanche.

» Un tampon, dont on a fait usage pendant un certain temps, finit ordinairement par s'encrasser ; il s'y forme de petites élévations de couleur sèche, qui font, en tamponnant, des marques sur la pierre. On doit donc, pour les détacher du tampon, le laver avec de l'essence de téré-

benthine et le racler avec un couteau ; enfin, si cela ne suffisait pas, il faudrait en renouveler la peau. Les peaux
neuves étant plus souples produisent un grain plus fin,
plus égal, que celles qui sont durcies par l'encre.

» La mise en pratique des opérations nécessaires pour
faire le lavis lithographique exige quelques observations
que nous allons consigner ici.

» 1°. Il faut que la liqueur gommeuse nommée *réserve*
ne soit pas employée trop épaisse ; elle serait trop longue
à sécher, et elle laisserait une couche en saillie qui empêcherait le tampon de toucher la pierre dans les endroits
dépourvus de réserve et qui sont les plus voisins de la
couche appliquée.

» 2°. Il faut aussi que la couche ne soit pas trop mince ;
car, dans ce cas, elle serait partiellement enlevée par l'action du tampon, et alors la pierre ne serait plus prémunie
contre l'encre, qui pourrait se détacher de cet instrument
et faire des taches.

» 3°. On doit mener deux pierres à la fois, c'est à dire
faire deux lavis en même temps. Il y a un grand avantage
à agir ainsi, parce qu'on peut laisser sécher les teintes
avant de revenir dessus une deuxième fois; alors, pendant
que l'une des teintes sèche, on travaille sur l'autre.

» 4°. Il faut apporter le plus grand soin dans le choix
et dans la forme des tampons ; ils doivent être exempts de
tous corps étrangers qui pourraient produire des taches.
Lorsque ces tampons sont chargés, on doit s'assurer qu'ils
le sont également, et qu'il n'y a pas de petits paquets de
noir qui ne se serait pas délayé, ou bien encore de petits
corps étrangers : lorsqu'il en existe, on les enlève avec la
pointe d'un canif.

» 5°. Lorsqu'on travaille au tampon, il faut aller lentement et progressivement ; il serait impossible, en allant
vite, d'obtenir des teintes délicates et douces. Il faut encore que le tampon touche en jouant les parties de la

pierre, et surtout qu'il ne touche pas deux fois de suite le même point ; ce qui donnerait lieu à des taches ou à des vigueurs qui ne seraient pas en harmonie avec les autres parties du dessin, vigueurs qu'il serait impossible d'enlever.

» 6°. On doit, en tamponnant, tenir le tampon droit, de manière à ce que le centre seul de cet instrument dépose le noir sur la pierre. Si les bords du tampon frappaient quelques parties du dessin, ces parties seraient tachées : accident qu'on ne pourrait réparer.

» 7°. Lorsque le tampon est chargé d'encre, on doit frapper bien doucement la pierre : on peut ensuite frapper un peu plus fort, à mesure que le tampon se décharge, et aller ainsi en augmentant, sans aucune crainte, mais toujours en tenant, comme nous l'avons dit, le tampon bien droit.

» 8°. En général, il ne faut se servir du tampon que pour les teintes légères : si on voulait faire des vigueurs, il serait plus tard impossible de dessiner sur ces parties, qui ne prendraient pas le crayon. On se sert plus particulièrement du tampon pour ombrer les dessins de machines, l'architecture, les sujets géologiques, botaniques, enfin tout ce qui est en teinte plate.

» 9°. Il ne faut pas que la réserve reste long-temps sur la pierre, parce que la gomme, qui en fait partie, pénétrant les pores, alors le dessin au crayon, que l'on fait ensuite sur les teintes, pourrait disparaître lors du tirage. Il est donc nécessaire de faire de suite les teintes, puis de laver afin d'enlever la gomme. Le *tamponnage* une fois terminé, on fait tremper la pierre au moins pendant dix minutes dans un baquet rempli d'eau ; on la retire, on la rince à l'eau propre, et on la fait sécher. Pour éviter les accidens dus à l'emploi de la réserve, accidens dus à la gomme, on peut employer deux moyens : 1° on peut donner à sa pierre une teinte légère et générale, sur laquelle

le dessinateur, à l'aide de son crayon, fait son dessin de
manière à tirer tout le parti possible de la teinte déposée
d'avance; 2° on peut, à l'aide du papier découpé, cacher
les places que l'on veut réserver : on doit alors découper
son papier largement, puisque le tampon n'atteint pas les
bords du papier, à cause de l'épaisseur de ce corps.

» 10°. Lorsqu'on emploie le travail au crayon sur le travail au tampon, il faut que le crayon soit taillé très fin,
afin que les deux genres n'en fassent plus qu'un : ce qu'on
voit au simple aspect.

» La préparation à faire subir à la pierre qui doit être
travaillée au tampon consiste à lui donner un grain fin et
très serré ; il faut qu'elle soit très sèche et très propre. On
décalque son dessin dessus, comme nous l'avons indiqué,
puis on fait usage du tampon.

» Les ingrédiens et instrumens qu'on emploie dans le
dessin au tampon sont : 1° une bouteille de liqueur de
réserve, composée de gomme dissoute dans l'eau en assez
grande quantité pour que le liquide soit un peu moins
épais que la crème. On ajoute à cette solution un peu de
fiel ou amer de bœuf et un peu de sucre candi. L'amer de
bœuf est destiné à empêcher l'eau gommée de s'étendre
sur les teintes déjà faites. On doit avoir soin de ne pas
mettre le sucre candi en trop grande quantité, parce qu'il
rendrait la réserve gluante, et qu'elle serait enlevée par
le tampon. On colore la liqueur ainsi préparée avec de la
poudre de vermillon.

» 2°. Une palette en verre sur laquelle on délaie l'encre
qui doit servir à charger le tampon.

» 3°. Une petite molette de verre ou d'agate pour
étendre la couleur sur la palette ou carré de verre.

» 4°. Un couteau à palette, pour nettoyer les tampons
lorsqu'ils sont salis par une encre trop ancienne ou par
des corps étrangers.

» 5°. Deux ou trois pinceaux de différentes grandeurs.

» 6°. De l'encre à tamponner.

» 7°. Une petite brosse pour mettre de l'encre sur les tampons.

» 8°. Deux ou plusieurs tampons. »

CHAPITRE XXXII.

DE L'EMPLOI DE LA BROSSE POUR IMITER LE LAVIS.

Ce mode de travail a été appelé, par Sennefelder, *travail par interjection* : il est simple, facile, et il offre une grande ressource pour les plans d'architecture et pour ceux des fortifications.

L'emploi de la brosse a, en outre, un autre degré d'utilité, en ce qu'il économise le temps et la peine de l'artiste. Pour ce genre de travail, on agit de la manière suivante. On prépare une pierre bien polie et bien propre; on délaie, dans un godet, de l'encre lithographique (à écrire), en ayant soin de la choisir bien noire et bien liquide; on fait ensuite plusieurs calques de son dessin.

On pose la pierre à plat sur une table bien assise, on fait le décalque, et l'on passe au trait; puis, pour placer les teintes, à l'aide d'un des calques que l'on découpe, on laisse à découvert la partie qui doit être teintée; on fixe la partie non coupée sur celle qui ne doit pas être teintée, en se servant de petits poids ou de pains à cacheter. Le premier calque étant fixé, on prend une petite brosse semblable à celles dont on se sert pour les dents, on la trempe dans l'encre préparée, ou bien on en garnit les poils à l'aide d'un pinceau. Lorsqu'elle est suffisamment garnie, à l'aide d'un couteau et en passant la brosse sur la lame ou celle-ci sur la brosse, on enlève une partie excédante de l'encre, qui donnerait lieu à des grains trop gros. On détermine ensuite la projection de l'encre, à l'aide de la même lame, sur toute la partie à teinter. Lorsque l'encre est uniformément répandue, on laisse sécher cette première teinte, parce que le papier appliqué sur elle l'enlèverait en partie lorsqu'on voudrait appliquer sur les parties environnantes une deuxième teinte. Si on veut faire une couleur plus vigoureuse sur quelques points, on recouvre les points qui sont assez chargés par un second calque découpé dans la partie qui doit recevoir une teinte plus vigoureuse; on fixe de nouveau le calque, et on répand l'encre comme nous l'avons déjà dit, puis on laisse sécher. Si une troisième partie et même d'autres devaient être teintées plus vigoureusement, on procéderait de la même manière, et, ce travail fait, avec un pinceau on fournit de points les endroits qui en ont besoin, et on divise, à l'aide d'une pointe, les parties noires qui résulteraient de la jonction de plusieurs points.

La pratique est nécessaire dans ce genre de travail, et ce n'est que par elle qu'on parvient à faire un ouvrage parfait.

Lorsqu'un dessin préparé à la brosse est terminé, on lui fait subir l'acidulation, et on procède au tirage des épreuves en suivant le mode indiqué pour l'impression des dessins à l'encre. Nous avons tiré un grand parti de l'emploi de la brosse pour l'impression en couleur, qui fera le sujet d'un des chapitres suivans.

CHAPITRE XXXIII.

DE L'IMPRESSION DES DESSINS TEINTÉS, PAR UNE DEUXIÈME
PLANCHE; DE L'IMPRESSION EN COULEUR, ET DE L'IMPRES-
SION EN COULEUR À PLUSIEURS PIERRES. IMITATION D'UN
PAPIER DE CHINE AU MOYEN D'UNE PIERRE À TEINTE.

En Allemagne on fait un grand usage de l'emploi de
plusieurs pierres, qu'on appelle *planches à teintes.* Ces
pierres sont ordinairement au nombre de deux : la première est chargée du dessin qu'on tire en noir; la seconde
porte une teinte colorée sur quelques parties ou sur la totalité du dessin. Quelquefois la teinte générale, donnée
par un deuxième tirage avec la seconde pierre, devient
plus agréable à la vue, et est analogue à celle qu'offrent
les dessins tirés sur papier de Chine. Cette manière de
faire, qui est à peine connue en France, pourrait cependant être de la plus grande utilité : on en tirerait un bon
parti dans les *effets de lune,* d'incendie, de lumière, de
neige, etc. Il serait à désirer que les artistes s'entendis-
sent avec les imprimeurs-lithographes pour adopter cette
méthode.

Préparation de la pierre à teinte.

On tire une épreuve du dessin auquel on veut donner
une teinte, en ayant soin d'employer un papier mince et
collé, qui ne soit pas susceptible de s'allonger : le papier
de Chine est très bon pour faire ce tirage. On a soin de
choisir, sur cette épreuve, deux points bien marqués et
qui doivent servir de *repère* sur la pierre à teinte : ces
deux points peuvent être pris, soit aux deux angles du
dessin, s'il est carré, ou bien à la première et à la der-

nière ligne du titre. Si rien, dans le dessin, ne pouvait servir de guide, on poserait deux points éloignés l'un de l'autre.

L'épreuve étant tirée, on prend une pierre bien polie et bien poncée; on la fait sécher dans une étuve, afin de lui enlever toute humidité; on la pose et on la fixe dans le chariot d'une presse, on ajuste son râteau et on mesure la pression. On applique ensuite bien carrément l'épreuve que l'on vient de tirer, et on lui fait subir un seul coup de presse, en ayant soin d'appuyer sur la pédale. On ouvre la presse, on enlève le dessin, et on voit que la pierre a pris le décalque de l'épreuve. On laisse reposer la pierre un instant; ensuite, à l'aide d'une règle et d'un tire-ligne, on fait le carré du dessin en se servant d'encre lithographique; ensuite, à l'aide d'une pointe à graver, on perce les points de repère sur les deux pierres.

On prépare une dissolution très chargée de savon, on en passe sur toute la surface du dessin comprise entre les lignes tirées : cette solution, qui doit agir comme encre, laisse apercevoir le dessin. La pierre étant ainsi enduite, on la laisse sécher, et l'on enlève, à l'aide d'une pointe ou d'un grattoir, les parties qui doivent offrir du blanc lors du tirage. Lorsque ces parties sont enlevées, on acidule la pierre (*), et on la laisse reposer pendant deux heures.

On prépare une petite planchette en bois de sapin, très mince, de quatre lignes de largeur sur deux d'épaisseur; on prend deux pointes d'aiguille, on en pique une dans un des bouts de la planchette, on pose l'aiguille entrée

(*) Nous nous servons d'une liqueur acide et gommeuse, dont l'emploi dispense de gommer la pierre, comme on le faisait autrefois, lorsque l'acide avait été passé sur la pierre et qu'elle avait été lavée. V. *Acidulation.*

dans la planche dans l'un des points de repère; on fait ensuite entrer la deuxième aiguille dans la petite planche de sapin, en l'ajustant de manière à ce que cette pointe vienne rencontrer le second point de repère. Tous les instrumens étant ainsi préparés, on commence par faire le tirage des dessins en noir, en ayant soin de tenir les épreuves toujours un peu humides, ce qu'on fait en les laissant en presse. Si on ne prenait pas cette précaution, le papier se retirerait, les points de repère se rapprocheraient, et ils ne pourraient plus être mis en rapport avec les points de repère de la deuxième planche. Si, par accident, les épreuves étaient sèches, il faudrait les humecter de nouveau, en mêlant quelques feuilles de papier blanc aux épreuves tirées : on voit par là qu'il est utile de presser le tirage. Lorsque le tirage est terminé, on enlève la première pierre, on la remplace par la deuxième pierre à teinte, et on procède au tirage, qui se fait de la manière suivante : on jette quelques gouttes d'essence de térébenthine sur la pierre, on frotte, avec une éponge, de manière à enlever la couche de savon; on lave bien la pierre, on l'essuie avec un linge propre; on prend un rouleau d'encrage qui n'ait pas servi à imprimer des dessins en noir, et, si l'on veut imiter la teinte du papier de Chine, on le roule sur une pierre blanche enduite de vernis d'impression : ce vernis doit être distribué en petite quantité, pour que le rouleau ne puisse pas trop se charger, ce qui donnerait lieu à des teintes inégales.

Le rouleau garni, on le passe à plusieurs reprises sur la pierre à teinte, en prenant les précautions nécessaires, et en agissant de la même manière que si l'on voulait encrer un dessin pour le soumettre au tirage, et en ayant bien soin que le vernis ne s'attache pas sur les bords de la pierre, ce qui donnerait lieu à une épreuve dont les marges seraient tachées.

La pierre étant ainsi teintée, on prend une épreuve

noire; on perce, à l'aide d'une pointe, les deux parties
choisies comme points de *repère*; lorsque les petits trous
sont faits (*), on prend la petite planchette munie des
deux aiguilles, on retourne l'épreuve, et on la fait entrer
dans ces deux aiguilles par les deux petits trous percés;
ensuite on porte l'épreuve sur la pierre, en faisant tomber les deux petites pointes dans les deux repères établis
sur la pierre à teinte. L'épreuve posée sur la pierre, on
abandonne d'une main (la gauche) la petite planchette,
et on pose les doigts sur le milieu du papier, de manière
à assujettir l'épreuve, afin qu'elle ne puisse se déranger.
L'épreuve étant bien fixée par les doigts de la main gauche, on enlève, avec la main droite, la petite planchette;
puis on saisit le garde-main, on l'applique, toujours sans
déranger la main gauche, et lorsque les doigts de la main
droite pressent avec le garde-main sur l'épreuve, on tire
la main gauche, qui revient sur le garde-main prendre
la place de la droite, qui, alors, prend le châssis, rabat
doucement le porte-râteau, de manière à ce qu'il se présente exactement vis vis de la bride; on le ferme, on
met le pied sur la pédale; on fixe ainsi l'épreuve, et on
procède au tirage à l'aide d'une pression légère.

On doit apporter le plus grand soin 1° pour déposer
l'épreuve en consultant ses points de repère, 2° en posant
le garde-main, 3° en rabattant le porte-râteau. On conçoit
bien que, si on négligeait ces précautions, on pourrait
donner lieu à un léger déplacement de l'épreuve, déplacement qui amenerait des accidens qui détruiraient tout
l'effet du dessin. Le léger déplacement d'une épreuve,
lorsqu'on donne une teinte de papier de Chine, pourrait
bien ne pas déterminer la ruine totale du dessin; les défauts pourraient même n'être pas aperçus: mais il n'en

_____

(*) Ces trous doivent être les plus petits possible.

serait pas de même si la teinte portait une couleur vigoureuse, par exemple, une *teinte de feu, de verdure, de
neige*, etc. ; les lumières ne se trouveraient plus à leur
place, l'harmonie du dessin serait détruite.

De l'impression en couleur.

L'impression en couleur, signalée seulement par Sennefelder, n'a pas été décrite avec tous les détails nécessaires, et on ne s'en est que très peu occupé : cependant
on pourrait en tirer de grands avantages sous le rapport
de l'économie et de la promptitude. Cette impression peut
se faire en employant une ou plusieurs planches. L'emploi d'une seule planche a l'avantage de hâter l'opération ;
mais ce mode exige plus de pratique, et les diverses teintes
ne se fondent pas les unes dans les autres. Cependant l'un
de nous exposa au Louvre un cadre renfermant différentes
fleurs coloriées par ce moyen : ces fleurs, retouchées au
pinceau, valurent à l'exposant une mention honorable.
Peu de temps après, une seconde impression de ce genre
fut adressée à l'Athénée des Arts, qui nomma une commission devant laquelle on opéra, et qui fut présente à
l'impression d'un bouquet de roses. Un rapport, fait à
ce sujet, fut favorable à l'auteur, qui fut admis comme
membre de cette société savante. Voici le mode à suivre
pour ces genres d'impression.

Impression à plusieurs planches.

On prend quatre pierres : la première doit être préparée
pour recevoir un dessin au crayon ou au tampon, ce qui
vaut mieux pour ce genre de couleur. Lorsque le dessin
est fait, on l'acidule, on le met en presse, et on en tire
une épreuve. Si le dessin est bien, on en tire plusieurs
épreuves sur le papier de Chine, qui n'a reçu aucune
préparation, et qui n'a pas été mouillé, on choisit les

épreuves les plus vigoureuses, on retire la pierre du chariot, on la remplace par une pierre poncée bien sèche ; on décalque un des dessins sur cette pierre, en lui faisant subir une très forte pression. On retire cette pierre de la presse, on la remplace par une autre également sèche et poncée, et on fait sur elle un décalque d'une des épreuves tirées sur papier de Chine. Lorsque ce deuxième décalque est fait, on procède au décalque du troisième, en agissant de la même manière. Le dessinateur fait ensuite, sur ces trois pierres, les teintes comme il le juge convenable, en se servant et du tampon et du crayon, afin d'avoir des teintes dégradées. Ces trois teintes faites en noir s'impriment de différentes couleurs : le plus généralement l'une des pierres porte la couleur jaune, la deuxième la couleur bleue, et la troisième la couleur rouge : quelquefois ces pierres portent deux couleurs. On conçoit facilement que ces teintes principales dégradées, appliquées à la presse sur l'épreuve noire, peuvent fournir un grand nombre de teintes diverses et produire des effets surprenans.

Aussitôt que le dessinateur a fini ses pierres à teintes, on perce, dans chacune d'elles, deux points servant de repère ; on les acidule et on les gomme, ou bien on se sert de la préparation acide et gommeuse, et on les laisse reposer pendant trois ou quatre heures. On procède ensuite au tirage des planches, en commençant par celle qui produit les teintes les plus légères. Lorsque les épreuves de cette première planche sont tirées, on les laisse reposer jusqu'au lendemain, de peur que la couleur encore fraîche ne se décharge lorsqu'on se sert d'une seconde pierre ; mais il faut avoir soin de maintenir les épreuves humides, car si elles avaient séché, les repères ne cadreraient plus avec le dessin, et il n'y aurait plus d'harmonie. Dans ce cas, pour les ramener à un état convenable, il faudrait les placer dans des feuilles humides : alors elles reprendraient leurs dimensions premières.

Lorsque ces premières épreuves ont reposé, on tire la
seconde planche, qui a reçu la teinte un peu plus foncée, et on laisse reposer de nouveau, en prenant les précautions nécessaires; on tire ensuite la troisième planche
par le même procédé, enfin on termine par la quatrième,
qui doit être imprimée en noir ou en bistre. Par ce moyen,
on peut obtenir des dessins imitant, ou l'aquarelle ou la
peinture à l'huile : l'aquarelle, en les retouchant avec des
couleurs à l'eau; la peinture, en employant les couleurs
à l'huile. On parvient, en agissant, pour cette dernière,
ainsi que nous allons l'indiquer, et suivant le talent du
peintre chargé de la retouche, à des résultats plus ou
moins parfaits, et comparables à ceux qu'on obtient à
l'aide de la lithochromie.

Lorsque l'épreuve imprimée en couleur est sèche, on
l'étend sur une planchette, et on la mouille légèrement,
avec une éponge, du côté opposé à l'impression; ensuite,
après l'avoir retournée, on en fixe, avec de la colle à bouche,
les bords sur la planchette, et on laisse sécher le papier, qui
s'étend parfaitement. Avec un pinceau appelé *queue de
morue*, on passe alors, sur toute la surface imprimée, une
couche de vernis à tableau; on laisse sécher pendant douze
heures; puis, avec un pinceau et des couleurs à l'huile,
on retouche de manière à faire un tableau le plus parfait
possible. On laisse sécher les couleurs, puis on vernit
comme on le fait pour la peinture. Nous avons entre les
mains un petit tableau préparé de cette manière, ainsi
qu'un autre à l'aquarelle, retouché par M. Faure, qui a
bien voulu nous aider dans nos recherches. et dessiner
des planches d'impression en couleur, qui ont servi à nos
essais.

De l'imitation du papier de Chine par le moyen d'une pierre à teinte.

Long-temps, en lithographie, on a fait usage de pierres
à teintes pour imiter le papier de Chine ; mais on a renoncé à ce procédé depuis que le temps et l'expérience
ont démontré que la teinte du fond, qui d'abord imitait
parfaitement la douceur du papier de Chine, changeait
et devenait jaune au bout de quelques années ; ce qui,
en altérant l'effet, détruisait entièrement la valeur des
épreuves. Nous avons cru cependant devoir dire un mot
de ce procédé, pour que l'on ne pût nous faire le reproche
de l'avoir omis, et pour avertir en même temps les lithographes des inconvéniens qui résultent de l'emploi qu'on
peut en faire, par l'un ou l'autre des moyens suivans :

1er moyen. On prend une pierre polie, semblable à
celles qui servent pour le dessin au trait ; on trace, avec
l'encre lithographique, quatre lignes formant un carré,
plus grand d'un pouce, en tous les sens, que le dessin lithographique ; on passe ensuite, dans l'intérieur de ce carré
et sans dépasser les lignes, une couche d'encre lithographique ou une forte dissolution de savon, en ayant soin
d'en garnir exactement toute la surface ; on laisse sécher.
Lorsque la couche est sèche, on acidule un peu fortement, on
gomme, on laisse reposer pendant trois ou quatre heures ; on
prend ensuite un rouleau qui n'ait pas servi au noir, on le
charge de vernis d'impression, que l'on étend sur une
pierre blanche ; on porte la pierre en presse, on la dégomme, on l'enlève à l'essence de térébenthine, on la
lave bien et on l'essuie ; on humecte, on passe le rouleau
dessus pour la charger de vernis ; on tire une épreuve sur
une feuille de papier blanc, afin de voir la teinte : si elle
était trop jaune, on ajouterait, avec la tête d'une épingle,

une petite quantité de noir sur la pierre au vernis; on roule, on charge le rouleau et la pierre, et on tire une deuxième épreuve. Si la teinte est aussi belle qu'on le désire, on procède au tirage des épreuves sur le dessin, en ayant soin de se repérer à l'aide de petits trous faits dans la pierre, et qui servent à guider l'épreuve, à l'aide des deux aiguilles et de la petite barre de bois.

2ᵉ *moyen.* Ce moyen, dû à l'un de nous, consiste à prendre une pierre poncée, à la mettre en presse, à la charger de vernis sur toute sa surface, à placer sur la pierre une feuille de papier découpée dans son milieu, de manière à offrir un carré plus grand d'un pouce, en tous sens, que le dessin. On place cette feuille de papier découpée sur la pierre, et par dessus l'épreuve, de manière à ce que le dessin soit bien encadré par un petit bourrelet qui représente l'épaisseur du papier de Chine. On n'a pas, de cette manière, la crainte que la pierre salisse l'épreuve, ce qui arriverait s'il était resté du vernis sur la pierre blanche : inconvénient dont on ne s'aperçoit pas toujours, parce que ce vernis est incolore ou presque incolore.

CHAPITRE XXXIV.

DE LA MANIÈRE DE DESSINER SUR PIERRE A L'AIDE DE LA GOMME.

Lorsqu'on enduit d'une légère couche de gomme la surface d'une pierre, qu'on fait sécher ensuite après l'avoir lavée, il arrive qu'en passant le rouleau d'encrage sur la surface de cette pierre, elle se noircit partout; mais il est facile d'enlever cette couleur en humectant la pierre, comme si l'on voulait tirer une épreuve. Le noir, supporté par la gomme, et qui n'a pu pénétrer dans les pores de la pierre, s'attachant au rouleau, la pierre nettoyée devient blanche. Quelques lithographes ont tiré parti de cette observation, due à Sennefelder, et sont parvenus à faire des dessins, soit au pinceau, soit à la plume, en se servant de l'eau de gomme pour faire des réserves. Cette méthode est usitée en Angleterre : depuis quelques années on fait, par ce moyen, de très jolies vignettes pour les couvertures de livres, et des ornemens sur des fonds de couleur ; et plusieurs lithographes s'en servent aussi pour écrire des affiches qu'on voit sur les murs de Paris. Voici le mode à suivre pour pratiquer cette sorte de dessin. On prend une pierre bien poncée, et dont la surface soit égale et bien propre ; on dessine sur cette pierre, soit à la plume, soit au pinceau, à l'aide d'une encre préparée avec le mucilage de gomme arabique, auquel on ajoute, pour le colorer, un peu de vermillon ou de noir de fumée. Il faut que ce mucilage ait la consistance de l'huile : s'il était trop liquide, il coulerait, et les traits seraient *babochés :* de plus, il serait long à sécher. Lorsque le dessin est fini, on le laisse bien sécher, puis on passe, sur la pierre qui a reçu ce dessin, un rouleau enduit d'encre grasse, qui noircit toute la pierre. Lorsqu'elle est bien noircie, on la mouille comme si l'on voulait tirer une épreuve ; on passe une deuxième fois le rouleau, et l'on s'aperçoit que le dessin tracé à l'aide de la gomme est devenu blanc et ne prend pas le noir, tandis que toute la surface qui n'a pas été préservée prend l'encre grasse, qui peut être de diverses couleurs.

La pierre, ainsi préparée, pourrait être tirée, et fournirait, si l'imprimeur était habile, un assez bon nombre d'épreuves. Dans le cas contraire, les traits qui

auraient été préservés par la gomme seraient en danger
de se noircir et de ne plus fournir d'épreuves nettes. Pour
éviter cet inconvénient, on doit, avant de tirer des
épreuves, laisser sécher la pierre, après l'avoir passée à
l'encre grasse; puis, lui faire subir l'acidulation, la
laisser reposer un moment, et procéder au lavage; enfin,
procéder au tirage comme pour les autres dessins, en observant toutefois que la pression n'a pas besoin d'être aussi
forte que pour les autres genres d'impression, parce que
l'encre est toujours très molle.

CHAPITRE XXXV.

DE LA LITHOCHROMIE ET DE L'IMPRESSION DES DESSINS SUR TOILE, SOIE, CUIR ET FER-BLANC.

On a donné le nom de lithochromie à l'art par lequel
on reproduit sur toile, à l'aide d'une ou de plusieurs
pierres, des dessins lithographiques, qu'on retouche
ensuite au pinceau, pour en faire des copies de tableaux
plus ou moins parfaites, selon le talent de ceux qui
ont été chargés du raccord des couleurs. L'annonce
de tableaux faits par la lithochromie avait jeté l'effroi
parmi les artistes, qui craignaient que l'on ne copiât exactement leurs tableaux, et que les copies ne remplaçassent
leurs modèles; mais l'examen de ces prétendus tableaux
fit voir bientôt qu'on n'avait rien à craindre de ce nouvel art, qui, jusqu'à présent, n'a pas fait de grands
progrès.

On ne sait à qui est dû l'art de la lithochromie, mais

on sait qu'un Allemand, nommé Beninger, avait, dès le
xviie siècle, imaginé d'employer le bois pour en obtenir,
au moyen de l'impression, des tableaux à l'huile. Pour cela,
il faisait graver des planches de bois, il y plaçait des couleurs, puis il chargeait des artistes de les étendre et de les
fondre convenablement : de cette façon on exécutait des
tableaux à l'huile dans l'espace de quelques jours. Cette
méthode, qui présentait quelque intérêt, tomba dans l'ou-
bli par la mort de Beninger.

M. Marcel de Serres, dont nous avons déjà eu l'occasion de parler, a donné, dans les *Annales des Arts et
Manufactures*, t. 52, p. 117, une note sur l'*impression
par tracé à l'huile*, impression qui a le plus grand rapport avec la lithochromie. Voici ce qu'il en dit :

« La méthode de graver avec des couleurs à l'huile,
semblables à celles avec lesquelles on peint sur la toile
et sur le bois, est une conséquence immédiate de la lithographie : seulement, pour nuancer les gravures que l'on
veut exécuter d'après des tableaux, il faut plusieurs planches de rentrée, afin de pouvoir varier les tons que l'on
veut produire. Un poli grenu, donné à la pierre, est favorable à l'application des teintes à l'huile : on doit aussi
décaper la surface de la planche à l'aide des acides, afin
que les parties mouillées repoussent bien les couleurs dont
on chargera le rouleau.

» Il est évident que, pour obtenir des impressions des
teintes à l'huile qu'on aura appliquées sur la pierre, il
faudra faire usage d'un papier ou d'une toile préparé
selon la méthode que l'on suit pour toutes les peintures
à l'huile. Quant aux premières couches qu'on doit passer
sur la pierre, avant d'y mettre les couleurs qui sont prises
par le rouleau, il est bon de les rendre épaisses : c'est
pour cela qu'on mêle dans les couleurs, avec lesquelles
on peint à l'huile sur la pierre, un peu de cire ou une
résine mêlée avec une graisse quelconque. Comme les

teintes que l'on peut obtenir par cette méthode ne peuvent être bien fondues, mais seulement placées avec exactitude aux lieux qu'elles doivent occuper, on pourrait ensuite fondre et mélanger les teintes avec le pinceau, comme le font les peintres pour leurs tableaux. Il semble que, par ce moyen, on pourrait multiplier, avec assez d'exactitude, des tableaux d'une médiocre dimension. »

Les renseignemens que nous avons pris sur la lithochromie nous ont indiqué qu'on opère à l'aide d'une ou de plusieurs planches. Si l'on emploie une seule planche, on dessine au trait, et sur une pierre, le tableau dont on veut faire des copies. Les teintes principales sont tracées avec des encres de couleur ou avec de l'encre lithographique à l'huile et au noir de fumée. Il faut également faire ressortir les ombres. Lorsque ces opérations sont terminées, on acidule la pierre par la méthode ordinaire ; on encre au tampon avec des encres de couleur, et en indiquant les teintes que l'on veut avoir. Lorsque l'encrage est terminé, on imprime sur une toile préparée pour la peinture ; on enlève l'épreuve, on encre de nouveau par le même moyen, on tire une deuxième épreuve, et ainsi de suite. L'épreuve étant tirée, on place la toile sur un châssis, on la tend parfaitement ; puis, à l'aide du pinceau, et en plaçant devant soi le tableau-modèle, on distribue les couleurs, et on fait la copie du tableau en s'aidant de l'esquisse imprimée. Souvent cette première copie est recopiée, suivant la méthode des enlumineuses, qui se servent de copies pour en faire d'autres. Lorsqu'elle est parfaitement sèche, on la vernit en se servant du vernis à tableau.

Si l'on emploie plusieurs planches, la première doit donner le dessin du tableau avec quelques ombres en noir ou en bistre ; la deuxième, qui est une planche de repère, sert à imprimer une ou deux couleurs, qui se placent, par une seconde impression, sur la première épreuve noire ou bistre : elle s'imprime comme nous l'avons dit lorsque nous avons traité de l'impression en couleur à plusieurs pierres, à l'aide de points de repère. Une troisième planche peut encore mettre deux autres couleurs sur l'épreuve, qui aura ainsi reçu la couleur noire ou bistre, les deux premières couleurs et les deux secondes ; en tout, cinq teintes : ce qui doit être suffisant, à moins de vouloir employer quatre pierres ; ce qui est assez difficile, par la raison que cela multiplie les tirages, et que cela exige une attention bien plus sérieuse.

Lorsque, par ces impressions triples, l'on a obtenu des épreuves, on les tend sur des châssis, et on les finit en se servant et du pinceau et des couleurs. Cette dernière méthode est plus longue pour l'impression ; mais, comme il est plus facile d'étendre la couleur à l'aide du rouleau qu'avec le tampon, les teintes sont plus belles et plus égales.

On conçoit que les tableaux faits à l'aide de la lithochromie sont d'une valeur plus ou moins grande, selon que le peintre qui dispose les couleurs a plus ou moins de talent ; mais, malheureusement pour cet art, on n'emploie guère à ces copies que des élèves, et la plupart de ces copies sont médiocres. En effet, l'homme de talent ne se prostituera pas à enluminer à l'huile la copie du travail des autres, tandis qu'il peut donner essor à son génie en travaillant d'après ses idées.

La lithochromie peut cependant être d'une grande ressource pour ceux qui, n'ayant pas le moyen de se procurer des tableaux originaux, se contentent des copies.

On peut encore utiliser cet art pour obtenir des copies des grands tableaux destinés aux églises. Quand ces tableaux sont plus grands que la pierre, on fait une deuxième planche qui s'ajuste parfaitement à la première, lors de l'impression.

L'impression lithochromique, qui est une impression

sur toile imprimée, nous conduit nécessairement à parler de l'impression sur diverses autres substances, le cuir, le fer-blanc, la tôle vernie, impression qui est analogue, puisque ces objets doivent recevoir d'abord une couche de préparation semblable à celle qu'on donne à la toile, préparation qui les met à même de prendre les dessins et la couleur. On les finit ensuite à l'aide de la brosse, et lorsque les couleurs sont sèches, on recouvre le tout d'un vernis.

CHAPITRE XXXVI.

DE L'IMPRESSION SUR TOILE, SUR SOIE, SUR SATIN, SUR VELOURS.

L'impression lithographique sur toile, soie, satin, etc., est d'une grande importance pour le commerce. Elle n'est ni assez connue ni assez mise en pratique : on peut cependant en tirer un grand parti et faire les plus jolies choses, en employant les différens genres d'impression dont nous avons parlé, c'est à dire en imprimant en couleur, en or et en argent. Pendant quelques années, on avait placé, sur les ceintures de nos dames, des papillons qui, faits d'abord par l'impression, étaient ensuite colorés à l'aide du pinceau.

Un grand nombre de sacs de femme ont été imprimés et peints de même : il en est ainsi de robes de bal en satin blanc, robes qui faisaient l'étonnement de ceux qui les examinaient, sans se douter que ces dessins très riches étaient dus à l'art du lithographe.

Enfin, des mouchoirs blancs ont été chargés de cartes géographiques ; des stores gothiques de la plus grande beauté offraient des paysages lithographiques d'après nos

meilleurs dessinateurs : ceux qui les considéraient ne pouvaient s'imaginer comment on avait pu les fixer sur toile :
nous allons indiquer les moyens à employer pour faire ces
impressions.

On imprime sur toile, percale et indienne, de la manière suivante.

On place ces toiles à la cave ou dans un endroit humide pendant douze heures, ou du moins jusqu'à ce
qu'elles aient contracté un peu d'humidité. Si les toiles
sont en pièces, on les roule de manière à ce que la toile
ne puisse se prendre entre les chariots, lorsqu'on la pose
sur la pierre pour en tirer l'épreuve, ce qui donnerait
lieu à des taches.

On encre la pierre qui porte le dessin avec une encre
légère, on pose la toile, puis la maculature ; on donne la
pression, et on relève de la manière ordinaire ; on roule
légèrement la partie tirée. On encre encore la pierre, on
y pose de nouveau la toile, on recouvre avec la maculature, puis on procède au tirage ; on roule de nouveau, et
ainsi de suite. Lorsque la pièce est imprimée, on la dé-
roule et on l'étend sur une corde pour la faire sécher, ce
qui dure de dix à douze heures : alors on la roule et on
la plie. L'impression est beaucoup plus simple si les morceaux sont coupés, parce qu'alors on n'a pas la crainte de
salir la partie non imprimée : de plus, la presse n'est
pas embarrassée.

De l'impression sur soie, sur satin, sur velours.

Voici comment se fait cette impression, qui demande
un très grand soin. L'ouvrier s'assure que la presse est
parfaitement propre ; il garnit entièrement son chariot de
papier blanc, il encre sa pierre, à la manière ordinaire,
avec une encre ni trop dure ni trop molle ; il nettoie exactement les bords de la pierre, il prend ensuite le satin,

la soie ou le velours, qui ont été mouillés convenablement; il les place sur le dessin, pose la maculature et
tire son épreuve, qu'il met à sécher de suite en l'étendant
sur des cordes.

Si le dessin est un peu grand, et que l'objet à imprimer ait beaucoup d'ampleur, il faut placer deux ouvriers
à la presse, afin de maintenir les deux côtés, et pouvoir
les placer ou les enlever de dessus la pierre sans les salir.

On prépare le satin, le velours et la soie, pour le tirage,
de la manière suivante.

On les place pendant quatre ou cinq heures dans des
papiers humides servant à l'impression, en ayant soin que
ces papiers soient mouillés convenablement. Il faut éviter
de poser les objets de soie en double sur la pierre : si on
le faisait, on obtiendrait du noir en même temps que
de l'impression.

CHAPITRE XXXVII.

DE L'APPLICATION DE L'OR ET DE L'ARGENT SUR LES DESSINS LITHOGRAPHIQUES.

Cette application est due à Sennefelder, qui l'a décrite
avec quelques détails, mais d'une manière obscure, du
moins si nous en jugeons par la traduction. On applique
les métaux d'après un mode semblable à celui qui est suivi
par les imprimeurs en taille-douce.

Pour rendre l'explication plus claire, nous supposerons
qu'on ait à imprimer un dessin représentant un prélat
revêtu de ses habits sacerdotaux; il faut employer deux
pierres, et établir, sur ces deux pierres, des repères qui
servent à appliquer les dessins sans qu'ils puissent se confondre l'un avec l'autre. On commence par faire le prélat

sur une pierre grenée, on établit les deux points de repère, on prépare son dessin, et on tire une épreuve que
l'on transporte sur une pierre poncée. On établit aussi les
repères, et sur ce décalque on dessine à l'encre lithographique les ornemens qui doivent recevoir l'or ou l'argent.
On acidule la pierre, on se sert ensuite d'une encre composée
de vernis fort, d'un peu de craie fine et d'une petite quantité de noir de fumée, afin qu'elle soit grise. On tire six
épreuves sur du papier sec et uni (le papier vélin est le
meilleur), on prend des feuilles d'or ou d'argent (*), on
les applique sur la partie à dorer ou à argenter, on appuie
tout doucement avec un peu de coton, afin de les coller;
on pose une feuille de papier blanc par dessus. Lorsqu'une
première épreuve est disposée, on en commence une seconde, et ainsi de suite. En ne faisant que six épreuves
à la fois, en les couvrant de feuilles métalliques sur-le-
champ, on ne risque pas que la couleur sèche et qu'elle
ne prenne plus l'or. Les épreuves, placées l'une sur l'autre, et séparées par des feuilles de papier, sont abandon-
nées à elles-mêmes pendant un jour, pour que l'encre ait
le temps de pénétrer dans le papier; ce qui l'empêche de
détacher l'or lorsqu'on les soumet à la pression, qui se fait
en plaçant dans la presse une pierre propre et poncée, en
posant les six épreuves sur cette pierre, en rabattant le
châssis, en fermant la presse, et en faisant subir une
pression. Il faut que la pression soit proportionnée à
l'encre, c'est à dire ni trop faible ni trop forte : ce qu'on
apprend par la pratique. Si l'or ne se colle pas, c'est que
la pression donnée n'est pas assez forte.

Cette première pression a pour but de fixer l'or. On

(*) Ces feuilles sont les mêmes que celles qu'emploient les do-
reurs et les argenteurs, et qu'on trouve chez les batteurs d'or,
qui les vendent par livrets.

laissé en repos pendant vingt-quatre heures, pendant lequel temps on prépare d'autres épreuves. On reprend le coton qui a servi pour appuyer les feuilles, et on s'en sert en frottant légèrement sur l'épreuve, pour enlever le superflu de l'or ou de l'argent, qui ne s'attache que sur l'impression et non sur le papier blanc. On procède alors au tirage de la seconde pierre qui représente le portrait : à cet effet, on encre, on place l'épreuve en faisant coïncider les points de repère, et on tire.

L'application de la dorure peut être très utile pour différens produits industriels comme les éventails, les images, etc. Déjà plusieurs négocians, qui ne sont pas lithographes, s'en servent avec succès et en tirent un bon parti.

CHAPITRE XXXVIII.

DU TRANSPORT D'UNE ÉPREUVE DE TAILLE-DOUCE SUR PIERRE; DU TRANSPORT D'UNE ÉPREUVE DE TYPOGRAPHIE.

Le transport de la taille-douce sur la pierre est d'une grande utilité, par la raison qu'avec son aide on peut obtenir un très grand nombre d'épreuves promptement et sans avoir fait retoucher le cuivre. Ainsi, supposons qu'on ait besoin de tirer trente mille exemplaires d'une carte, d'une adresse, d'une circulaire : par les moyens ordinaires, on serait dans la nécessité d'employer dix planches de cuivre ; en se servant du transport, on n'a besoin que d'une seule planche, puisqu'on peut reporter, si l'on veut, les trente premières bonnes épreuves sur trente pierres différentes, et mettre à la fois ces trente pierres sur des presses, qui pourraient, en peu de temps, fournir la quantité demandée.

Si l'objet était petit, et que la pierre pût supporter une douzaine de décalques, on ferait alors cent épreuves pendant qu'on en ferait dix avec le cuivre.

Voici la manière d'opérer ce transport. On fait tirer une épreuve d'un cuivre, en se servant, pour noircir le trait, de l'encre d'imprimerie, ou mieux de la composition suivante :

Vernis faible . . . . 10 parties.
Suif. . . . . 5 parties.
Cire. . . . . 3 parties.
Savon. . . . . 1 partie.

On fond le tout ensemble sur un feu doux. Lorsque la fusion est complète, on ajoute du noir en quantité suffisante : si l'encre était trop consistante, on pourrait y ajouter un peu d'huile de lin.

On fait tirer plusieurs épreuves par un imprimeur en taille-douce, ce qui se fait de la manière suivante, en raison de la difficulté qu'il y a d'employer cette encre, qui est grasse et très gluante. On fait chauffer le cuivre ; lorsqu'il est chaud, l'imprimeur enduit la planche de la composition ; à l'aide du pouce, il garnit les tailles ; il nettoie son cuivre à la manière ordinaire, il pose son cuivre dans la presse, le recouvre d'une feuille de papier mince bien humectée ; il fait passer ensuite deux ou trois fois entre les cylindres, afin de bien décharger le cuivre. On l'ôte de la presse, et on remet sur le gril à chauffer, afin de pouvoir enlever l'épreuve qui, sans cela, s'arracherait. On choisit la plus pure et la plus vigoureuse de ces épreuves, on la pose dans des papiers humides ; on prend une pierre bien polie, qu'on chauffe à l'étuve, de manière à lui donner la chaleur de la main. On prend l'épreuve, on la porte sur la pierre de manière que le côté qui supporte le dessin soit sur la surface de la pierre ;

on recouvre la feuille d'une feuille de papier sans colle et entièrement mouillée; on pose par dessus une autre feuille sèche, on prend une petite roulette recouverte de drap, et on la promène entièrement sur toute la surface, de manière à étendre l'épreuve. Lorsque la feuille de papier qui est à la partie supérieure est entièrement imbibée d'eau, on l'enlève, et on la remplace par une autre : on fait agir de nouveau la roulette en appuyant plus fortement, on lève un petit coin de la feuille qui contient le dessin qu'on veut transporter, pour s'assurer que ce dessin est décalqué : s'il ne l'était pas, il faudrait placer une autre feuille de papier sec, et passer la roulette en tous sens en appuyant fortement. On enlève tout doucement le papier de l'épreuve qui doit laisser le dessin sur la pierre.

On laisse reposer le décalque sur pierre pendant deux ou trois jours, on l'acidule à la manière ordinaire, on passe le rouleau avec l'encre grasse, on gomme, et on laisse reposer jusqu'au lendemain. On procède au tirage par les moyens ordinaires.

Du transport d'une épreuve de typographie.

Cette opération est plus facile que la précédente, parce que les traits sont épais et plus chargés d'encre grasse. Ce transport peut s'opérer de deux manières, soit par la presse, soit à l'aide de la roulette. On tire une épreuve typographique par les moyens ordinaires et en se servant d'encre d'imprimerie. Lorsque l'épreuve est tirée, on la mouille par derrière à l'aide d'une éponge, en ayant soin de ne pas déchirer le papier; on la pose entre des papiers-maculatures pour enlever l'eau en excès; on prend une pierre poncée qu'on a mise à l'étuve, comme pour le transport de la gravure; on met cette pierre dans la presse, on ajuste la pierre, le râteau et le degré de pression ; on prend la feuille imprimée, on la pose sur la pierre, on la recouvre d'une feuille de maculature légèrement humide, on ferme la presse, et on lui fait subir une forte pression. On ouvre la presse, et on relève la feuille qui s'est décalquée sur la pierre. On laisse reposer pendant cinq ou six heures, on acidule légèrement, et on recouvre avec une encre molle : on procède ensuite au tirage (16).

On opère le décalque à la roulette, comme nous l'avons décrit dans le commencement de ce chapitre.

On peut également opérer le transport des épreuves lithographiques en suivant les mêmes procédés : cependant on doit faire remarquer que les épreuves des dessins au crayon sont ordinairement imparfaites ; les parties vigoureuses sont bien transportées, mais les parties légères, ne contenant pas assez de corps gras, ne viennent pas ou viennent imparfaitement. Il n'en est pas de même du dessin au trait ou à la plume, qui se transporte parfaitement. On peut opérer les transports à l'aide de la roulette, comme pour la taille-douce, ou bien encore par la presse ; mais il faut avoir soin, dans ce cas, d'employer, pour tirer l'épreuve, des papiers autographes dont on se sert pour le transport.

CHAPITRE XXXIX.

DE LA PAPYROGRAPHIE.

On appelle ainsi une composition fixée sur un papier ou sur un carton huilé.

Des essais assez heureux faits par Sennefelder, et par suite desquels il prit un brevet d'invention, le 27 fé-

vrier 1819, lui ont valu une une médaille d'or de première
classe, qui lui fut décernée par la Société d'Encouragement (*voir* le Bulletin de cette Société, année 1820).
Cette découverte a conduit Sennefelder à inventer des petites presses portatives applicables à ses cartons-pierre;
il ajouta à la presse six cartons et une planche d'étain fin
qui servait d'abord pour fixer le carton. Cette planche
servit plus tard à l'impression qu'on désignait par le nom
de *Métallographie*. Il appelait aussi ses planches d'étain
des *planches économiques*. La préparation des planches
ou des cartons se trouve consignée dans l'ouvrage que
Sennefelder publia en 1819. Il dit, à la page 257, que les
métaux ont une grande propension à recevoir les corps
gras, et qu'on peut les préparer comme la pierre et leur
donner, à l'aide de divers procédés, la propriété de ne
pas recevoir la couleur à l'huile, ce qui les rend propres
à l'impression lithographique. Selon l'auteur, on peut
préparer: 1° le fer et le zinc, à l'aide de l'eau-forte et de
la gomme; 2° l'étain et le plomb, par l'eau-forte mêlée
avec de la gomme et une décoction de noix de galle;
3° le laiton et le cuivre, par l'eau-forte, le sulfure de potasse, la gomme et le nitrate de chaux; 4° enfin tous les
métaux peuvent encore être préparés avec la chaux, la
gomme, et aussi avec un mélange de potasse, de sel et de
gomme.

Depuis, on a vu, à Paris, un individu s'emparer
des presses de Sennefelder, ainsi que de ses planches
métalliques, les présenter comme étant de son invention, et même obtenir une mention honorable d'une société savante qui, sans doute, ne connaissait ni les travaux du véritable inventeur, ni les presses qui sont encore fabriquées et vendues par M. Knecht, son élève et
son successeur.

Les cartons-pierre offraient de nombreuses difficultés
pour le tirage des dessins d'une grande dimension: c'est

ce qui fait qu'on les remplaça par des planches de zinc. L'emploi de ces derniers moyens est peu usité dans l'impression lithographique : on doit attribuer cet abandon momentané aux nombreuses difficultés que présente la fabrication et l'impression. Il était réservé à M. Knecht de vaincre ces difficultés, puisqu'il avait étudié cet art sous l'inventeur; mais de nombreuses occupations, et surtout les travaux d'impression de la *Flore du Brésil*, qui, pendant quatre années, occupèrent entièrement ses instans, l'en ont empêché. Espérons que cet ami des arts aura bientôt plus de loisir, et qu'il fera connaître au public des résultats du plus grand intérêt. En 1824, MM. Knecht et Jaillot ont donné un procédé pour le lavis lithographique, procédé qui offre de l'avantage, en ce que l'artiste peut dessiner tout au pinceau; mais cette découverte, comme tant d'autres, n'a pas été mise à profit.

APPENDICE.

—

OBSERVATIONS SUR DIVERS FAITS RECUEILLIS PENDANT
L'IMPRESSION DE CE TRAVAIL.

Plusieurs faits oubliés ou venus à notre connaissance,
pendant que nous nous occupions de la rédaction de notre
travail, n'ont pu être insérés dans les différens chapitres
qui précèdent; nous avons cru devoir les consigner dans
un dernier chapitre formant appendice.

Acidulation.

Avant d'aciduler, il faut, à l'aide d'une encre ou d'une
râpe, adoucir les angles de la pierre et enlever la poussière ou les écailles qui résultent de cette opération, à
l'aide d'un blaireau. Le but que l'on se propose est :

1°. D'éviter que la pierre ne se noircisse sur les bords,
ce qui arriverait si ces bords étaient toujours salis par les
doigts ;

2°. D'empêcher la pierre de couper le papier et même
e cuir du châssis, ce qui aurait lieu lorsque le châssis
ldépasserait la pierre.

Impression de la gravure.

L'impression de la gravure devient très difficile lorsque
les lettres ou traits gravés sont larges et profonds; ces
traits ou ces lettres ne prennent pas l'encre, si ce n'est

sur les bords : on n'obtient alors que des lignes ou des lettres à deux traits et b!anches dans leur milieu, et l'on ne peut se servir du rouleau pour les encrer. Pour obvier à cet inconvénient, il faut recourir à la petite planchette d'encrage, garnie de flanelle, qui forme tampon, et que nous avons décrite à l'article de l'impression de la gravure : on s'en sert, dans ce cas, comme nous l'avons indiqué.

ENCRES ET PAPIERS AUTOGRAPHIQUES,
PRESSES ET PROCÉDÉS DIVERS.

Ici commence la série des machines, procédés et formules qui sont acquis à l'art du lithographe, par suite des concours ouverts par la Société d'Encouragement pour l'industrie nationale, concours qui avaient pour but l'amélioration de l'art et la publication des procédés dont quelques auteurs faisaient un secret.

Nous devons remercier cette savante Société de tous les sacrifices qu'elle a faits, de tout le bien qu'elle a voulu faire. Si quelquefois elle n'a pas totalement réussi, et si des récompenses qu'elle a décernées pour des procédés particuliers ont été suivies, par les auteurs, de l'abandon de ces procédés trop difficiles à mettre à exécution, la faute en doit retomber sur ceux qui n'ont pas craint de demander une récompense qu'ils n'avaient point méritée, et de faire tout ce qu'il fallait faire pour induire en erreur des hommes de bien qui peuvent avoir été trompés par suite de combinaisons auxquelles il était impossible d'échapper. On ne peut donc, à cet égard, rien reprocher à la Société d'Encouragement; car tous les prix proposés par la Société ont été décernés lorsque les auteurs ont démontré avoir rempli les conditions imposées par les concours; et de plus, au dire de quelques lithographes, elle en aurait donné quelques uns à des hommes qui avaient fait tout ce qu'il était possible de faire pour faire penser que les conditions avaient été remplies, et qui, à cet égard, auraient eu besoin de l'assentiment d'hommes du métier qui auraient trop légèrement donné cet assentiment.

Quoi qu'il en soit, il vaut mieux qu'on dise d'une société qu'elle a récompensé trop généreussment des artistes, que de dire qu'elle a oublié ses promesses, et qu'elle a refusé la délivrance de prix qui avaient été gagnés.

Encre autographique.

M. CRUZEL.

Composition. — « 8 grammes de cire vierge,
        2 ——— de savon blanc,
        2 ——— de schell-laque,
3 cuillerées à bouche de noir de fumée ordinaire.

Préparation. — » On fait fondre ensemble la cire et le savon, et avant que ce mélange s'enflamme, on y joint le noir de fumée, que l'on remue avec une spatule ; on laisse brûler le tout pendant trente secondes, on éteint la flamme, puis on ajoute peu à peu la laque, en remuant toujours ; on remet le vase sur le feu pour parfaire l'amalgame, jusqu'à ce qu'il s'enflamme ou soit prêt à s'enflammer ; on éteint la flamme et l'on ne verse dans les moules que lorsque l'encre est un peu refroidie.

Propriétés. — » On peut, avec cette encre, faire des traits ausi fins qu'avec le burin, et des pleins aussi forts que l'on veut, sans craindre qu'elle s'étende au transport. Sa composition indique qu'elle peut se conserver en bâton sans se détériorer, et que les tracés sur le papier lithographique peuvent se conserver aussi des années avant d'en faire le transport : elle est donc à la fois bonne et inaltérable.

Observations. — » On pourrait en faire qui serait plus

lente à se coaguler, en ne mettant qu'un gramme et demi ou même un gramme de savon ; mais, si elle est un peu trop brûlée, elle ne se transporte pas bien, parce qu'elle est trop sèche ; celle dont la composition est donnée ci-dessus n'a pas cet inconvénient : si elle se coagule trop vite, donnez-lui une flamme ; si elle est un peu trop brûlée, elle est encore bonne. On ne risque donc jamais de perdre son temps et ses matières.

» On sera peut-être surpris de ne pas trouver de suif dans cette composition ; nous avons observé que l'encre qui en contient une petite quantité est bonne quand on l'emploie de suite, et que le transport se fait aussi de suite ; mais que le suif, séchant promptement, son effet devient nul, et souvent des ouvrages transportés quatre à cinq jours après qu'ils sont écrits paraissent défectueux, bien que faits par une main très exercée. Si le suif est employé en plus grande quantité, les traits s'étendent au transport ; et si ce transport se fait long-temps après le tracé, la défectuosité est encore plus sensible. »

Papier autographique.

Composition. — « 3 couches légères de gélatine de pieds de mouton,
1 couche d'empois blanc,
1 couche de gomme-gutte.

Préparation. — « On met la première couche avec une éponge trempée dans la dissolution de gélatine chaude, bien également sur toute la feuille et en petite quantité, pour que, la feuille étant étendue sur une corde, la gé-latine ne coule pas, ce qui produirait des épaisseurs et des cavités. Lorsque la première couche est sèche, on met la deuxième, et la troisième quand la deuxième est sèche ; la dernière couche de gélatine étant sèche, on met avec une éponge la couche d'empois, qui doit être assez léger pour pouvoir s'étendre également sur le papier. Cette couche d'empois étant sèche, on applique sur le papier une couche de gomme-gutte pilée récemment et dissoute dans l'eau. Lorsque le papier est sec, on le lisse à la presse lithographique; plus il est lissé, plus il est facile d'y tracer à l'encre lithographique des déliés fins.

» La gélatine seule ne convient pas, parce qu'elle s'étend lorsqu'on humecte le papier; mais, employée de cette manière, elle facilite le départ de la couche d'empois.

» L'empois a l'avantage de ne pas s'étendre lorsqu'il est humecté; mais on ne pourrait l'employer seul, parce qu'il s'attache trop au papier, qu'il absorbe l'encre, et que les transports seraient imparfaits si, pour obvier à cet inconvénient, on n'employait la couche de gomme-gutte.

» La couche de gomme-gutte seule réussirait quelquefois; mais elle ne tiendrait pas lieu du procédé que nous indiquons.

Transport. — » Le transport de ce papier, comme on peut s'en convaincre par sa composition, est infaillible, puisque, le papier étant humecté, la gomme se sépare du tracé lithographique, l'empois se sépare de la gélatine, et si, après avoir enlevé le papier, on le place sur une pierre blanche, et que l'on jette de l'eau chaude dessus, il reviendra dans son état primitif.

» Comme le transport est parfait, il est facile de reconnaître la cause des défauts de l'épreuve, qui proviennent de ce que l'encre est mauvaise, de ce qu'elle a été employée trop liquide, ou de ce que le papier n'a pas été assez lissé.

» Si l'encre et le papier sont bons, il est encore plus facile de reconnaître ces fautes, et de les éviter par la suite.

» La gélatine doit être assez légère pour qu'étant prise en gelée, elle puisse encore être étendue facilement avec une éponge et à froid sur du papier non collé; elle ne s'attache alors qu'à la surface.

» Lorsqu'on l'emploie à chaud, elle peut être plus forte, parce qu'elle s'étend davantage.

» La gomme-gutte doit être employée le même jour qu'elle est dissoute, attendu qu'à la longue la dissolution devient huileuse; elle ne nuit pas, en cet état, au transport, mais elle donne un brillant au papier qui pourrait rendre le tracé plus difficile, surtout à des personnes peu exercées.

» L'empois ne peut s'employer qu'à froid, le lendemain qu'il est fait, et après avoir enlevé du vase qui le contient la peau qui s'y est formée. »

TOUR À DRESSER LES PIERRES, DE MM. FRANÇOIS JEUNE ET BENOIT.

Parties composant le tour à dresser.

1. Bâtis en bois.
2. Manivelle.
3. Chemins de fer placés de manière à présenter au dessus un champ parfaitement dressé. On le met de niveau dans un même plan, ou tout au moins dans des plans parallèles, au moyen des petites vis n° 21, placées en dessous.
4. Plateau annulaire en fonte de fer, bien dressé sur ses deux faces.
5. Arbre vertical auquel est invariablement fixé le plateau n° 4.
6. Écrou à manches vissé sur l'extrémité supérieure de l'arbre n° 5.
7. Rondelle conique servant de pivot supérieur à l'arbre n° 5, et ayant la faculté de glisser sur un bon ajustement cylindrique. Elle peut faire environ deux lignes de courbe

rectiligne sur l'arbre, et ne peut jamais tourner qu'avec lui , maintenue qu'elle est par un prisonnier.

8. Poulies fixées sur l'arbre à manivelle n° 10 , et communiquant le mouvement, par une corde, aux poulies n° 9, fixées sur l'arbre vertical n° 5. Les sommes des diamètres des poulies correspondantes nos 8 et 9, étant égales, on peut varier la vitesse relative du plateau n° 4, en changeant la corde de gorge, sans que cette première éprouve plus ou moins de tension. Il suffit de faire courir d'une extrémité à l'autre de leur coulisse , et de fixer ensuite les tendeurs n° 19.

11. Grande poulie recevant le mouvement de la poulie n° 12, et portant, à l'extrémité de son axe, un petit tambour n° 18.

13. Trois roues parfaitement tournées, en fonte de fer, portées sur les trois chemins n° 3, et supportant elles-mêmes, sur leurs essieux, les trois extrémités d'un T n° 14, en bois et solide.

15. Plancher épais posé sur le T, et destiné à recevoir les pierres lithographiques.

16. Trois branches fixées vers les extrémités du T, et passant assez librement au travers de trois trous percés dans le plancher n° 15.

17. Trois vis à tête ovale dont les extrémités s'appuient sur le T n° 14, et dont les écrous sont solidement fixés au plancher n° 15. Par leur secours on élève ou on abaisse le plancher, qui ne peut néanmoins faire qu'un mouvement horizontal sur le T, à cause des broches n° 16, qui s'y opposent.

18. Petit tambour sur lequel une corde est enroulée. Une extrémité de cette corde, qui doit être tendue, est fixée à la queue du T n° 14, et l'autre extrémité au crochet n° 22, placé à la tête de ce T.

20. Rebord placé autour du plancher n° 15, et contre

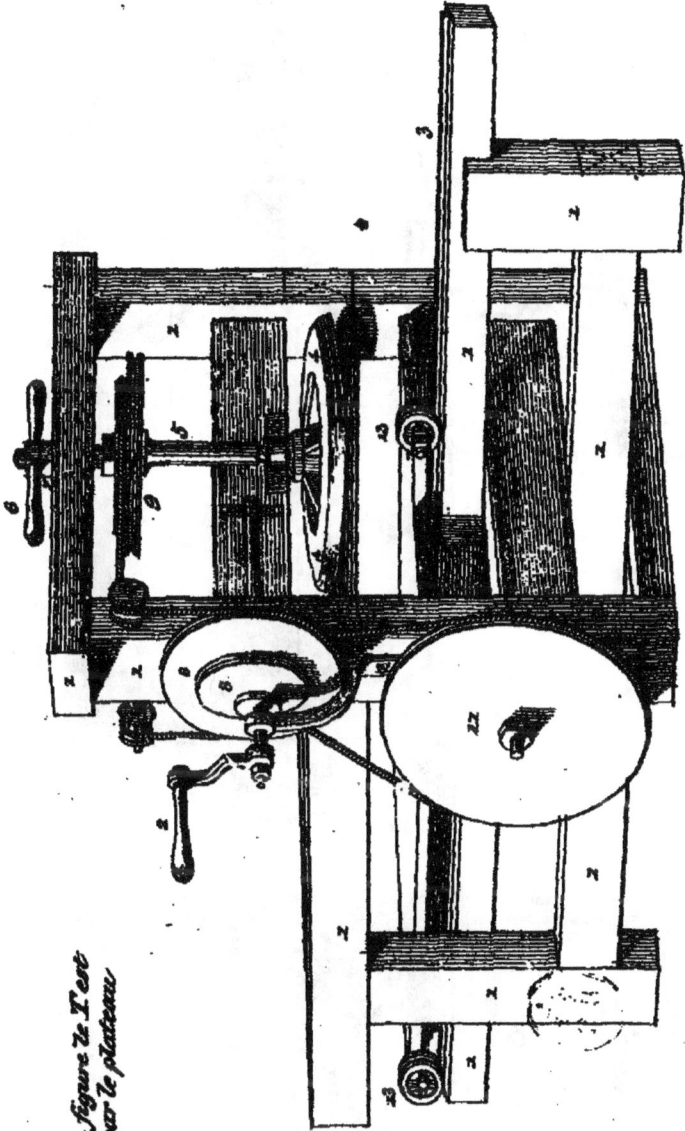

Pl. I. page 208.

Tour à dresser les pierres.

Nota. Dans cette figure le T est remplacé par le plateau en fonte.

Lith. de Windsor.

Tour à dresser les pierres.

Pl. II.

Élévation latérale.

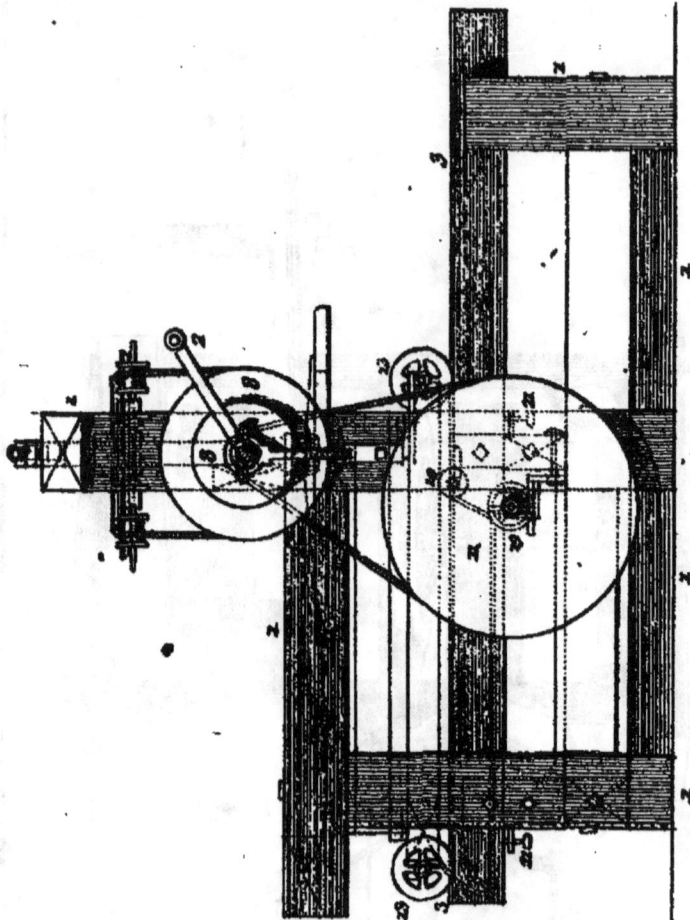

Élévation de la Tête. (Côté A. du Plan)

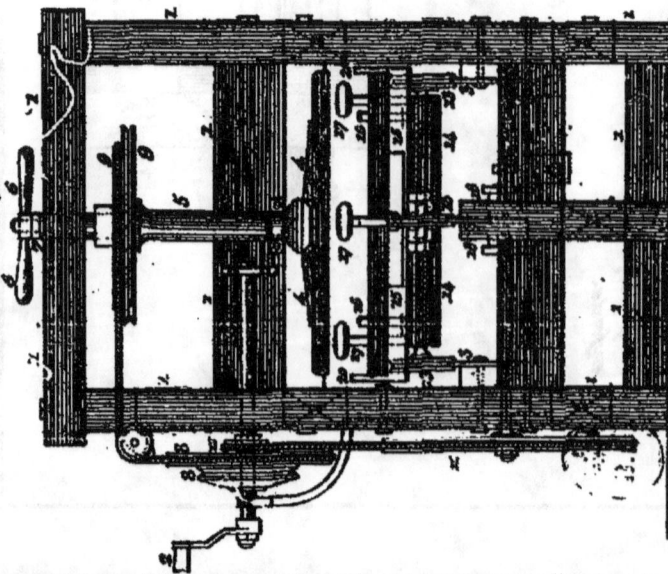

Éch. de Montoux.

Pl. III.

Tour à dresser les pierres.

Plan.

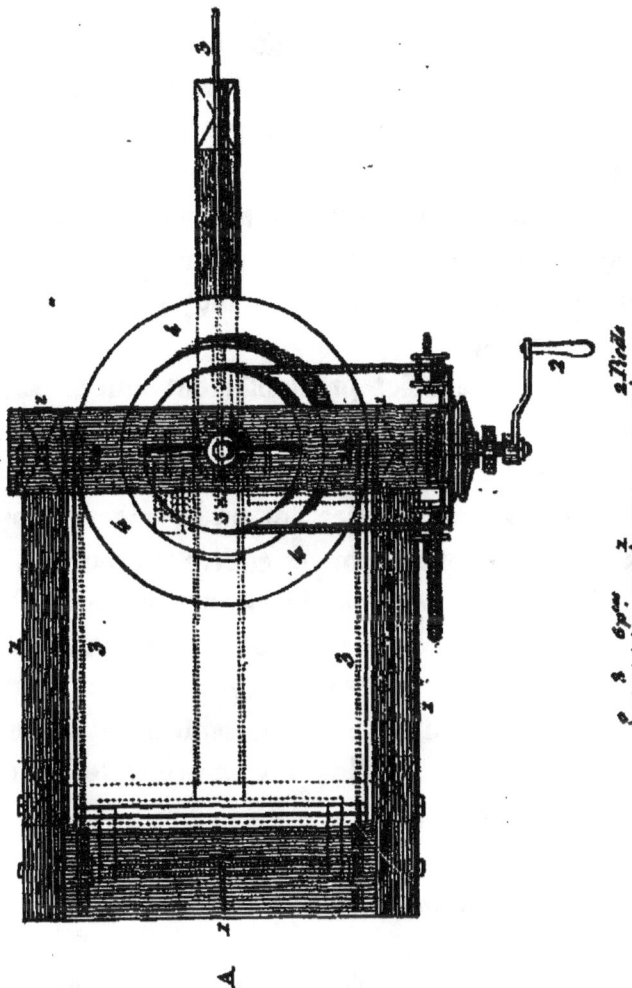

lequel on appuie les coins en bois qui servent à arrêter la pierre sur le milieu du plancher.

21. Trois vis servant à placer les chemins n° 3 dans un même plan, ou des plans parallèles.

Manière de placer le tour.

On place, sur la face de dessus du plateau n° 4, un niveau à bulle d'air, et on cale solidement les pieds du bâtis, suivant qu'il est nécessaire, pour que le plateau prenne une position bien horizontale, ce dont on s'assure en le faisant lentement tourner, le niveau étant dessus. On nivelle ensuite les chemins n° 3, au moyen des vis n° 21, et on arrête ces chemins au moyen des boulons qui les fixent au bâtis.

Cela fait, et le chariot préalablement amené sur le devant de la machine (ce chariot se compose des roues n° 13, du T n° 14 et du plancher n° 15), on place dessus la pierre que l'on veut dresser, et on la cale au moyen de quatre coins qui vont s'appuyer contre le rebord n° 20; les vis n° 17 servent ensuite à élever ou à baisser le plancher n° 15 autant qu'il convient, pour que la face à dresser vienne s'appliquer contre la face de dessous du plateau n° 4. On répand sur la pierre du sable fin et de l'eau, et, au moyen de la manivelle, on imprime le mouvement à la machine.

Marche du tour.

La poulie n° 8, fixée sur l'arbre à manivelle, communique le mouvement à la poulie n° 9, et conséquemment au plateau n° 4. Pendant ce temps, la poulie n° 12 donne un mouvement horizontal rectiligne au chariot et à la pierre au moyen de la poulie n° 11, du tambour n° 18 fixé sur son axe, et de la corde qui, enroulée sur le tam-

bour, est attachée par chacun de ses bouts aux extrémités
du n° 14. Le chariot étant arrêté à temps, à la fin de sa
course, par une broche destinée à cet usage, on le fait ré-
trograder en tournant la manivelle en sens contraire, et
on continue ainsi, à droite et à gauche, jusqu'à ce que
la pierre soit dressée et polie, ce qui a lieu très promptement.

En vissant ou en dévissant l'écrou à manches n° 6, on
élève ou on abaisse le plateau n° 4, et l'on diminue ainsi
à volonté, ou l'on augmente la puissance du frottement
de ce plateau sur la pierre.

Le plancher en bois a été remplacé depuis par un plancher en fonte, et les poulies n°° 8 et 9 par des engrenages.

PRESSES A CYLINDRES DE MM. FRANÇOIS JEUNE ET BENOIT.

Manière de procéder à l'impression.

On place la pierre dessinée ou écrite sur le milieu du
chariot, tant dans le sens de la longueur que dans celui
de la largeur; il faut que la surface dessinée soit bien plane,
et se présente en dessus. On élève ou on abaisse, au
moyen des étriers n° 16, le cylindre de pression n° 8, de
manière qu'il puisse appuyer sur la pierre de toute la
puissance de la pression, et que néanmoins il ne présente
pas au passage de la pierre un obstacle trop considérable.
Ensuite on règle les brides n° 20, pour faire prendre
aux leviers une position horizontale, et l'on fait tourner
la peau du manchon, si elle ne l'est déjà bien, autant qu'il
est nécessaire pour que la couture ne vienne point poser
sur la pierre quand cette dernière se présentera sous le
cylindre de pression.

Il est à observer que, pour ce commencement d'opération, le chariot a dû être préalablement amené, au moyen
de la manivelle, soit à gauche, soit à droite du cylindre

de pression, en sorte que ce cylindre se trouve porté sur les deux étriers n° 16, et laisse ainsi à découvert la partie de ce chariot où la pierre doit être placée.

L'imprimeur ayant mis l'encrier (*) (table au noir) vis à vis de la manivelle, mais à la distance nécessaire pour laisser le passage, procède, ainsi qu'il a coutume de le faire, à l'encrage de la pierre, puis il prend une feuille de papier, préparé à l'ordinaire et distribué en deux parties égales sur deux petites tables placées aux extrémités de la machine, et pose cette feuille sur la pierre : cela fait, il prend la manivelle et la tourne dans le sens convenable pour amener le chariot de l'autre côté du cylindre de pression.

On conçoit aisément qu'au moyen de la manivelle et des deux engrenages n°s 15 et 3, le mouvement est donné au cylindre inférieur n° 2; que ce cylindre alors le transmet au chariot qu'il supporte, et au cylindre de pression n° 8, au moyen des engrenages de champ n° 18.

Dans cette action, le cylindre de pression tourne d'abord supporté par les deux étriers n° 16; vient ensuite la pierre sur laquelle il pose, en la comprimant de toute la puissance de la pression totale; la pierre passée, l'imprimeur arrête son mouvement; il enlève alors la feuille imprimée, encre de nouveau la pierre, met une autre feuille, fait passer le chariot de l'autre côté en donnant à la manivelle un mouvement dans le sens contraire au premier, et continue ainsi, en imprimant à droite et à gauche du cylindre de pression.

_____

(*) On a, depuis, sur les observations de M. Mantoux, substitué à cette table unique deux tables au noir, placées à chaque bout de la presse, sur une portion de la tablette destinée au papier, et réservée maintenant aux épreuves tirées. Le papier mouillé se distribue, par égales portions, sur chacun des côtés et à une certaine distance de la pierre.

Parties composant la presse.

1. Bâtis en bois, au besoin en fonte de fer.

2. Cylindre en bois porté par deux coussinets sur les grandes traverses supérieures du bâtis.

3. Roue de quatre-vingts dents en fonte de fer ou en cuivre, fixée sur l'extrémité du cylindre susdésigné.

4. Chariot en bois garni de fer (au besoin tout en fonte de fer).

5. Quatre roues, à gorge, du chariot, s'appuyant, dans la marche de la machine, sur des patins que portent les grandes traverses supérieures du bâtis.

6. Deux supports de fonte fixés aux extrémités du chariot, embrassant par les extrémités les axes des roues du chariot.

7. Deux axes auxquels sont, deux à deux, fixées les roues du chariot; ces axes tournent sur collets dans les extrémités des supports n° 6.

8. Cylindre de pression en carton ou en fonte de fer.

9. Deux grands supports en fonte de fer, fixés fortement au bâtis, et à l'un desquels sont adaptés les supports du petit axe à manivelle. Une coulisse verticale tient emprisonnés, dans ces grands supports, les bouts de l'axe du cylindre de pression, en sorte que, outre le mouvement de rotation, ce cylindre ne peut avoir qu'un mouvement dans le sens vertical : ce dernier mouvement est relatif aux épaisseurs de la pierre.

10. Support supérieur du petit axe à manivelle.

11. Manivelle.

12. Petit cylindre en bois dont l'axe tourne dans des dés en cuivre, et glisse, suivant le besoin, dans les coulisses verticales qui surmontent les supports n° 9.

13. Peau de veau suffisamment épaisse cousue ou lacée comme on le voit, et enveloppant le petit cylindre n° 12 et le cylindre de pression de manière à former manchon.

Presse à Cylindres.

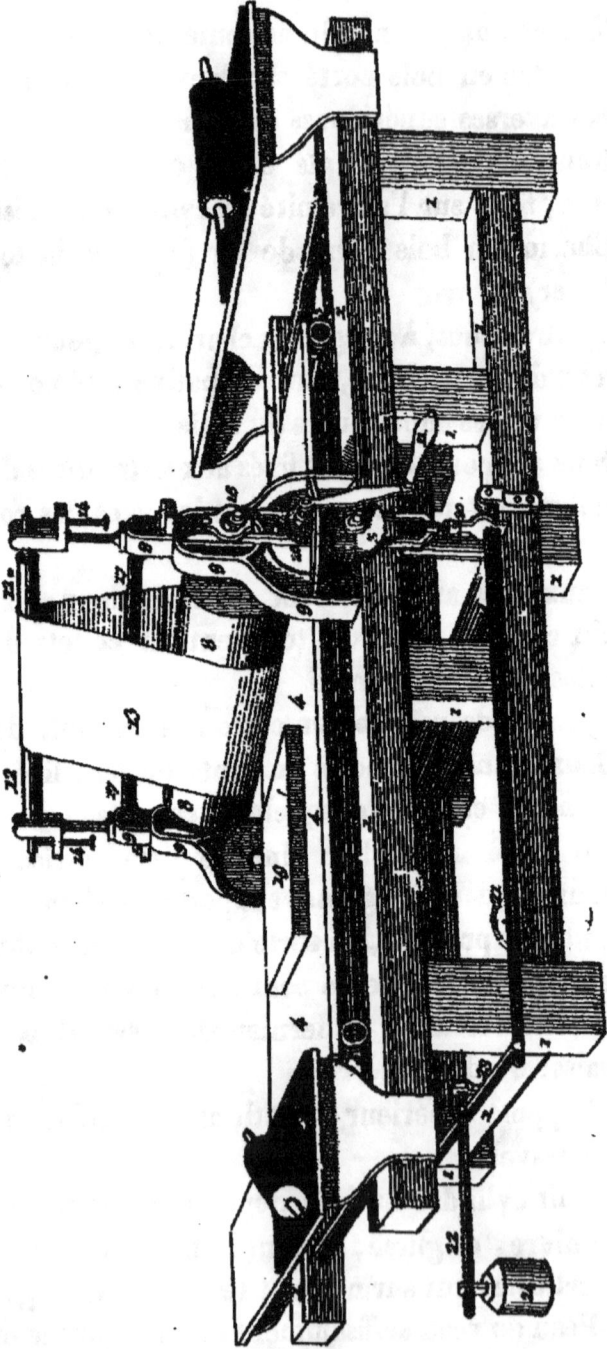

Lith. de Mantoux.

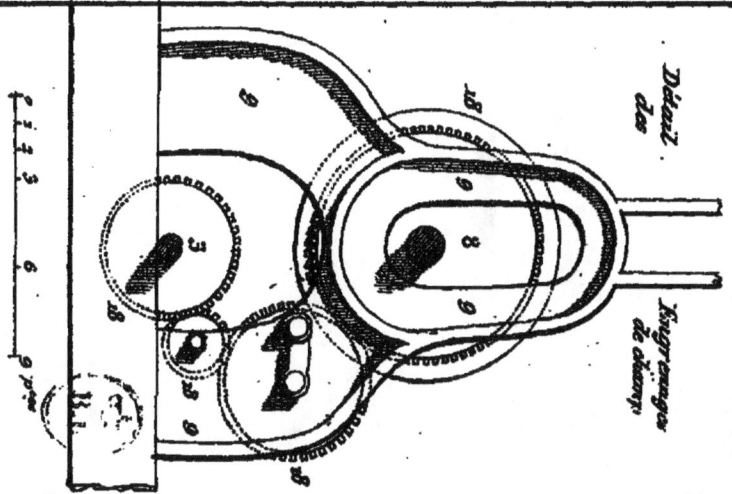

Détail les

Engrenages de champ.

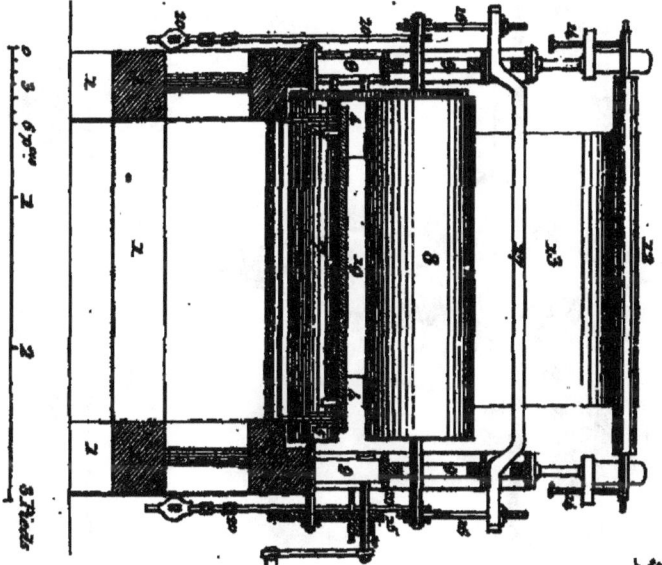

Coupe transversale.

Presse à Cylindres.

Pl. IV.

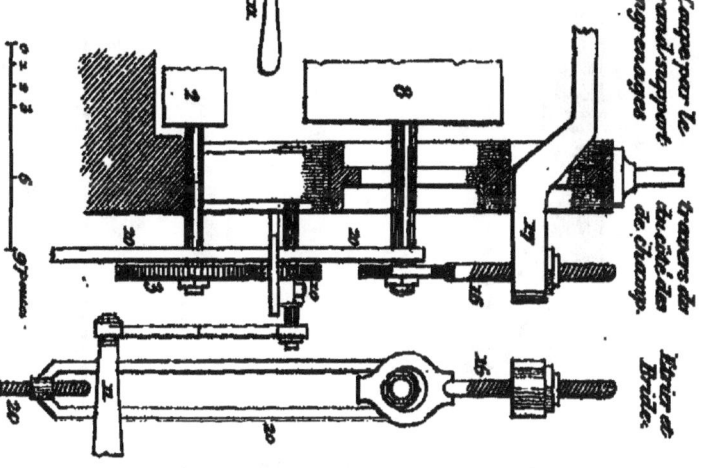

Coupe par le travers de grand rapport du côté de champ.

Engrenages

Bride de Bride.

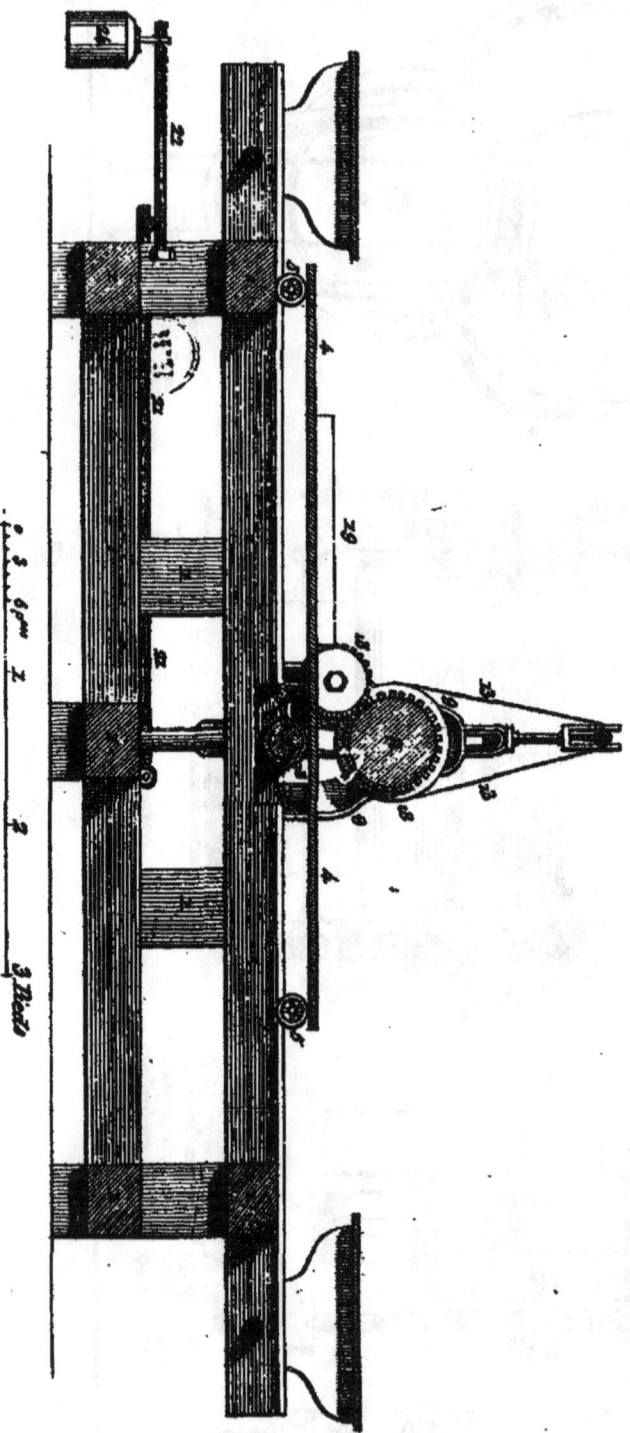

Presse à Cylindres.

Coupe longitudinale.

Pl. VI.

Lith. de Kaeppelin.

14. Deux vis qui servent à élever ou à baisser le petit cylindre du manchon, et à donner ainsi à la peau une tension modérée.

15. Roue de trente-trois dents, en fonte de fer ou en cuivre, portée sur le petit axe à manivelle, engrenant avec la roue de quatre-vingts dents du cylindre inférieur n° 2, et dont l'usage est de transmettre à ce cylindre le mouvement qu'on imprime à la manivelle.

16. Etriers servant à tenir suspendu le cylindre de pression n° 8, et à lui donner, au moyen de leurs tiges filetées, la hauteur que nécessitent les diverses épaisseurs de pierre; ces tiges passent dans les talons de la traverse d'écartement n° 17, et s'appuient dessus au moyen de forts écrous.

17. Traverse servant à la fois à maintenir l'écartement des supports n° 9, et à recevoir les étriers n° 16 de pression.

18. Quatre engrenages de champ servant à communiquer le mouvement du cylindre inférieur n° 2 au cylindre supérieur n° 8. Deux de ces engrenages étant fixés sur les axes des cylindres, sont en rapport avec le développement de ces mêmes cylindres. Le tout est disposé de manière que les engrenages intermédiaires peuvent engrener dans toutes les positions verticales que le cylindre de pression n 8 est susceptible de recevoir. Leur but est de communiquer le mouvement au cylindre de pression quand, pendant la marche de la machine, ce cylindre ne se trouve pas encore ou ne se trouve plus porté sur la pierre.

19. Pierre lithographique.

20. Deux brides de pression qui sont suspendues aux deux extrémités de l'axe du cylindre de pression, et qui reçoivent les leviers dans leurs extrémités inférieures; ces extrémités inférieures sont à vis, et telles qu'on peut alonger les brides ou les raccourcir en raison de

l'épaisseur des pierres : ceci pour maintenir les leviers dans une position à peu près horizontale.

21. Deux grands leviers de pression passés dans les extrémités inférieures des brides n° 20.

22. Troisième levier de pression.

23. Barre de fer ronde dont les extrémités à gorge s'appuient sur les extrémités des leviers n° 21, et qui, dans le milieu de sa largeur, reçoit l'action du troisième levier n° 22.

24. Poids en fonte de fer de 20 livres ou 10 kilog. La position de ce poids se varie à volonté sur le troisième levier, et procure ainsi, au cylindre de pression, une action plus ou moins forte.

MACHINE A DRESSER, DE M. DOMET DE MONT,
Professeur de mécanique à Dôle.

[Le moteur est une roue hydraulique ordinaire A, de quinze pieds de diamètre, y compris les aubes, qui ont six pieds de longueur ; la force du courant sur lequel elle est établie peut être évaluée à dix ou onze tours par minute, la roue tournant en liberté.

En avant de la roue sont placées deux vannes, dont l'une sert de régulateur, l'autre fait échapper l'eau dans le courant latéral lorsqu'on veut arrêter la machine.

Le rouet B porte quarante-huit dents, et engrène dans une lanterne C à vingt-quatre fuseaux. Ces rouages n'ont pas besoin d'une description plus détaillée, vu qu'ils sont semblables à ceux de toutes les usines.

D. Pièce d'assemblage formant le *palier* qui porte la lanterne; ce *palier* est mobile, et se retire sur des coulisses au moyen de la clef E, terminée en bras de levier, lorsqu'on veut arrêter la meule, soit pour suspendre les travaux, soit qu'on juge cet arrêt nécessaire pour retirer les pierres dressées, ou pour en ajuster de nouvelles.

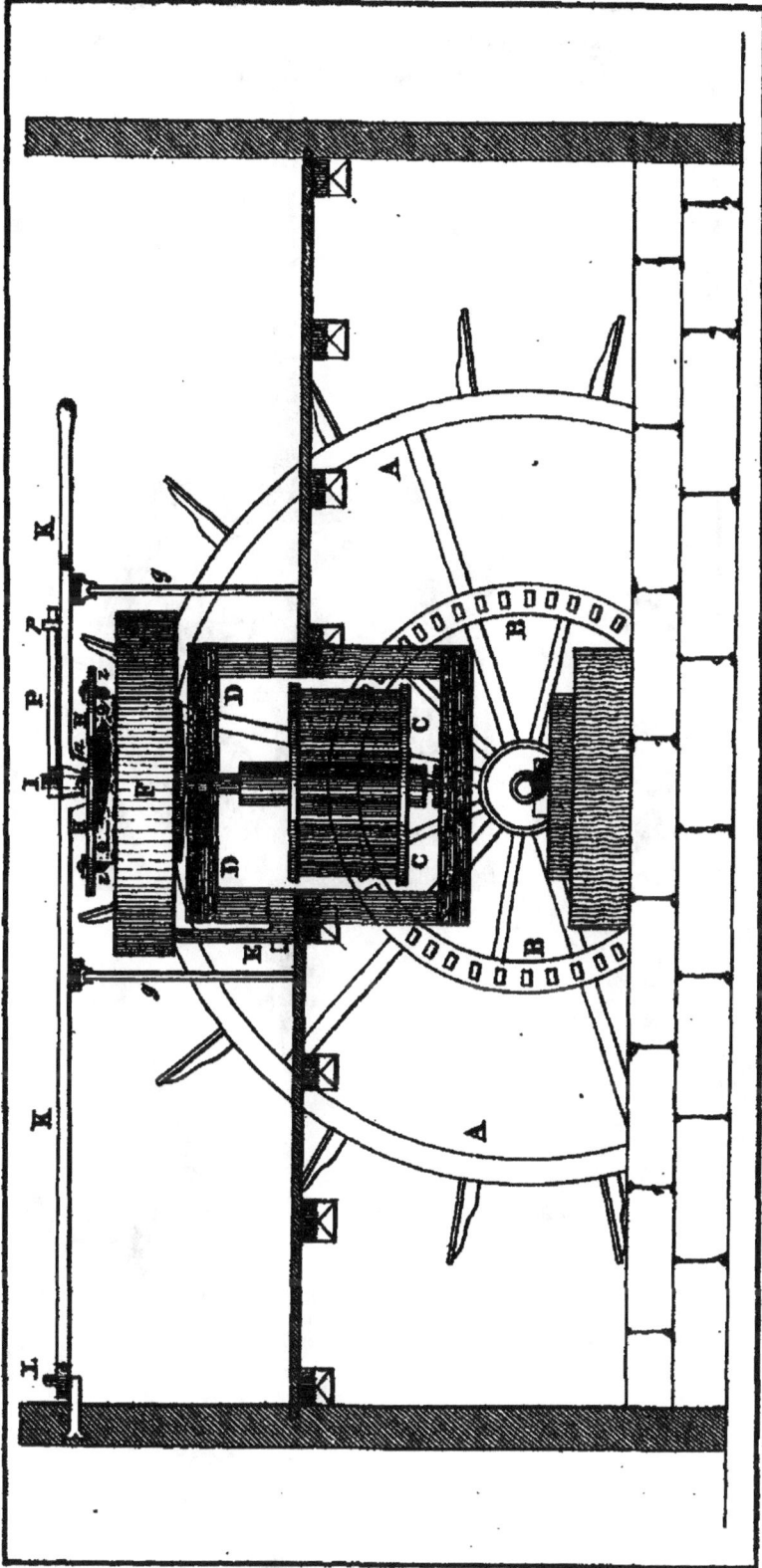

Pl. VII page 229.

Machine à chasser les pierres.

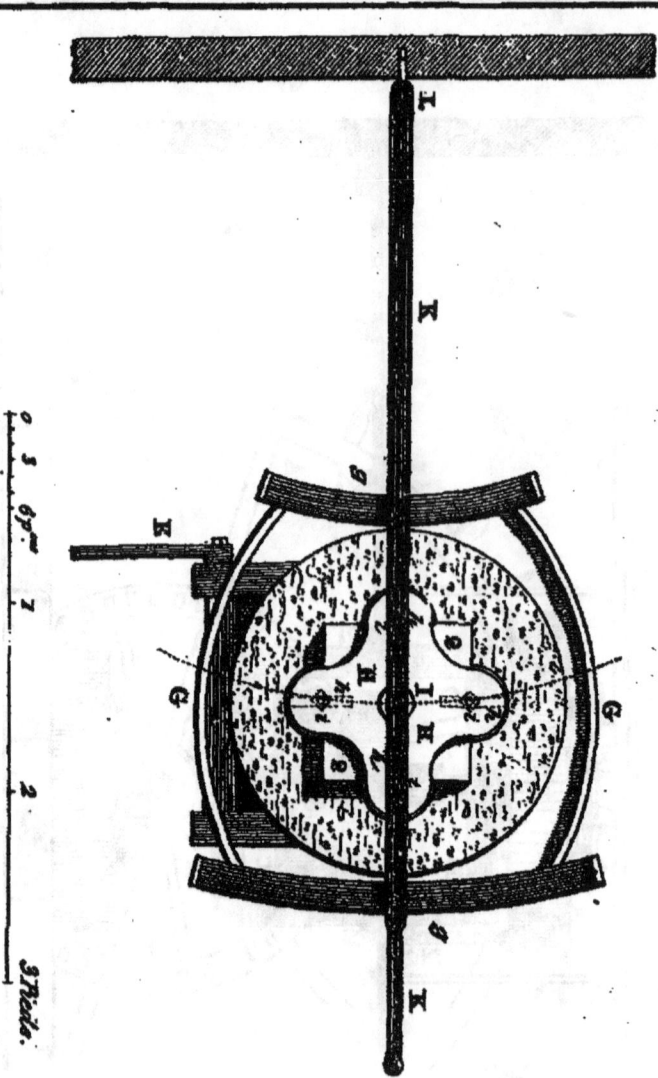

Machine à dessecher les pierres.

Plan.

Pl. XIII.

 (209)

F. Meule de 3 pieds 2 pouces de diamètre sur 1 pied d'épaisseur. Elle tourne horizontalement d'un mouvement susceptible d'être accéléré ou retardé, selon le besoin, par les vannes appliquées au cours d'eau, indépendamment du plus ou moins de résistance des surfaces frottantes.

La matière de la meule est un grès très gros composé de quartz et de feldspath fortement agglutinés.

G. Tambour établi autour et au niveau de la meule : il porte, devant et derrière, deux supports *gg*, plus élevés.

Du châssis qui retient les pierres sur la meule.

H. Planche de bois dur, chantournée et garnie, sur son épaisseur, de bandes de fer à ses quatre extrémités; on y a pratiqué quatre mortaises *h h h h* perçant d'outre en outre; la planche est garnie, par dessous, d'un tapis épais et grossier qui pose sur la pierre.

I. Boulon de fer rond de neuf à dix lignes de diamètre sur sept pouces de hauteur; il est terminé par un carré; ce boulon est, par dessous, à fleur de la planche, où il est fortement enchâssé, et retenu par dessus avec une rondelle, attachée avec des clous à vis. *i i i i*, quatre griffes en fer, coulant librement dans les mortaises, et portant un bout vissé pour recevoir un écrou qui les fixe à la distance que l'on veut; elles sont représentées en grand.

K. Barre en bois de frêne de quinze pieds de longueur, faisant l'office d'un levier horizontal du deuxième genre; elle est attachée, par un bout, à un gond L, ou à une charnière fixée dans le mur, et repose sur les supports *gg*.

A cette barre est ajusté un tasseau *n* percé d'un trou évasé à l'endroit qui correspond au centre de la meule; ce trou est garni, en dessous, d'une rondelle percée pour recevoir le boulon I.

P. Clef dont le carré entre dans celui du boulon; elle est retenue sur la barre par une cheville *p* ; voyez la figure qui la représente plus en grand.

14

Q. Pierre lithographique maintenue sur le châssis et prête à être dressée.

Travail de la machine.

Pour dresser une pierre préalablement équarrie, par les moyens que nous avons indiqués, on choisit un châssis convenable à la dimension de la pierre, ou l'on juxtapose deux pierres plus petites, ayant deux côtés égaux; on pose le châssis, garni de son tapis, sur la pierre, en sorte que ses quatre angles sortent également; ensuite on amène les quatre griffes; on serre les écrous, et le châssis, ainsi disposé, est placé sur le centre de la meule; on soulève la barre et on fait entrer le boulon du châssis dans le trou destiné à le recevoir.

Tout ainsi préparé, on jette de l'eau sur la meule, et on a soin de l'y entretenir constamment; alors le manœuvre empoigne la barre par l'extrémité opposée à la charnière et la promène sur les supports g g, sans la lever ni la baisser, du centre de la meule à sa circonférence; en sorte que les bords de la pierre la dépassent quelquefois.

Si, dans cette opération, rien ne retenait le châssis, le mouvement de la meule lui imprimerait une violente rotation; pour s'y opposer, on met la clef dans le carré du boulon, et on la retient parallèle à la barre au moyen de la cheville p.

Si la pierre n'est point d'égale épaisseur, on tient, au moyen de la clef, le côté le plus épais vers la circonférence pour l'user plus promptement, et la pierre ne tarde point à s'égaliser. Alors on la promène uniformément, et avec assez d'intelligence pour ne creuser la meule nulle part. Cela est facile avec un peu d'habitude, et, ainsi que le lapidaire ou l'opticien dresse, sur son tour, une surface sans altérer son bassin, de même on pourra dresser une pierre sur la meule sans en altérer la surface.

Les pierres dressées sur la meule ne sont point encore

en état d'être livrées au commerce ; elles peuvent même être sillonnées légèrement par les tours rapides de la meule ; mais ce défaut n'est plus rien, et disparaît bientôt en usant avec du sable fin deux pierres l'une sur l'autre ; on pourrait même, au besoin, les achever par des moyens mécaniques, soit au moyen d'une meule de grès ou au moyen d'une plaque de fonte, parfaitement dressée, que l'on pourrait ajuster au carré du tourillon de la machine hydraulique.

M. KNECHT.

PRÉPARATION DE LA PIERRE POUR L'ÉCRITURE OU DESSIN À L'ENCRE.

On verse, dans environ un quart de litre d'eau de pluie ou distillée, 25 à 30 gouttes d'essence de savon, en agitant le mélange jusqu'à ce que l'eau devienne blanchâtre ; on en imbibe une éponge fine, que l'on passe rapidement sur la surface de la pierre, et l'on essuie, immédiatement après, avec un linge blanc.

CRAYONS LITHOGRAPHIQUES.

Voici la formule donnée par M. Knecht pour la fabrication des crayons.

On fait fondre d'abord ensemble, mais sans que le feu y prenne :

Cire-vierge. . . . . 1 partie 1/2.
Suif blanc. 1
Savon blanc sec et poudré. 1
Noir de fumée léger. . . . 2
Térébenthine de Venise. . 1

Lorsque le tout est fondu, on retire la pâte du feu, on la broie exactement, et on en forme une boule que l'on conserve pour joindre, plus tard, à la composition suivante :

Cire-vierge. . . . . 7 parties 1/2.
Savon sec râpé. 4
Gomme-laque en poudre. . . 4
Mastic en larmes mondé. . . . 1

On fait d'abord chauffer la cire de manière à ce qu'elle s'enflamme le plus tôt possible; on y ajoute alors, par petites quantités, la gomme-laque, le mastic et le savon mêlés, en remuant continuellement les matières en combustion, jusqu'à ce que le tout soit bien fondu, et versant, pour s'en assurer, sur une pierre ou dans une soucoupe quelques gouttes de ce mélange, dont la pâte refroidie doit être unie, brillante et sans grains. Ce point obtenu, on ajoute encore, peu à peu, deux onces de savon qui doivent éteindre la flamme; après quoi on joint au mélange la boule dont nous avons parlé plus haut, en remuant jusqu'à ce qu'elle soit fondue.

Lorsque la pâte est un peu refroidie, on la coule dans un moule pour obtenir de suite les crayons, ou dans un cadre, pour la couper ensuite par morceaux.

ENCRES.

Les substances qui entrent dans leur composition sont les suivantes :

Encre lithographique.

Cire. . . . . 4 parties.
Gomme-laque. . . 5
Suif 3
Mastic 2
Savon 2
Térébenthine. . . 1
Noir léger 1

Encre autographique.

Suif. . . . . 1 partie.
Cire-vierge. . . . 8
Gomme-laque. . . 8
Mastic en larmes . 8
Savon. 2
Noir de fumée . . 1/2

Pour les composer, on commence par fondre, sans y mettre le feu, le suif et le quart de la cire; on y met le noir de fumée, on retire la pâte du feu pour bien la broyer; on remet à la place les trois quarts restans de la cire, que l'on fait chauffer jusqu'à ce qu'elle s'enflamme; on y ajoute peu à peu la gomme-laque, le mastic et le savon mêlés, en entretenant la flamme de manière, cependant, à être toujours maître du feu, jusqu'à ce que ces substances soient bien fondues : le feu éteint, et la pâte un peu refroidie, on y mêle la térébenthine et le noir broyé précédemment avec une portion de la cire et du suif.

PAPIER AUTOGRAPHE.

On passe, sur une feuille de papier mince, une couche d'amidon cuit à l'eau : lorsqu'elle est sèche, on y passe une seconde couche de gomme-adragant, colorée avec de la gomme-gutte.

La gomme-adragant doit être trempée pendant vingt-quatre heures dans l'eau; on la fait bouillir ensuite pendant cinq minutes avec la gomme-gutte réduite en poudre, et on filtre le mélange. Les deux couches s'appliquent sur le papier au moyen d'un blaireau.

Encre grasse pour dessin.

Cire-vierge. . . . . 3 parties.
Suif. 1
Savon. 1/2
Térébenthine de Venise. . 1/2

On fait fondre ensemble ce substances, en y ajoutant deux parties de vernis fort, et on broie le tout avec du noir calciné.

Pour la retouche des dessins.

On met la pierre à l'encre grasse, et lorsque celle-ci est sèche, on y passe une préparation formée d'une partie d'acide acétique et de 60 parties d'eau.

M. JOBARD.

AQUA-TINTA.

Le dessin étant calqué et passé à l'encre, on transporte, comme je le dirai plus tard; on couvre les blancs avec une réserve composée de moitié gomme arabique et de moitié fiel de bœuf, le tout coloré par du cinabre; quand les touches sont sèches, on prend une pincée de laine que l'on garnit en la frottant sur une pierre ou palette pourvue d'une couche légère de noir, dont nous donnerons l'analyse plus bas. La laine, vue au microscope, présente, tout le long de ses brins, une foule de petites vrilles ou griffes qui s'emparent facilement du noir gras; on donne alors un ton à la pierre en la frottant sur toute sa surface et dans tous les sens avec cette laine, qui cède le noir dont elle est chargée aux sommités des grains; on a soin de la regarnir souvent, ou même de l'étirer entre ses doigts, ou de la carder pour renouveler les surfaces. Après la première teinte, on couvre encore, et après cinq ou six teintes le dessin est bien avancé; on peut réserver les tons noir mat, pour les faire, à la plume, à l'encre lithographique ordinaire. On peut cependant arriver jusque-là en pressant un peu fort le tampon de laine, qui entraîne alors le noir jusqu'au fond des petites cavités qui existent entre les grains; on recouvre ensuite de réserve toute la pierre, qu'on laisse sécher; on la porte dans l'eau, et, une minute après, on la lave avec une éponge fine : on jouit alors du plaisir de voir apparaître son dessin presque achevé. Au sortir de cette eau, on porte la pierre sous une pompe , où l'on achève de la purger de tout atome de gomme en faisant tomber l'eau sur le dessin ; on laisse sécher, et l'on commence à raccorder les tons trop tranchans, en se servant encore de la laine ; on peut même encore recommencer à couvrir, si l'on n'est pas satisfait de son travail; mais, quand on a l'œil un peu exercé, on arrive presque toujours juste : d'ordinaire, il suffit de quelques coups de crayon et de plume pour terminer le dessin. Le temps que l'on gagne en ne faisant qu'une pierre est comme 1 à 8 ; mais si deux ou plusieurs artistes voulaient travailler en fabrique et mener plusieurs pierres à la fois, chacun ferait, en un jour, le travail de quinze.

Composition.

Cire. . . . . 1 partie.
Saindoux. 2
Sperma - céti. . . 3
Savon. 1

Faites fondre le tout et cuire assez long-temps pour lui donner une consistance intermédiaire entre la cire-vierge et le suif ; on y mêle , avec la molette, le plus de noir calciné possible : il doit être en excès plutôt qu'en quantité insuffisante; sans cela, le travail deviendrait roux, et à l'impression il viendrait plus noir qu'on ne le voudrt.

Observations.

En frottant la laine pour la charger de noir, il faut prendre garde qu'il ne s'y trouve jamais de parties grossières, qui feraient des lignes lors du travail.

S'il arrivait de frotter fort et longtemps, sans prendre de noir, sur les teintes foncées, on conçoit qu'au lieu de faire plus noir, on enleverait celui qui est déjà mis, et que l'on ferait jaune et sale.

Si la matière était trop liquide, elle entrerait dans les

interstices et ferait trop noir ; si elle était trop dure , elle ne noircirait pas assez.

On peut cependant adoucir singulièrement un dessin au crayon, en le frottant avec la laine , qui entraîne avec elle le noir dans les interstices que le crayon n'avait pu atteindre. Il ne faut pas craindre de gâter une pierre ainsi : j'ai souvent fait, de cette manière, des ciels parfaitement dégradés.

La préparation de la pierre est la même que celle du crayon, mais moins forte : l'ébullition doit à peine se faire sentir, et il faut laisser séjourner le nitrate ou le muriate assez longtemps avant d'y mettre la gomme, qui peut aussi s'ajouter à la préparation même, ce qui n'en vaut que mieux.

Je mets peu de savon dans ma composition , afin qu'il ne puisse pas se délayer en lavant la pierre, ce qui ne doit pas se faire avec de l'eau de pluie.

DU DESSIN A LA MANIÈRE NOIRE.

M. TUDOT.

Nous devons à l'obligeance de M. Tudot la description détaillée que nous donnons ici de ce genre de dessin. Nul mieux que son inventeur ne pouvait le décrire d'une manière claire et intelligible. Ce procédé, se rapprochant des moyens employés en peinture, permet à l'artiste de rendre avec facilité les effets qui se présentent à son imagination, effets qu'il veut reporter sur la pierre.

Il donne encore à l'auteur d'un dessin le moyen d'imprimer à ce dessin un caractère, une touche originale, qui, le plus souvent dans les dessins au crayon, disparaît sous les hachures.

Il permet à l'artiste , *le travail se faisant entièrement à sec*, de toucher et retoucher à volonté son dessin, et cela sans que ce dessin puisse en souffrir, ni présenter ce travail peiné, qu'on remarque le plus souvent dans les dessins au crayon qui ont été retouchés. Les procédés à suivre pour l'exécution des dessins à la manière noire sont les suivans; on doit avoir : 1° un ébauchoir de sculpteur en buis; 2° une pointe également en buis; 3° une pointe en ivoire, 4° une plume d'acier; 5° deux *égrenoirs* ronds et deux égrenoirs plats.

Lorsqu'on est muni de ces instrumens, on prend une pierre grise d'un grain moyen et très relevé; on donne la préférence aux pierres grises, parce qu'elles sont plus dures et que la pâte est plus homogène dans toutes ses parties. On trace sur cette pierre le carré de son dessin, ayant soin de laisser une marge d'un bon pouce tout autour du dessin. Le tracé étant fait, on remplit le carré de hachures faites en tout sens avec du crayon savonneux (*). Lorsque le carré est entièrement couvert de hachures et que la pierre est généralement couverte jusqu'au noir, on prend l'ébauchoir de buis, et avec la partie plate qui forme l'une de ses extrémités, on appuie fortement et en tirant de haut en bas, de manière à écraser le crayon formant les hachures. Le crayon entre alors dans le grain de la pierre, s'y fixe, et la sommité du grain, qui était d'abord chargée de crayon, se dégage petit à petit, et déjà la partie du grain qui se découvre donne le point de départ de la gamme de la lumière. Ici commence un travail inverse du travail ordinaire au crayon. En effet, le but du dessinateur dans le travail au crayon est de recouvrir la pierre de crayon qui fournit une teinte plus ou moins noire sur un fond clair, tandis que, dans la méthode de M. Tudot, on fait sortir des blancs d'un fond noir, ou l'on trouve des clairs dans un fond préparé en

_____

(*) Le crayon savonneux d'Engelmann est celui qu'on doit employer de préférence; il est, en général, employé par tous les artistes.

noir. Nous devons faire remarquer ici qu'il doit avoir soin de bien couvrir la pierre de noir, puisque les parties qui ne seraient pas couvertes donneraient lieu à des clairs qui feraient tache et ne seraient pas en harmonie avec le dessin. Il faut donc passer son ébauchoir à plusieurs reprises dans tous les sens, de manière à bien disposer la couche noire de crayon, d'où doit sortir le dessin.

Quelques personnes penseront sans doute qu'il serait plus facile de teinter la pierre en se servant d'encre ou d'une composition noire quelconque : nous croyons devoir prévenir nos lecteurs que M. Tudot a fait des essais qui l'ont conduit à cette conclusion, que toutes les fois qu'on emploiera une matière liquide quelconque on ne peut plus compter sur les effets qu'on veut obtenir, par la raison que, lors du tirage, on obtient des résultats qui varient en raison de la dureté de la pierre, de la fluidité plus ou moins grande du noir employé, de la composition intime qui peut être plus ou moins savonneuse, résineuse ou graisseuse ; ce qui nécessite, de la part de l'imprimeur, l'emploi de moyens différens pour l'acidulation et une étude toute particulière des moyens à prendre pour arriver à faire un tirage qui, dans la plupart des cas, peut manquer par la raison qu'il faudrait d'avance étudier la manière dont se comportera le dessin lors de cette opération.

D'après ce qui vient d'être dit, on doit donc se fixer à l'emploi du crayon savonneux, parce que d'ailleurs il est toujours plus facile à travailler, il peut s'amollir aisément; il supporte une acidulation un peu supérieure à celle employée pour les dessins ordinaires au crayon, et l'on est sûr de ne pas éprouver d'accidens lors du tirage, et d'avoir toujours un résultat semblable.

La teinte générale, qui est le seul travail qui puisse présenter de l'ennui à l'artiste, parce que ce travail est mécanique et ne nécessite point d'efforts d'imagination,

pourra, par la suite, être confiée à des ouvriers; et l'imprimeur-lithographe, au lieu de livrer au dessinateur une
pierre blanche, lui fournira une pierre chargée d'une
teinte générale convenablement disposée.

La pierre étant recouverte de la teinte générale, qui sera
plus ou moins noire, en raison du grain plus ou moins
gros et relevé (*), on devra faire, en raison du ton du sujet, usage d'outils différens, d'après les explications suivantes : la pointe en buis a pour but de dégager partiellement le crayon et éclaircir à un premier degré ; la pointe
en ivoire, en raison de sa dureté, peut, en dégageant davantage de crayon, donner ce que nous appellerons le
2ᵉ degré ou la seconde gamme; enfin les égrenoirs en fil
de fer atteindront jusqu'au fond du grain et fourniront le
3ᵉ degré, qui conduit à la *pleine lumière*. Chacun des outils de buis et d'ivoire pourrait isolément fournir le
1ᵉʳ, le 2ᵉ et le 3ᵉ degré; mais il faut pour cela ramollir le
crayon, ce qu'on peut faire en le mettant en contact avec
le souffle (l'haleine); il faut, il est vrai, que le souffle soit
assez prolongé pour que le crayon soit ramolli par le contact prolongé de la chaleur humide qui s'exhale de la
bouche.

Chacun des outils possède la possibilité de donner au travail un genre de fermeté qui lui est propre. Ainsi la pointe
d'ivoire sur le crayon ramolli donnera des détails très
voisins de ceux fournis par le grattoir. Ces détails sont cependant moins secs et presque aussi fermes. La pointe en
buis tiendra le degré au dessous, c'est à dire que le travail aura moins de ténacité, ou plutôt que ce travail devra
être opéré sur une épaisseur de crayon plus forte, vu que
la nature de cet outil est de n'enlever que peu de crayon,

(*) Le grain gros et relevé retient plus de crayon et donne un
ton noir plus intense; le grain fin, par la raison contraire, retient moins de crayon et donne une teinte moins foncée.

ce qui n'arriverait pas avec les autres. Pour faire de grandes parties et pour donner des touches fermes et largement accusées, il faut faire usage des égrenoirs. En les employant flexibles et larges, on obtiendra de grandes masses dans les tons foncés; en les employant petits et ronds, on obtiendra tous les détails que l'on peut désirer. Cependant nous engageons les artistes à ne s'en servir que pour obtenir la demi-teinte à la lumière, attendu qu'ils dégagent beaucoup.

Enfin, pour les ciels, les draperies de velours, et généralement pour les grandes parties, les égrenoirs plats et larges employés sur tous sens répondront à la nécessité et au désir de tous les artistes. Ainsi pour les grandes parties les égrenoirs doivent servir à faire le travail, et pour les détails qui ont besoin de fermeté et de finesse, les outils de buis et d'ivoire doivent obtenir la préférence.

Pour enlever les petits points noirs qui sont entrés profondément dans le grain de la pierre, on se sert d'une plume d'acier ferme et non fendue; elle remplit parfaitement ce but. Son usage bien compris permet de faire des détails très délicats et même de modeler de petites figures. Nous l'indiquons comme l'unité de l'instrument que nous avons nommé égrenoir. Son action est la même, mais simplifiée.

Nous croyons que les détails que nous venons de donner seront suffisans aux artistes qui, généralement, lorsqu'ils connaissent un procédé nouveau, l'étudient et le modifient en raison de leur mode de faire et de l'imagination qu'ils apportent pour vaincre les difficultés qu'ils rencontrent dans l'exécution. Aussi nous avons dit qu'il était convenable de couvrir tout le carré du dessin en noir; mais cette règle générale peut être modifiée, et on peut ne couvrir que partiellement dans un paysage : par exemple, nous engagerons à ne couvrir que le ciel d'abord; puis, après l'avoir modelé avec l'outil, on couvrira encore partiellement d'autres portions de la pierre, pour continuer le travail avec les instrumens de buis et d'ivoire.

On pourrait encore s'aider de moyens divers : 1° de l'emploi de la brosse coupée (*), pour user et modifier le ton, qu'il est toujours nécessaire de mettre noir d'abord ; 2° de la flanelle très fine, qui peut, ainsi que le démontre le dessin de M. Deveria, *la Conversation anglaise*, user la touche jusqu'au ton le plus rapproché de la lumière.

Outre ces moyens, on peut revenir sur un dessin à la manière noire, soit avec le crayon, soit avec la plume. Dans le premier cas, il est nécessaire de présenter la pierre au feu, pour faire évaporer l'humidité, rendre le crayon plus dur, et par ce moyen plus apte à recevoir le composé qu'on *superpose*. Pour l'encre, elle prend toujours et donne des traits très déliés et très nets. On pourrait encore ajouter (en règle générale) que la trop grande quantité de crayon apportée sur le premier travail tend à prendre le noir lors du tirage et à fournir un ton plus foncé que le ton ne pouvait l'être sur le dessin.

Le tirage des dessins à la manière noire ne présente aucune difficulté remarquable. On présume que, *bien tiré*, le dessin doit fournir plus que les dessins au crayon; ce qui est présumable en se basant sur ce que le crayon, dans ce travail, est fixé au fond du grain et d'une manière plus solide.

Nous terminerons cet article par la description des égrenoirs.

Pour faire un égrenoir, on prend du fil d'acier n° 12, employé généralement.

On prend ce fil, on le plie plusieurs fois sur lui-même, et on en fait une petite botte ou faisceau, qui varie pour

(*) Les brosses connues, et qui sont vendues pour peindre sur velours, remplissent parfaitement le but. L'emploi de la brosse est connu depuis nombre d'années.

sa grosseur en raison de la quantité de fils doublés, quantité qui doit être proportionnée à la nature du dessin qu'on veut exécuter. Quand on a fait une petite botte, on la met dans un tube en fer-blanc, de manière à ce que les fils soient très serrés entre eux. On les fixe dans ce tube par deux moyens. Si l'on veut avoir un égrenoir plat, on peut serrer le tube à l'étau ou par un coup de marteau; les fils sont alors bien fixés et on les coupe tous d'un coup de ciseau, et on les aiguise sur la pierre à repasser pour leur donner la forme de biseau. Si l'on veut avoir un égrenoir rond, on entoure la petite botte d'un fil, et à l'aide de colle-forte on fixe cette botte dans le tube de fer-blanc; on coupe ensuite l'extrémité des fils et on aiguise l'instrument de manière à l'arrondir et à lui donner une forme conique.

L'emploi d'un fil d'acier plus ou moins bien trempé donne des résultats différens, le but de l'outil étant de couper, de diviser et de rejeter en dehors les parties de crayon détachées de la masse : l'égrenoir fabriqué avec un fil mal trempé modifie la teinte qui est molle, parce que l'outil s'émousse et enlève peu le crayon; l'outil fabriqué, au contraire, avec un acier bien trempé enlève vivement, et le travail est plus ferme et plus franc.

La longueur des fils donne aussi des résultats différens : les fils courts dégagent moins le crayon et peuvent être employés pour les demi-teintes foncées; les fils longs dégagent très aisément et donnent facilement les teintes très claires.

Nous devons dire ici que, pendant le travail, on doit sans cesse, lorsqu'on veut arriver aux teintes claires, nettoyer l'outil, qui salirait la teinte déjà éclaircie. On nettoie l'outil en l'appuyant sur un chiffon et en tirant à soi. Dans ce cas, on appuie sur l'extrémité avec l'ongle.

CRAYONS POUR LA MANIÈRE NOIRE.

M. TUDOT.

Proportions. — Cire jaune pure. . . . . 29 part.

Savon de cire à la soude 9

Savon de suif à la soude 18

Sel de nitre 1

Noir de résine calciné et tamisé. 7

Le nitre doit être dissous dans sept fois son poids d'eau environ. A défaut de savon de suif, on pourra employer le savon de graisse animale du commerce, si on le trouve d'une belle qualité. Pour le savon de cire, en faisant bouillir cette dernière avec une dissolution de soude caustique, la lessive ne tarde pas à se troubler, et, bientôt après, le savon vient nager à la surface; on l'enlève avec une écumoire, et, lorsqu'il est sec, on peut l'employer. En fabriquant ce crayon, il est essentiel de faire peu cuire d'abord et de faire refondre ensuite la pâte pour qu'elle soit mieux mélangée et qu'une plus grande partie de l'eau soit évaporée.

Le crayon, devant être bien cuit pour le travail de l'égrenoir, n'admet pas plusieurs numéros.

CRAYONS.

M. LEMERCIER.

Proportions. — Cire jaune. . . . . 32 part.

Suif très épuré. 4

Savon blanc. 24

Sel de nitre. 1

Noir calciné et tamisé. 7

Fabrication des crayons.

Le feu étant plus aisé à conduire quand la quantité des matières est de plusieurs livres, on réussira mieux en prenant par onces les proportions déjà rappelées ; cependant, avec de l'attention, on pourra opérer sur une quantité moindre. Supposant ces parties par onces, il faut une casserole en cuivre ou en fonte, de 15 pouces de diamètre, et de 6 pouces de profondeur environ ; il est nécessaire qu'elle ait son couvercle ; on s'en sert pour éteindre le feu après l'avoir mis au produit. On doit encore avoir une spatule en fer pour agiter la masse. On coupe par petits morceaux le savon pour en hâter la fusion. Le sel de nitre doit être, avec la proportion d'eau, dans une petite casserole, pour être mis sur du feu lorsque l'opération sera commencée.

Ces préparatifs faits, on allume du charbon, et on commence par faire fondre, dans la casserole, la cire, puis le suif, ensuite on jette peu à peu le savon coupé très mince ; il ne faut pas en mettre beaucoup à la fois, car l'eau que contient le savon nouveau cause une tuméfaction qui ferait répandre une partie de la matière, si on le mettait trop précipitamment : il faut donc en mettre peu, et avec la spatule de fer agiter continuellement, de manière à faciliter la fusion. Lorsqu'elle est complète, on remue plus doucement : l'agitation est nécessaire pour rendre la chaleur égale dans toutes les parties de la masse : en allant vivement, on diminue sensiblement cette chaleur, et, en allant doucement, on la laisse augmenter. Lorsqu'une fumée blanchâtre succède à la fumée grise qui se dégage pendant la fusion du savon, on retire la casserole du feu, puis on commence à verser la dissolution de nitre. Quelques minutes auparavant, on a dû mettre l'eau nitrée sur un peu de feu, afin de l'avoir bouillante au moment de s'en servir ; on a une cuiller à café pour prendre de la dissolution dans la petite casserole qui la contient ; on commence par en laisser tomber quelques gouttes sur la matière, il s'opère une tuméfaction ; on continue à verser goutte à goutte ; puis, progressivement, on en laisse tomber davantage, et enfin on augmente jusqu'à ce que le tout soit versé. Il est très important de prendre cette précaution pour faire entrer la dissolution dans la masse, car si on mettait tout à la fois, cela produirait une explosion qui lancerait la matière de tous côtés.

La dissolution versée, la matière tuméfiée vient quelquefois jusqu'au bord de la casserole, suivant le degré de chaleur où était la matière lorsqu'on a fait l'addition d'eau nitrée. Plus il est élevé, plus le gonflement est grand, et mieux la dissolution s'incorpore. On remet ensuite la casserole sur le feu, et avec la spatule on bat la mousse qui s'est formée, pour la faire diminuer; la chaleur agissant à son tour, la matière redescend à son premier niveau; on laisse chauffer le produit jusqu'à ce qu'en approchant l'extrémité d'un fer que l'on a fait rougir au feu la matière s'enflamme. Quand elle a pris feu, on ôte la casserole de dessus le réchaud, on laisse brûler une minute; alors on la ferme avec son couvercle pour éteindre la flamme, et empêcher que la température ne s'élève trop; immédiatement après, on lève le couvercle et on laisse la fumée se dégager, puis en agitant la masse avec la spatule le feu prend; s'il ne prend pas, il suffit d'approcher de nouveau le fer rouge. Supposant qu'on ait pris une once ou 31 grammes pour chacune des parties des proportions ci-dessus indiquées, on laisse brûler encore pendant deux minutes, et on éteint la flamme; si, à la surface du produit, il restait une espèce d'écume, il faudrait faire brûler encore une minute; mais, quand le mélange a été bien fait et la chaleur bien soutenue, trois minutes sont suffisantes, et la pâte du crayon est moins cassante que lorsqu'on a laissé brûler plus longtemps. Quand on opère sur une quantité moins forte que celle indiquée, on doit réduire proportionnellement la durée de cette combustion, et surtout étouffer le feu plus souvent pour éviter une trop haute élévation de température,

qui, en ne permettant pas d'éteindre la flamme, carbo-
niserait une grande partie du produit. Lorsqu'on a éteint et
ôté le couvercle, on laisse refroidir quelques secondes,
et on ajoute alors le noir en le faisant tomber peu à peu,
le délayant avec la spatule jusqu'à ce qu'il n'y ait plus
de grumeaux ; le noir étant bien mêlé, on remet la casserole sur le feu, et, lorsque la pâte est ramenée à l'état
liquide, on la laisse cuire quinze minutes environ.

Alors on approche le moule, on coule la pâte en la
versant sur toute la surface du moule ; si ce moule est trop
petit pour recevoir tout le produit, une seconde personne
doit remettre la casserole sur un feu doux, et l'entretenir à la chaleur convenable pour que la pâte ne refroi-
disse pas.

ENCRE LITHOGRAPHIQUE.

M. LEMERCIER.

Proportions. — Cire jaune. . . . . 4 part.
    Suif de mouton épuré. 3
    Savon blanc humide de Marseille. . . . 13
    Gomme-laque en feuilles. 6
    Noir léger du commerce. 3

On peut changer les proportions qui précèdent, si on
veut rendre cette encre applicable à un usage particulier ;
ainsi, supposant qu'on veuille aciduler fortement pour
mettre le travail à l'encre en relief, on augmentera la
proportion du suif, observant d'ajouter, dans le même
rapport, à la proportion du savon. L'encre où on aurait
mis plus de suif que précédemment nécessiterait aussi
un peu plus de noir.

Fabrication.

Il faut avoir une casserole de cuivre ayant un long
manche, et munie de son couvercle, une cuiller en fer,

On commence par faire fondre les ingrédiens pour l'encre, dans le même ordre que pour la fabrication des crayons ; le savon étant fondu, on ajoute la gomme-laque par petites pincées, agitant continuellement, et ayant attention de n'en remettre qu'après que celle précédemment ajoutée est fondue. Lorsqu'on a fait l'addition de toute la gomme-laque, on augmente le degré de chaleur, jusqu'au moment où la vapeur blanche qui se dégage commence à s'épaissir ; alors on retire la casserole du feu, et on enflamme la matière ; supposant qu'on ait pris, par once ou par 31 grammes, chacune des parties des proportions précédentes, on laissera brûler pendant une minute au plus ; ensuite on éteint la flamme, on laisse la fumée se dégager, et la masse refroidir pendant une demi-minute, puis on fait l'amalgame du noir, le délayant pendant plusieurs minutes, après lesquelles on remet la casserole sur le feu, en continuant toujours de remuer la masse ; on laisse cuire un quart d'heure environ. La cuisson étant terminée, on laisse l'encre refroidir un peu, et on la verse sur un marbre que l'on a frotté d'avance avec du savon, ce qui facilite l'enlévement de la matière refroidie ; arrivé à ce point, on la fait refondre, pour mieux mélanger et raffiner sa pâte ; ce moyen est bien préférable à celui du broyage, qui est très difficile, attendu qu'il ne peut être fait qu'à chaud. En faisant refondre la pâte, il est essentiel de la remuer sans cesse et de la maintenir à une chaleur tempérée. Cette seconde opération étant terminée, on coule l'encre dans un cadre en bois posé sur le marbre qui a déjà servi, et avant que l'encre soit tout à fait refroidie, on la divise par morceaux, en la coupant avec une lame de couteau ; il faut ensuite la laisser sécher parfaitement avant de l'employer.

VERNIS POUR L'IMPRESSION.

Huile de lin jaune et transparente. . . . .   24 parties.
Pain tendre.   4
Oignons rouges.   3
Résine blonde du commerce { pour le n° 1. .   3
                            { pour le n° 2. .   6
                            { pour le n° 3. .   9

Fabrication.

Le procédé de fabrication est à peu près le même que celui que nous avons décrit à l'article *Vernis*, c'est à dire qu'on l'opère en dégraissant l'huile au moyen du pain et des oignons et en l'enflammant ensuite ; lorsqu'on la juge assez épaissie, on en fait refroidir quelques gouttes qui, pressées entre les doigts que l'on écarte ensuite vivement, doivent produire un faible claquement. On éteint alors la flamme, et, après avoir laissé refroidir la masse assez pour que la résine, réduite en poudre, afin de faciliter la fusion, se fonde sans se décomposer, on y ajoute celle-ci peu à peu dans la proportion fixée pour le numéro du vernis que l'on se propose d'obtenir en prenant le soin de remuer constamment le mélange pour qu'il soit exactement fait : on le laisse reposer un moment, puis on y met de nouveau le feu pour résoudre l'écume qui s'amasse à la surface, et qu'il faudrait enlever avec l'écumoire, si le feu n'y prenait pas. Arrivé à ce point, on laisse le vernis refroidir entièrement.

COMPOSITION POUR ENDUIRE LES PIERRES GOMMÉES.

Formule modifiée.

Blanc de baleine. . . . .   5 parties,
Poix de Bourgogne.   4
Cire blanche.   1
Térébenthine de Venise.   4

que l'on fait fondre ensemble et que l'on étend sur la pierre avec un rouleau.

Cette composition a pour but de prévenir les taches blanches ou noires qui se forment sur les dessins lorsque la pierre a séjourné longtemps dans un casier humide ou mal aéré ; on l'enlève lorsqu'on veut reprendre le tirage avec de l'essence de térébenthine.

ENCRE AUTOGRAPHIQUE.

M. CRUZEL. — 1831.

Composition.

Cire-vierge. . . . . 12 part:
Savon. 6
Gomme-laque. 6

Noir de fumée léger, $\frac{1}{10}$ du poids des autres substances, ou une cuillerée à bouche par 25 grammes.

Confection.

On met, sur le feu, dans un vase de fer, le savon blanc sec et coupé par morceaux; on le fait fondre le premier, parce qu'il se boursouflerait s'il était fondu avec la cire.

Lorsque le savon est fondu et non enflammé, on ajoute la cire.

Lorsque la cire est fondue, on ajoute la gomme-laque en deux ou trois parties, en observant de ne mettre la deuxième partie qu'après que le mélange, gonflé par la première, a repris son niveau.

On laisse le mélange sur le feu jusqu'à ce qu'il s'enflamme; on le retire alors, et on le couvre.

Peu d'instants après, on découvre le vase pour y introduire le noir de fumée, que l'on remue bien jusqu'à ce que l'on verse le mélange, qui ne doit être ni trop, ni trop peu chaud.

Emploi.

Il est nécessaire de dissoudre cette encre à *chaud*; on peut ensuite y ajouter de l'eau froide. Pour cela, on fait chauffer fortement une soucoupe devant le feu ou à la flamme d'une chandelle; en même temps on promène un bâton d'encre jusqu'à ce qu'il y en ait assez de fondu. On ajoute de l'eau qu'on laisse bouillir dans la soucoupe. On retire la soucoupe de la lumière, et l'on délaie l'encre avec un bouchon, ou bien on attend que la chaleur soit supportable pour la délayer avec le doigt. S'il y a trop d'eau, on fait évaporer; s'il n'y en a pas assez, on en ajoute de la froide.

MANIÈRE D'IMPRIMER DEUX COULEURS A LA FOIS.

M. JULES DESPORTES.

On fait fondre, dans un vase de terre vernissée, 45 parties de résine bien pure, 45 de cire-vierge et 15 de térébenthine.

Lorsque toutes ces matières sont entièrement fondues, on y ajoute la couleur que l'on désire avoir; on en fait le mélange sur le feu; ensuite on coule la matière soit en tablettes, soit en bâtons.

Lorsque l'on veut s'en servir, on commence par broyer l'une des couleurs à imprimer, le bistre, par exemple, avec du vernis; ensuite l'autre couleur (supposons le vert) est prise dans celles que l'on a préparées par le procédé décrit plus haut, on l'écrase bien sous la molette, on met cette poudre dans l'esprit de vin, qui lui donne, à l'instant, la consistance du vernis.

Les encres ainsi disposées, on enlève le dessin à l'essence de térébenthine, et l'on commence à encrer les différentes parties qui doivent être teintées en bistre;

pour cela, on se sert de petits tampons garnis de peau de veau (le côté de la chair en dehors).

Le dessin ainsi chargé, on mouille de nouveau la pierre et l'on passe, sans distinguer aucune partie, on passe, dis-je, le rouleau vert sur tout le dessin, et l'on tire ainsi la première épreuve. La seconde se fait bien plus promptement, car il suffit de mouiller la pierre avec une éponge imbibée d'eau, dans laquelle on aura mis quelques gouttes d'esprit de vin. On encre d'abord avec le rouleau bistré, sans plus distinguer les parties coloriées d'une autre manière; on mouille une seconde fois, et l'on encre avec le rouleau vert.

Les autres épreuves se tirent toutes comme la seconde, observant, néanmoins, de mettre de temps en temps quelques gouttes d'esprit de vin sur l'encre composée, qui se dessèche promptement.

Lorsque l'on quitte tout à fait la pierre, ou lorsqu'on le fait momentanément, on commence par laver le dessin avec de l'esprit de vin, qui enlève seulement l'encre composée; ensuite on enlève l'autre couleur avec de l'essence de térébenthine.

On encre ensuite le dessin avec de l'encre noire.

IMPRESSION EN COULEUR.

M. QUINET.

Pour mouiller la pierre.

« Vous prendrez la valeur d'une bouteille d'eau, dans
» laquelle vous mettrez un blanc d'œuf, que vous bat-
» trez bien ensemble. »

Pour encrer la pierre.

« Vous prendrez du vernis fort, dont on se
» sert ordinairement dans la lithographie. 4 onces.
» Blanc de baleine. 1
» Suif. . . . . 1 gros.
» Galipot. . . . . $\frac{1}{2}$ once.

» Vous ferez fondre le tout ensemble et le ferez bouil-
» lir, afin de l'écumer; puis vous le laisserez refroidir
» pour vous en servir. »

Pour poser les couleurs.

« La pierre étant encrée, vous prendrez des pinceaux
» de plume ordinaires, et poserez des couleurs en poudre
» sèche; par ce moyen, vous pourrez changer de cou-
» leurs aussi souvent que cela sera nécessaire, ayant
» soin de changer de pinceaux à chaque couleur, afin
» de ne pas les salir. Quand toutes vos couleurs seront
» posées, vous passerez un blaireau sur la pierre pour
» ôter ce qu'il y a de trop, puis vous laverez votre
» pierre avec une éponge mouillée. Le tirage se fait
» comme pour la lithographie ordinaire. »

IMPRESSION EN COULEUR.

MM. KNECHT et ROISSY.

Une pierre gravée et encrée en noir, à la manière ordinaire, se tire, en couleur, de la manière suivante :
on enlève l'encre qui est sur la pierre à l'essence de térébenthine et on se sert, pour l'encrer de nouveau, de
couleurs minérales broyées avec du vernis, et un faible
mélange de suif et cire. On se sert, pour encrer la
pierre, de morceaux de drap pour les parties un peu
grandes, et de pinceaux courts et coupés pour les parties délicates. Il est assez difficile de bien essuyer; beaucoup de propreté et beaucoup de patience sont indispensables pour arriver à un bon résultat.

De la retouche des pierres gravées.

Il faut enlever, avec de l'essence de térébenthine, les
parties gravées qu'on veut retoucher, et détruire ensuite
le corps gras existant dans la pierre par une très faible
solution d'acide phosphorique et de gomme. Le niveau
de la pierre n'étant pas altéré par cette méthode, on peut

regraver sans inconvénient. Si, cependant, les lignes de la précédente gravure gênent pour le nouveau travail, il devient indispensable d'unir la pierre en cet endroit, ce que l'on fait avec un bouchon de liége et de la poudre de pierre-ponce acidulée avec de l'acide phosphorique.

On remédie au creux formé de cette manière en encrant avec des brosses molles, qui divisent et font pénétrer l'encre dans toutes les cavités de la pierre.

M. JOUMAR.

MOYEN DE DÉSACIDIFIER LE PAPIER DESTINÉ A L'IMPRESSION.

On fait dissoudre, en la remuant dans l'eau destinée au mouillage, une quantité de chaux assez grande pour colorer complètement le liquide. On laisse reposer, on décante, et l'on mouille le papier comme à l'ordinaire.

M. GIRARDET.

PROCÉDÉ POUR MONTER LES PIERRES EN RELIEF.

On concasse en petits morceaux une boule du vernis dont la formule est donnée plus bas : on les fond ensuite à l'aide d'une chaleur douce dans une quantité d'huile de lavande, telle qu'après la fusion et le refroidissement le mélange conserve la consistance d'encre d'impression. On garnit de ce mélange, à la manière ordinaire, un rouleau qui n'ait servi qu'à cet usage : après avoir enlevé à l'essence de térébenthine le dessin à monter en relief, on le garnit, comme on le ferait pour tirer une épreuve, de ce vernis, qu'on laisse sécher pendant au moins une heure; après quoi l'on borde, avec de la cire, la pierre sur laquelle on verse de l'eau jusqu'à la hauteur de plusieurs lignes, puis de l'acide nitrique étendu d'eau. Lorsque l'acide a mordu assez fortement pendant quelques minu- tes, on ôte l'acide, on enlève la cire qui bordait la pierre;

on repasse sur le dessin le rouleau garni de vernis. Après l'avoir laissé sécher comme la première fois, on reborde et on fait mordre en versant de nouveau de l'acide, et continuant ainsi jusqu'à ce qu'on ait obtenu le relief qu'on désire.

COMPOSITION DU VERNIS.

Faites fondre dans un vase neuf de terre vernissée

Cire-vierge.	2 onces.
Poix noire.	1/2
Poix de Bourgogne.	1/2

Ajoutez :

Spalt (1) réduit en poudre très fine. . . . 2

On laisse cuire le tout jusqu'à ce qu'une goutte, que l'on fait tomber sur une assiette, puisse, lorsqu'elle est bien refroidie, se rompre en la pliant trois ou quatre fois sur elle-même. On retire alors le vernis du feu, et après l'avoir laissé un peu refroidir, on le verse dans de l'eau tiède, afin de pouvoir le manier facilement, et on en forme de petites boules qui se conservent pendant très longtemps.

GRAVURE EN RELIEF.

Pour exécuter un dessin au moyen de ce procédé, on fait chauffer également, pour qu'elle ne se casse pas, et assez fortement, une pierre lithographique, à la surface de laquelle on étend ensuite, au moyen d'un tampon, une couche mince et bien égale du vernis dont on vient de parler plus haut. Lorsqu'elle est refroidie, on exécute le dessin, en enlevant, à la pointe et à l'échoppe, et en incisant la pierre, les parties du dessin qui doivent être blanches, et laissant garni de vernis tout ce qui, dans l'impression, doit être noir. On acidule ensuite assez fortement et on gomme.

_____

(1) Pierre luisante dont les fondeurs se servent pour mettre les métaux en fusion.

Dans ce genre de travail, il ne faut enlever le dessin à l'essence qu'après le tirage, en prenant le soin de mouiller très peu la pierre, et d'ajouter, à l'essence, de l'huile en assez grande quantité, si l'on ne veut courir le risque de voir disparaître les finesses.

Les dessins exécutés par ce procédé manquent généralement de vigueur : l'impression en est difficile et de peu de durée, et les épreuves, à l'exception des premières, manquent de brillant, parce que les parties de la pierre qui doivent prendre le noir, au lieu d'être graissées, sont simplement recouvertes d'un composé résineux.

MANIÈRE D'IMPRIMER SUR FEUILLE DE ZINC.

On prend une plaque de zinc, nos 9, 10 ou 11 ; on la ponce avec de la pierre-ponce légère jusqu'à ce qu'elle soit unie des deux côtés : alors on y transporte, comme sur la pierre, l'écriture tracée sur papier autographe. Il faut seulement observer de chauffer un peu cette plaque pendant l'hiver.

On peut également dessiner à la plume ou au crayon sur la plaque de zinc.

On la prépare soit avec une décoction de noix de galle, dans laquelle on aura ajouté de l'acide nitrique, soit avec du vinaigre.

Pour l'encrage et le tirage, absolument comme sur pierre.

M. MANTOUX.

ENCRE AUTOGRAPHIQUE LIQUIDE.

En traitant de l'autographie, chap. XXIII, pages 122 à 132, nous en avons développé l'utilité et les avantages, et par les détails dans lesquels nous sommes entrés, nos lecteurs ont pu juger combien il serait difficile d'astreindre les ouvriers aux soins multipliés et indispensables que ce procédé réclame. C'est ce que l'expé-

rience avait démontré depuis longtemps à M. Mantoux;
et ce qui l'a engagé à la recherche d'une encre autographique liquide et d'un emploi facile pour l'écrivain, dont
le décalque fût prompt et sûr, l'encrage aisé et susceptible, au besoin, de *fournir* au tirage d'un très grand
nombre d'exemplaires.

Plus loin, nous donnons la formule et le procédé de fabrication de cette encre, non tels qu'ils ont été commu-
niqués à la Société d'encouragement, mais avec les modifications que de nouvelles recherches ont engagé
M. Mantoux à y apporter. Voici les opinions émises par
la Société d'encouragement sur cette encre à l'époque où
elle lui fut soumise.

Bulletin du mois de décembre 1831 (n° 330, p. 577):

« Le concurrent inscrit sous le n° 7 vous a présenté
» une encre autographique dont vos commissaires avaient
» déjà eu occasion de vérifier la bonne nature et la faci-
» lité d'emploi, lors des épreuves pour le précédent con-
» cours.

» Vous accordâtes, l'année dernière, le prix relatif à
» cette question à M. Cruzel, dont les procédés ont été
» insérés dans le *Bulletin*; l'encre que vous présente le
» nouveau concurrent est d'une nature différente de cel-
» les qui ont été fabriquées jusqu'ici, et c'est à cette na-
» ture même qu'elle doit probablement ses caractères par-
» ticuliers, son inaltérabilité et la facilité avec laquelle
» on peut s'en servir, *même sur le papier non préparé.*

» Le concurrent a fait connaître à l'un des membres de
» votre commission la composition de son encre; il l'a
» préparée en sa présence. Comme il est important de
» perfectionner l'autographie, votre commission a pensé
» que cet objet méritait l'attention; mais comme elle
» n'a pu faire toutes les expériences qu'elle regardait
» comme nécessaires, elle vous propose de conserver au
» concurrent ses droits pour le prochain concours,

» comme vous l'avez déjà fait pour d'autres ques-
» tions. »

Et dans son *Bulletin* du mois de décembre 1832 (n° 342,
page 480), on lit :

« L'année dernière aussi, il vous avait été présenté une
» encre áutographique qui paraissait réunir des qualités
» de solidité très dignes d'attention. Le concurrent dont
» les droits avaient été réservés s'est fait inscrire sous le
» n° 7.

» Dès l'année dernière, votre commission avait délé-
» gué un de ses membres pour prendre connaissance de
» la composition de cette encre, que le concurrent dési-
» rait tenir secrète jusqu'à ce que la Société eût porté un
» jugement sur ses qualités.

» Les preuves les plus positives ont été acquises par
» l'emploi de cette composition sur une très grande
» échelle. Cette encre s'emploie très facilement, coule
» sans se répandre sur le papier ; la préparation la plus
» forte n'altère pas les caractères. Le concurrent livre, de-
» puis 1825, une très grande quantité de son encre au
» commerce, et parmi les attestations que votre commis-
» sion a recueillies sur sa nature, elle citera celle de
» M. Jobard, qui la regarde comme la meilleure que l'on
» connaisse.

» Le seul inconvénient qu'on pourrait rencontrer dans
» son emploi provient de son peu de couleur ; mais si on
» voulait lui en donner une plus intense, on y parvien-
» drait sans aucune difficulté, sans avoir besoin de recou-
» rir au charbon, qui se dépose et forme promptement
» un magma : le concurrent même en a fabriqué d'assez
» colorée en y ajoutant de l'asphalte.

» La solidité que la résine - copal procure aux vernis
» avait fait rechercher, à diverses reprises, les moyens de
» l'introduire dans la composition de l'encre autographi-

» que; mais la difficulté de fondre cette substance et les
» inconvéniens qui résultent de son emploi, quand elle
» est mal divisée, ne permettaient guère d'en faire usage.
» Le concurrent a trouvé un moyen facile et ingénieux de
» fondre le copal dans son encre, qui acquiert par cette
» introduction une qualité précieuse.

    » Votre commission regarde comme d'une très grande
» importance la publication de cette recette, et vous pro-
» pose d'accorder à l'auteur une médaille d'or de pre-
» mière classe. »

    A l'exposition de 1834, une nouvelle médaille a été dé-
cernée pour cette encre. Voici sa composition :

Formule.

Gomme-copal.	3 parties.
Cire.	5
Suif de mouton épuré.	5
Savon.	4
Gomme-laque.	5
Mastic en larmes.	5
Soufre.	1/2

Fabrication.

    Mettez sur le feu la gomme-copal placée dans une cas-
serole en cuivre : quand elle commence à pétiller, joi-
gnez-y, pour en déterminer la fusion, deux cuillerées à
bouche d'huile d'olive, et, lorsqu'elle est bien fondue,
ajoutez la cire et le suif; puis, ces matières étant suffisamment échauffées, enflammez-les et jetez-y, par petites
portions, le savon bien desséché et réduit en copeaux
minces; lorsque le savon est fondu, ajoutez, la combustion durant toujours, la gomme-laque et le mastic en larmes. Activez la flamme avec la fleur de soufre ; cette pré-

caution est indispensable, parce qu'aux difficultés que
présente la bonne confection des encres lithographiques
se joint ici celle plus grande encore du mélange parfait de
la gomme-copal avec les autres substances, mélange que
ce coup de feu a pour but d'opérer. Eteignez alors pour
refroidir un peu les matières, puis enflammez de nouveau
et laissez brûler lentement jusqu'à réduction d'un quart
du volume total.

En poussant la réduction trop loin, les corps gras se
calcinent, et au transport l'encre ne s'attache plus à la
pierre, ou bien elle est enlevée par le rouleau dans l'o-
pération de l'encrage. Si la composition, au contraire,
n'est pas suffisamment cuite, l'encre se coagule promptement : pour qu'elle puisse bien conserver sa fluidité sans
rien perdre de sa solidité, il est important de bien saisir le
degré de cuisson.

Lorsqu'on veut délayer cette encre, on en fait dissoudre une partie dans 10 parties d'eau et on laisse bouillir
jusqu'au moment où la liqueur prend une couleur jaune
pâle; alors on y trempe une plume taillée pour s'assurer
si elle ne coule pas trop aisément. Ce point obtenu, on
essaie l'encre sur du papier autographe, et si ses traces
sont brillantes et donnent, en séchant, un beau relief,
elle est assez réduite.

Lorsqu'elle est ainsi confectionnée, on peut la mettre
dans un flacon bouché à l'émeri ; elle se conservera liquide
pendant des années sans s'altérer et sans déposer. L'encre
ancienne est même préférable à la nouvelle.

Lors du transport de l'autographie, on peut se dispenser de faire chauffer les pierres, si elles ne contiennent
pas d'humidité; mais, pour peu qu'elles en renferment, il
est indispensable de les chauffer pour la faire disparaître :
sa présence est la cause la plus ordinaire de l'imperfec-
tion du décalque.

Ceux qui la trouveraient trop pâle pourraient, lorsqu'ils veulent s'en servir, la mettre dans un petit flacon et y ajouter soit un peu de carmin, soit un peu d'encre de Chine bien délayée ; il n'en faut préparer ainsi qu'une petite quantité, parce que l'addition de ces corps étrangers susceptibles de décomposition la détériore en peu de jours.

NOTES

DE MM. MANTOUX ET JOUMAR.

Note 1, page 25.

En envoyant dans les départemens les échantillons des pierres tirées des carrières d'Allemagne, on avait peut-être négligé de faire suffisamment connaître une des circonstances qui nous paraissent le plus susceptibles de conduire à la découverte des pierres lithographiques, celle de leur gisement, c'est à dire de la position des couches calcaires de Solenhofen, relativement aux autres couches dont l'écorce du globe est formée.

La géologie a fait aujourd'hui assez de progrès pour que cette relation puisse être déterminée d'une manière précise.

Le calcaire lithographique que l'on exploite à Solenhofen, à quelques pieds du sol, occupe, dans l'échelle des terrains qui constituent l'écorce de la terre, la partie supérieure de la grande division que l'on désigne sous le nom de *terrains secondaires*.

C'est dans la région la plus élevée du groupe *oolitique*, dans celle qui forme les premières assises du terrain *jurassique*, que se trouvent ces précieux calcaires.

Là, les schistes qui contiennent les tables de calcaire lithographique présentent une grande quantité de débris organiques végétaux et animaux, dont la détermination peut guider utilement dans la recherche des terrains de même nature.

Nous avons essayé de former la liste de ces nombreux fossiles, dont la désignation ne peut trouver place ici, et nous nous ferons un plaisir de la communiquer aux personnes qui désireraient diriger leurs recherches d'après cette considération.

Les plus curieux sont, sans contredit, ces étranges animaux vertébrés volans, qu'on a désignés sous le nom de
ptérodactyles, et qui se nourrissaient d'insectes, tels que
les *libellules* que l'on trouve enfouies dans le même gisement; et cet autre fossile problématique, que l'on a d'a-
bord pris pour une bivalve, et qui paraît être une oper-
cule d'ammonite. Ce fossile, aujourd'hui connu sous le
nom d'*aptychus*, se trouve si fréquemment dans les schistes
de Solenhofen, qu'il rend un grand nombre de dalles calcaires impropres à la lithographie.

Mais, ce qu'il est surtout important de remarquer,
c'est que les schistes de Solenhofen reposent complètement sur la *dolomie* ou calcaire magnésien, roche cu-
rieuse qui fixe, depuis quelque temps, l'attention des
géologues; c'est, peut-être, à l'origine ignée de cette
roche et à son contact immédiat avec le calcaire lithographique que sont dues les propriétés utiles de ce dernier.

La dolomie, comme on le voit dans le profil des mon-
tagnes calcaires d'Eichtedt, en Franconie, qu'a donné
M. Léopold de Buch, et que nous reproduisons, est entièrement coupée, d'un côté, par la vallée de l'Altmühl,
et reparaît, de l'autre, auprès du village de Nassenfels, où
les calcaires lithographiques cessent entièrement; elle
repose sur de puissantes assises de calcaire compacte
(coral-rag), qui sont superposées elles-mêmes à un grès
à grain fin, de couleur grise, qui appartient à *l'oolite*.

Ainsi l'on voit que les schistes qui contiennent les
tables de calcaires lithographiques, dans le pays d'Eichtedt, constituent toujours les assises supérieures, et sont
constamment séparés des couches de calcaire compacte et
de grès par une masse considérable de dolomie.

La position, si nettement déterminée, des schistes au
dessus de la dolomie, et la connaissance des fossiles qu'ils
contiennent, sont, suivant nous, les meilleures indications
qu'on puisse donner aujourd'hui pour conduire à la dé-

couverte des calcaires analogues à la pierre lithographique de Solenhofen, ou de ceux qui, s'étant formés dans les mêmes circonstances géologiques, pourraient offrir les mêmes résultats.

On trouve une autre vue des carrières de Solenhofen dans le grand ouvrage de Knorr, sur les pétrifications, où l'on a figuré ce que, dans des temps d'ignorance, on appelait les *monumens du déluge universel.*

(*Note communiquée par M. Walferdin, membre de la Société géologique.*)

NOTE II, PAGE 52.

Le procédé de moulage a sur celui de la coulée les avantages d'une plus grande célérité, de l'économie de la matière et de la régularité des produits. Le procédé décrit dans l'ouvrage est d'ailleurs susceptible de quelques améliorations.

Le moule se compose de deux plaques rectangulaires de cuivre ou de fer d'une hauteur égale à la longueur que l'on veut donner aux crayons, et creusées dans ce sens (pour connaître plus facilement le compte des crayons fabriqués), d'un nombre exact de douzaines de cannelures demi-prismatiques ou demi-cylindriques formant, par le rapprochement des plaques, des prismes ou des cylindres : ce nombre, pour la facilité de l'emploi, ne doit pas excéder celui de cinq douzaines. En avant de la première, et après la dernière, sont creusées, vers les extrémités des plaques, deux autres cannelures d'un diamètre plus grand, dans lesquelles on place des baguettes en fer destinées à maintenir la pâte dans le moule et à empêcher le contact immédiat des plaques. Enfin chacune des plaques est percée au milieu de la hauteur, vers ses deux extrémités, d'écrous, dans lesquels passent des vis qui servent à éloigner ou à rapprocher l'une de l'autre les surfaces en regard.

Pour faire usage du moule, on frotte de savon sec l'Intérieur des plaques; on enlève, à l'aide d'une brosse, les
petites parcelles qui auraient pu s'attacher dans les cannelures, on réunit les plaques à l'aide des vis qui les joi-
gnent; puis on met les baguettes, que l'on serre, en vissant de manière à pouvoir cependant les enlever avec
facilité; on pose le moule, de champ, sur une pierre ou
sur un marbre, et on le remplit de pâte au moyen d'un
auget en fer-blanc, évasé à la partie supérieure, mais qui,
à la partie inférieure, est exactement des mêmes dimensions que le moule, et qui porte, sur les côtés et aux extrémités, des prolongemens dans lesquels celui-ci entre à
frottement.

Lorsque la pâte est figée, on enlève l'auget, que l'on
nettoie de suite en le raclant avec un couteau, et l'on
remet, dans le vase où elle chauffe, la pâte qui s'y était attachée; on ôte les baguettes du moule, on serre les vis
jusqu'à ce que les deux tables cannelées qui le composent soient en contact; on coupe, avec le couteau, la
portion de matière qui dépasse le moule.

On applique l'estampille sur les têtes des crayons qui
se présentent sur la tranche du moule; on plonge celui-ci,
pendant quelques minutes, dans l'eau froide, puis on
l'essuie; on dévisse les plaques, on retire les crayons, et
l'on procède immédiatement à un nouveau moulage.

NOTE III, PAGE 57.

Une raison bien simple a déterminé la préférence des
écrivains pour l'encre autographique liquide; c'est qu'é-
tant préparée à chaud, elle n'a pas besoin de contenir
une aussi forte dose d'alcali que l'encre en bâtons, destinée à être délayée à froid, à la manière de l'encre de Chine.
Les alcalis, comme on sait, ramollissent promptement les
plumes. Il faudra donc tailler celles-ci plus souvent, lorsque l'encre en contiendra une quantité plus grande. En

diminuant cette quantité, l'encre deviendra moins soluble ; il faudra la dissoudre à l'eau bouillante, et cette opération est trop incommode et trop longue pour être renouvelée souvent.

On a d'ailleurs exagéré un peu, dans cet ouvrage, les inconvéniens de l'encre liquide. Celle qui compose la provision contenue dans un flacon bouché à l'émeri peut y être conservée, sans altération, pendant plus d'une année : versée ensuite, à mesure du besoin, pour l'usage journalier, dans un flacon plus petit et offrant peu de prise à l'évaporation, elle pourra, dans ce petit vase, être employée pendant des mois entiers, si l'on a le soin de la boucher après s'en être servi. Son usage offre donc une économie de temps, et ce n'est pas sans raison qu'il est devenu à peu près général.

Note iv, page 58.

Trop de formules pour la fabrication de l'encre ont été publiées, depuis que l'on écrit sur la lithographie, pour que notre intention soit d'en grossir ici le nombre. Nous nous bornerons, dans cette note, à quelques données générales sur l'encre lithographique.

Outre la facilité avec laquelle on doit pouvoir l'employer, deux qualités lui sont indispensables : la résistance et la solidité.

Elle est résistante lorsqu'elle préserve absolument la pierre de l'action des acides dans tous les points du trait.

Elle est solide quand, après un long tirage, le trait n'est nullement altéré.

Ces qualités, bien distinctes, sont souvent confondues par les lithographes ; elles sont cependant, en quelque sorte, exclusives l'une de l'autre ; car les résines augmentent la résistance de l'encre en diminuant sa solidité, tandis que les corps gras, au contraire, la rendent plus solide et moins résistante.

Diminuer le plus possible la proportion des résines, en augmentant d'autant celle des corps gras, serait le moyen d'obtenir l'encre la meilleure pour la durée de la planche, si, par la diminution de la dose des résines, on n'altérait la résistance, qui seule permet une acidulation un peu énergique, autre condition d'un tirage facile et long, et si la question de sa fluidité ne venait, d'un autre côté, compliquer le problème.

Sennefelder, à la suite des formules insérées dans son ouvrage, formules dont les unes indiquent l'emploi de corps résineux, tandis que d'autres n'en font aucune mention, ajoute :

« Si l'on emploie la gomme-laque, l'encre conserve » un peu plus longtemps sa fluidité. »

Plus loin, parlant de l'encre autographique, il dit :

« M. André d'Offenbach fait usage d'une encre qui a » la propriété avantageuse de conserver sa fluidité pen- » dant plusieurs années. D'après mes essais, elle n'est pas » aussi bonne pour les ouvrages très finis que plusieurs » de celles que je viens de décrire. »

Si maintenant, de l'une des formules de Sennefelder, celle-ci, par exemple :

Cire. . . . . 8 part.,
Suif. 4
Gomme-laque. 4
Savon. 4

on rapproche celle qu'il nous a donnée de l'encre de M. André d'Offenbach :

Gomme-laque. . . . . 12 part.,
Mastic. 4
Suif de bœuf. 1
Soude cristallisée. 1

on trouvera, dans la quantité de résine que contient cette dernière, et la cause de sa longue fluidité et celle

qui la rend impropre à des travaux finis. De cette remarque de Sennefelder et du rapprochement que nous
venons de faire, nous serons donc fondés à conclure que
les résines augmentent et prolongent la fluidité de l'encre,
et c'est un motif pour les y maintenir dans une proportion plus grande que ne l'exigerait le fait seul de l'impression.

On voit, par ce que nous venons de dire, qu'il est impossible de ne pas admettre les résines au nombre des
substances qui entrent dans la composition de l'encre,
mais qu'elles ne doivent entrer que dans les proportions rigoureusement nécessaires à sa résistance et à sa
fluidité; on sacrifie une partie de la solidité à la facilité
du tracé et de la préparation de la planche. Cependant,
si toutes les substances qui composent l'encre s'y trouvent
dans de justes proportions, il restera à celle-ci assez de
solidité pour fournir un long tirage, et le sacrifice fait
de ce côté sera encore une des moindres causes de la dé-
térioration que la planche finit par éprouver à la suite
de l'impression. D'après notre expérience, nous pensons que

Cire. . . . . une partie,
Corps gras. . . . . une partie,
Corps résineux . . . . une partie,

sont des proportions générales desquelles il ne faut pas
beaucoup s'écarter.

Après avoir sommairement tracé les principes qui doivent guider le lithographe dans la détermination, par
classe, des substances composantes, nous terminerons en
indiquant les effets auxquels donne lieu l'introduction,
en excès, d'une de ces substances, et le caractère particulier qu'elle communique à l'encre.

Excès de résine.

L'encre avec excès de résine est sèche, à cassure luisante, insoluble à froid; elle coule sur la pierre avec une facilité trop grande pour permettre aisément des travaux finis. Sa résistance à l'acidulation est très grande; on ne peut l'enlever, avec l'essence, avant le tirage d'un certain nombre d'épreuves, sans courir le danger de ne plus voir reparaître les parties les plus délicates de la planche; elle dure peu d'ailleurs au tirage; c'est la plus mauvaise des encres.

Excès de cire.

Encre ferme, assez cassante, lorsqu'elle est bien calcinée; elle a une odeur de cire prononcée, une pâte fine, surtout lorsqu'il y a dans l'encre une certaine quantité de mastic; elle conserve très peu de temps sa fluidité et devient épaisse et terreuse; d'un emploi facile pendant qu'elle est fluide; le trait graisseux qu'elle dépose sur la pierre est terne et terreux; cette encre est bien résistante et assez solide. A part l'inconvénient d'être obligé d'y rajouter à chaque instant de l'eau, ce n'est pas une mauvaise encre.

Excès de corps gras.
(Suif et savon.)

Encre molle, adhérant aux doigts; elle se délaie avec facilité, devient, en peu de temps, épaisse et visqueuse; d'un emploi facile pour certains travaux; sa résistance n'est pas très grande; en revanche, beaucoup de solidité.

Excès de suif.

Même caractère que la précédente; elle devient épaisse, sans viscosité; d'un emploi plus difficile, peu résistante, mais solide.

Excès de savon.

A peu près les mêmes caractères; elle devient très gluante en s'épaississant; sa résistance est assez grande; beaucoup de solidité.

(249)

En exagérant, peut-être, les difficultés de la taille de
la plume, les auteurs de l'ouvrage sembleraient, en même
temps, donner à l'emploi du pinceau, pour l'exécution
des écritures lithographiques, la préférence sur celui de
la plume, et pourraient peut-être, sans le vouloir, induire en erreur, à ce sujet, les lecteurs du Manuel, peu
versés dans la pratique de la lithographie. L'expérience
a prononcé, depuis longtemps, en faveur du dernier de
ces instrumens ; car, dans le petit nombre d'écrivains
qui, pour les écritures, ont fait ou font encore usage du
pinceau, bien que deux ou trois soient parvenus à le
manier avec une grande habileté et en aient obtenu des
résultats très satisfaisans, tous cependant, soit pour la
vitesse de l'exécution, soit pour la hardiesse et la fermeté des écritures, n'en sont pas moins restés inférieurs
à des écrivains d'un mérite égal, maniant habilement la
plume. Aussi le nombre des écrivains au pinceau est-il
resté à peu près stationnaire, tandis que celui des écrivains qui emploient la plume s'est considérablement
accru.

Mais, si la plume est de beaucoup préférable au pinceau pour l'exécution des écritures, il ne serait pas juste
pourtant de regarder celui-ci comme un instrument inutile à la lithographie, à laquelle il est, au contraire, appelé à rendre de grands services : car, s'il est des genres
qui demandent à être entièrement traités à la plume,
d'autres, l'architecture et l'ornement, par exemple, pour
être exécutés avec la perfection convenable, réclament
impérieusement le secours du pinceau ; à d'autres, enfin,
le concours des deux instrumens est nécessaire. Malheureusement, jusqu'à ce jour, les artistes se sont bornés à
l'emploi de l'un des deux : les uns ne se servent que de la

plume, tandis que d'autres ne font usage que du pinceau.
Il serait cependant à désirer qu'ils s'habituassent à manier
les deux instrumens avec une égale facilité; il y aurait
profit, à la fois, pour l'art et pour eux.

NOTE VI, PAGE 73.

La préférence accordée ici à l'acide hydrochlorique
sur l'acide nitrique pour la composition du liquide destiné à la préparation, préférence que les auteurs paraissent vouloir fonder en théorie sur la déliquescence de
l'hydrochlorate de chaux, devra être examinée dans la
pratique. Les deux acides, soit simplement étendus
d'eau, soit saturés de chaux, comme dans la liqueur
de M. Ridolphi, donnent des résultats identiques.

L'eau acidulée seule, et sans addition de chaux, jouis-
sant, aussi bien que les sels solubles de chaux, de la
propriété de fixer l'encre en décomposant le savon, on ne
voit pas aisément pourquoi les auteurs emploient un mélange de sel neutre et d'acide. Veut-on agir sur l'encre
seule sans altérer la pierre, l'hydrochlorate ou le nitrate
de chaux suffit, l'addition d'acide va au delà du but.
Veut-on agir sur la pierre en même temps que sur
l'encre et lui donner une préparation plus ou moins
énergique, l'acide suffira. L'addition de chaux ne fera que
neutraliser, en pure perte, une partie de l'acide. Quant
à l'infaillibilité que les auteurs attribuent à leur manière
d'appliquer la composition acide, nous ne partageons pas
entièrement leur confiance. Cette méthode offre, il est
vrai, plus de garanties que celle dans laquelle on acidule
en répandant la préparation sur la pierre inclinée; mais
il y a loin de là à la certitude. L'emploi du pinceau, et
la très faible épaisseur de la couche de liquie qu'il dépose, doivent avoir pour résultat certain une inégale ré-
partition de l'acide sur les divers points de la planche.

On atténuerait ces causes d'erreur en donnant moins d'activité et plus d'épaisseur à la couche du liquide et en assurant la parfaite égalité de cette couche par l'exacte horizontalité de la pierre. Ce mode de préparation demandera donc aussi une main prudente et exercée, parce qu'une acidulation répétée ou prolongée finit par produire des effets assez semblables à ceux d'une acidulation énergique, et on aurait tort de la confier à un enfant.

Note VII, page 75.

On s'imagine d'ordinaire, et les auteurs du Manuel semblent partager cette opinion, que les écrivains qui préparent fortement les pierres ont pour unique but d'obtenir du relief; c'est une erreur. Ceux qui en agissent ainsi, avec connaissance de cause, savent qu'une forte acidulation donne à la pierre de la rudesse et une espèce de grain assez prononcé, et que ce grain est nécessaire au maniement facile du rouleau, dont l'imprimeur n'est plus le maître lorsque cette rudesse est remplacée par le poli. On sait qu'alors le rouleau *glisse et détruit les écritures*. C'est pour obvier à cet inconvénient qu'on a recours à une acidulation énergique, avec d'autant plus de raison que les papiers employés à l'impression des écritures, retenant toujours une portion plus ou moins grande des sels employés à leur blanchiment, usent promptement les aspérités, le grain produit de l'acidulation, et contribuent, avec le frottement de l'éponge et l'action du rouleau, à ramener le poli de la pierre et, par suite, la destruction de la planche. Il n'est pas rare que l'on soit obligé, pour ce motif, de réaciduler une planche après un certain nombre de tirages.

Note VIII, page 76.

Il n'est pas étonnant que M. Moulin, dont nous aussi nous plaisons à reconnaître le mérite, n'ait jamais fait usage de la préparation de savon ni d'aucune autre, parce que cet artiste se sert exclusivement du pinceau, instrument qui exige l'emploi d'une encre assez épaisse et qui n'en laisse que très peu à la surface de la pierre, où elle ne reste pas bien longtemps fluide. Il en est autrement lorsque l'on fait usage de la plume ; l'encre, alors, devant être plus coulante et déposée en plus grande quantité, elle s'étendrait sur la pierre comme l'encre ordinaire sur le papier sans colle, si l'on n'empêchait cet effet par une préparation dont le but est le même que celui du collage du papier : aussi, parmi les artistes maniant la plume, ceux qui ont l'habitude du dessin de la topographie, qui demande, pour bien juger de l'effet du dessin, une encre noire et par suite plus épaisse, ceux-là seuls, disons-nous, n'emploient, pour la pierre, aucune préparation.

On pourrait, à la rigueur, se dispenser, pour la plume, d'aucune préparation préalable, au moyen d'une encre dans laquelle on ferait entrer beaucoup de noir ; mais alors la vitesse d'exécution serait notablement diminuée, et, aujourd'hui plus que jamais, elle est indispensable à la lithographie.

Quant aux inconvéniens que les auteurs redoutent, ils ne sont plus à craindre aujourd'hui. Les encres résistent mieux à l'acidulation, et il faudrait qu'un écrivain fût bien inexpérimenté pour ne pas connaître si la pierre est suffisamment préparée. Nous avons d'ailleurs établi, dans une des notes précédentes, la nécessité d'une acidulation assez forte, et nous ne voyons aucun inconvénient à ce que l'écrivain fasse usage de la préparation de savon, si cela lui rend le travail plus facile.

NOTE IX, PAGE 77.

Le numéro de cette note a été omis à la fin de la page 77.

Ce procédé de M. Ridolphi nous paraît préférable à celui de la préparation acide (page 72 du Manuel), voici pourquoi :

Le sel employé ne peut altérer la pierre, puisqu'il est neutre ; il décompose le savon contenu dans le crayon et fait passer ce dernier à l'état de corps gras insoluble, et doit, par sa pénétration dans la pierre, lui conserver longtemps son humidité : de plus, celle-ci se trouve dans des conditions favorables, à cause de son grain, pour recevoir et retenir la gomme destinée à empêcher l'adhérence du noir dans les parties non dessinées. Ce procédé est donc parfaitement rationnel et mérite toute confiance.

Nous pensons, contrairement à l'opinion des auteurs, qu'il n'est pas nécessaire que la dissolution soit plus ou moins concentrée, suivant le plus ou moins de vigueur du dessin ; elle sera toujours suffisante, si la pierre en est couverte, pour enlever l'alcali du savon qui entre dans la composition de l'encre.

NOTE X, PAGE 98.

L'usage des papiers d'Angoulême, assez mauvais d'ailleurs pour l'impression, a fait place à celui de papiers-mécanique, dont le choix demande aussi beaucoup d'attention ; ces papiers conservent, surtout dans les qualités inférieures, une portion du chlorure employé à les blanchir ; ils agissent comme acides et détruisent en peu de temps le grain de la pierre, puis les écritures ou les dessins qu'elle a reçus.

NOTE XI, PAGE 99.

Le papier végétal employé pour calquer présente, au
décalque, un grave inconvénient lorsque le dessin est
d'une certaine étendue, celui de s'allonger considérablement quand il devient humide, par suite d'un refroidissement de la pierre ou par toute autre cause. Il est alors
presque impossible d'obtenir un décalque exact, surtout
si l'on ne peut le terminer sans interruption. C'est pourquoi l'on préfère, pour cet usage, le papier-gélatine, qu'il
faut avoir soin de laver avec un peu d'eau, avant de commencer le calque, du côté sur lequel on doit travailler.
Il est toujours nécessaire d'employer, pour le décalque,
un papier végétal rougi par la sanguine ou frotté de mine
de plomb. Tout autre papier donne un trait trop grossier
pour des dessins finis.

NOTE XII, PAGE 116.

Ce fait, qui d'abord paraît assez bizarre, n'offre rien d'é-
tonnant, lorsqu'on remonte à sa cause. On conçoit, en effet,
que, si le mélange de noir et de vernis qui forme l'encre d'impression n'est pas contenu par la gomme sur le trait graisseux, il doit, par l'effet de la pression, s'étendre en tout
sens sur la pierre à mesure que celle-ci est privée de son
humidité, et y produire des effets différens, selon que
les points du dessin sont plus ou moins rapprochés. Ainsi,
pour un dessin à l'encre, par exemple, où les traits sont
assez distans les uns des autres, il n'y aura qu'un simple
alourdissement de la planche, tandis que, pour un dessin
au crayon où, dans les vigueurs surtout, les points se
touchent, en quelque sorte, le vernis huileux s'étendra
de l'un à l'autre et fera prendre à la pierre la couleur
d'impression entre les faibles intervalles qui les séparent.
Ce que ce fait offre de plus saillant a nos yeux, c'est qu'il

donne un moyen d'apprécier l'utilité de l'emploi de la gomme dans l'impression lithographique : en le commentant on reconnaît que, bien que la gomme ne tarde pas à être enlevée des pores de la pierre où elle était contenue, elle y séjourne cependant assez pour donner à l'eau, dont on mouille la pierre à chaque épreuve, le temps de la pénétrer et d'en retenir l'humidité aussi longtemps que l'on ne discontinue pas le tirage ; que, pour ce motif, il faut gommer la pierre chaque fois qu'on la laisse reposer, ou, au moins, la recouvrir, ainsi que le pratiquent de routine certains ouvriers, et pour l'heure des repas seulement, d'une feuille de papier mouillée, propre à entretenir l'humidité sur toutes les parties de la pierre qui ne sont pas recouvertes par le trait ; méthode, du reste, sujette à trop d'inconvéniens pour que nous en recommandions l'usage.

Note XIII, page 150.

Il y a plus que de la rigueur à ranger dans la classe des charlatans ou des imprimeurs inexpérimentés des lithographes qui *connaissent,* mais qui n'ont pas eu occasion de remarquer, lors de la reprise de leurs dessins, les taches qui semblent avoir beaucoup tourmenté les auteurs. Il eût été plus équitable d'admettre au moins leur bonne foi et de rechercher si la différence des résultats obtenus n'était pas due à la différence des moyens employés pour la conservation des pierres. Il est, en effet, des encres de deux espèces : l'une, celle des auteurs, dans laquelle on introduit du vernis d'impression, corps très siccatif; l'autre entièrement formée de corps gras qui ne sèchent que peu ou point. Or, si les substances qui entrent dans la composition de la première de ces encres n'ont pas été intimement mélangées, et l'expérience démontre que pour cela une combustion prolongée est nécessaire, il pourra fort bien arriver que des portions de vernis, déposées sur les traits ou points du dessin, se dessèchent inégalement à la surface de la pierre ou s'introduisent dans l'intérieur et finissent, avec le temps (Sennefelder s'était même étayé de ce principe pour sa papyrographie), par ne plus être aptes à recevoir le corps gras, d'où les taches blanches; tandis qu'il n'en saurait être de même d'une encre dans laquelle il n'entrerait que des corps gras non siccatifs. Il ne serait donc pas étonnant que ces taches eussent été reconnues par certains imprimeurs, tandis que d'autres les auraient évitées.

Note xiv, page 156.

Le procédé de M. Knecht, décrit dans l'ouvrage, ne laisse, selon nous, rien à désirer : enlever d'abord le corps gras à l'aide de l'essence, puis la gomme au moyen de l'acide acétique, c'est, en ramenant la pierre à son état primitif, la placer, pour la retouche, dans la condition la plus favorable. Une seconde acidulation avant le tirage ne nous semblerait cependant pas inutile, n'eût-elle pour but que de faire passer le crayon ou l'encre de retouche à l'état de corps gras insoluble.

La pierre, dans l'un ou l'autre cas, doit être gommée avant l'impression.

Pour les retouches générales, dans lesquelles on n'aurait rien à effacer, on peut se contenter, après avoir superficiellement ôté la gomme à l'aide d'un lavage à l'eau, d'enlever, par une préparation très faible d'acide acétique ou nitrique, celle qui aurait pénétré dans l'intérieur; puis, après avoir opéré la retouche, d'aciduler faiblement et de gommer de nouveau la pierre. Ces opérations doivent être faites sur l'encre de conservation.

Note XV, page 158.

Nous ne sommes pas d'accord avec les auteurs sur l'effaçage à l'aide des alcalis.

On peut en user, certainement, pour enlever une portion de dessin où des changemens seraient nécessaires; mais nous doutons qu'un artiste se servît pour un nouveau dessin d'une pierre mise à neuf par ce moyen, parce que nous pensons que le grain, déjà dénaturé par l'acidulation, l'est plus encore par l'emploi de la liqueur; il cesse d'être *vif*.

Cette liqueur, selon nous, ne peut être non plus d'une grande ressource pour l'autographie, parce qu'un seul ponceur peut effacer à lui seul, et dans un jour, un nombre de pierres suffisant pour les besoins d'un atelier considérable, et qu'il y a plus de sécurité à les employer poncées, à moins que la liqueur n'y ait fait un séjour prolongé; et, dans ce cas, il est plus expéditif de recourir à la pierre-ponce.

L'emploi de la liqueur diminuerait de bien peu la consommation des pierres, car ce qui est enlevé par le ponçage ne mérite pas la peine qu'on en parle; ajoutez que, soit pour enlever entièrement la gomme, soit pour rendre la pierre propre au travail de la plume, on serait obligé d'acidu!er de nouveau.

Enfin on obtiendrait, en moins de temps, les mêmes résultats du procédé indiqué par M. Knecht.

Note XVI, page 193.

On a reconnu, depuis, que l'acidulation des transports était une des causes principales de leur non-réussite. Aussi maintenant se borne-t-on, après le décalque opéré sur une pierre bien propre, à la gommer, à la laisser reposer et enfin à l'encrer, sans l'aciduler. Nous avons, par ce moyen, tiré facilement, sans préparation aucune des pierres, jusqu'à deux mille. Cependant, lorsque la pierre a fourni un certain nombre d'exemplaires, on pourrait enlever l'encre à l'essence, l'encrer à l'encre grasse, puis lui faire subir l'acidulation, et la gommer de nouveau pour continuer le tirage.

Note XVII, page 132.

Le paragraphe commençant par ces mots : « L'autographie a été employée en 1828, et finissant par ceux-ci : exécutée avec célérité, » demande quelques explications : les voici. En 1828, MM. Engelmann et Langlumé furent chargés d'autographier les listes électorales, et le département trouva dans l'emploi de ce procédé une économie de près de 60 p. 100 sur les prix de la typographie. La partie confiée à M. Langlumé fut le sujet d'objections qui furent élevées par l'administration. En 1829, M. le comte de Chabrol, dans l'intérêt du département de la Seine, demanda à M. Engelmann une diminution de prix dans la confection de ces listes ; sur son refus, il les mit en adjudication, avec la condition cependant qu'à prix égal la préférence serait donnée à M. Engelmann. Cet imprimeur ne se présenta pas, et M. le comte de Chabrol adjugea l'impression des listes à 25 p. 100 au dessous des prix accordés, en 1828, à MM. Engelmann et Langlumé.

Note XVIII, page 79.

Le râteau de fer exerce une pression trop dure ; il a l'inconvénient de couper le cuir, lorsqu'il rencontre quelque gravier, et il occasione ainsi dépense et perte de temps.

Le râteau de bois se détériore aisément, mais se répare aussi aisément ; on augmente beaucoup sa durée en le revêtant de cuir. Cette méthode réunit tous les avantages ; elle rend la pression plus élastique, et, en facilitant le glissement du râteau sur le cuir du châssis, elle rend le tirage plus rapide. La moindre économie de temps sur le tirage a une grande importance, à cause de sa multiplication.

NOTE XIX, PAGE 80.

L'emploi de la mine de plomb, pour faciliter le glissement du râteau sur le cuir, est à peu près abandonné, parce que, malgré l'attention la plus minutieuse, il arrive souvent que les épreuves sont tachées par quelques parcelles de cette substance; elle a, de plus, le désavantage de tacher le cuir. On se contente de graisser fortement, avec du suif, la face supérieure du cuir du châssis, dans les commencemens de son usage, et de le graisser légèrement de temps en temps, lorsque cela paraît nécessaire pour entretenir sa souplesse et son poli.

NOTE XX, PAGE 103.

Le papier se mouille plus ou moins, suivant sa nature et suivant l'objet auquel on le destine. Le papier collé doit être passé entièrement dans l'eau; le papier non collé se pose simplement à la surface; les papiers coloriés autrement qu'en pâte, les papiers lissés, satinés, nacrés, porcelaines, etc., ne doivent pas être touchés par l'eau; on se borne à les intercaler dans du papier déjà humide.

Un fort mouillage, tel qu'il est nécessaire, par exemple, lorsque le papier est destiné à recevoir du papier de Chine, s'obtient en diminuant d'un quart le nombre de feuilles sèches intercalées. En diminuant ce nombre, on peut aussi rabattre quelque chose des dix ou douze heures ordinairement nécessaires à l'humectation de la masse du papier. Lorsque l'on est pressé et que l'on ne craint pas un surcroît de main-d'œuvre, on peut descendre jusqu'à mouiller les feuilles de deux en deux, surtout si elles sont collées, et les employer après une heure de séjour à la presse.

Pressé pour un tirage d'autographies sur papier timbré, on a quelquefois mouillé ce papier dans la proportion d'une feuille sur cinq ou six ; on l'a roulé par cahiers, puis, après l'avoir frappé dans tous les sens, pendant cinq ou six minutes, tantôt dans les mains, tantôt sur une table, on a procédé immédiatement, et avec succès, au tirage.

Note XXI, page 104.

On ne peut se dispenser d'éplucher intégralement l'*envers* du papier de Chine, avant d'y appliquer la colle. On peut différer l'épluchage de l'*endroit* jusqu'au moment de l'emploi, et n'y procéder avec sévérité que dans les parties qui doivent recevoir les parties claires du dessin ; les taches disparaissent dans les parties fortement teintées. Un petit trou, fait par l'enlèvement d'un bourras ou autrement, n'est une cause de rebut que lorsqu'il correspond à un clair. Dans les parties chargées d'encre, ce trou peut être recouvert par une pièce en papier de Chine appliquée à l'envers, c'est à dire comprise entre le papier de Chine et le papier blanc qui le supporte.

Note XXII, page 114.

Le rouleau d'encrage est un cylindre en bois, de trois à cinq pouces de diamètre, recouvert d'une, de deux et quelquefois de trois enveloppes de flanelle et d'une peau de veau mégie, dont la chair est à l'extérieur. Cette peau doit être bien tendue, d'un tissu égal et fin, exempte de creux et surtout de peluches. La longueur la plus ordinaire des cylindres est de huit à dix pouces ; elle doit toujours être moindre que la largeur de la pierre sur laquelle on l'emploie, mais peut, du reste, varier dans cette limite au goût de l'ouvrier. Les manches doivent être parfaitement cylindriques, et leur axe doit se confondre avec celui du rouleau, pour qu'une pression égale de la main de l'imprimeur produise, dans toutes les positions, une pression égale du rouleau sur la pierre.

L'encrage d'un rouleau neuf est une opération fort longue. Il faut enduire le rouleau d'encre d'impression, le rouler longtemps sur la pierre, enlever l'encre avec la lame d'un couteau mis dans l'impossibilité de couper le cuir, puis l'enduire et le rouler de nouveau, et répéter une soixantaine de fois cette opération, qui doit durer au moins un quart d'heure chaque fois. On peut, au reste, et même avec avantage, la répartir sur huit ou dix journées. Le rouleau ne doit être employé, dans les commencemens, qu'à encrer des dessins de peu de valeur, parce qu'il conserve longtemps le défaut de graisser les pierres; il se bonifie presque indéfiniment, et les rouleaux qui ont le plus d'usage sont les meilleurs. On peut abréger l'opération de l'encrage en commençant par polir le rouleau à la pierre-ponce; mais ce procédé, qui use et affaiblit les peaux, doit être réservé pour les cas où l'on est pressé et où l'on n'a que des rouleaux neufs à sa disposition.

Un tirage prolongé nécessite l'emploi de plusieurs rouleaux, parce que le rouleau, en passant sur la pierre mouillée, finit par contracter une humidité qui nuit à l'encrage. Pour faciliter la dessiccation des rouleaux, on doit avoir soin de les gratter et de les mettre dans un lieu sec, toutes les fois que l'on cesse de s'en servir.

Les rouleaux doux encrent aisément; ils pénètrent d'autant mieux dans le grain de la pierre et laissent d'autant plus d'encre sur les traits du dessin, qu'ils sont plus mous; ils doivent être préférés pour les dessins au trait, pour les ouvrages légers, et toutes les fois que l'on craint de voir quelques détails mal prendre l'encre et rester gris ou incomplets. Les rouleaux durs ont les qualités opposées; ils doivent être passés un grand nombre de fois sur la pierre, dix à vingt et quelquefois davantage, avant de donner un encrage satisfaisant : on les emploie pour les dessins au crayon ; on y a surtout recours lorsque le dessin est vigoureux et chargé, et lorsque la surcharge ou l'empâtement est à craindre. On doit savoir aussi que le rouleau, dans son mouvement de bas en haut, ou plutôt d'éloignement du corps, charge ordinairement plus le trait à la fin de sa course qu'au commencement. On se tromperait, d'ailleurs, si on croyait que ces indications générales peuvent suppléer à l'expérience et au tact de l'ouvrier, soit dans le maniement du rouleau, soit dans le choix du rouleau le plus propre à produire l'encrage qui convient dans chaque cas particulier.

Note XXIII, page 152.

L'effaçage n'est pas complet, tant que l'ancien dessin reparaît en traits blancs et larges sur la pierre mouillée; ces traits sont susceptibles de prendre l'encre d'impression, et feraient taches sur le nouveau dessin : on n'en obtient quelquefois la disparition qu'après avoir usé et renouvelé plus de trente fois le sable sur la pierre.

FIN.

TABLE DES MATIÈRES.

FIN DE LA TABLE DES MATIÈRES.

TABLE GÉNÉRALE DES MATIÈRES

CONTENUES

DANS LE TRAITÉ COMPLET DE LA LITHOGRAPHIE.

FIN DE LA TABLE GÉNÉRALE DES MATIÈRES.

ERRATA.

Page 46, ligne 22, *qualité de charbon*, lisez : qualité du charbon.

— 53, CHAPITRE VIII, lisez : **CHAPITRE VIII** *bis*.

— 56, — 15, *s'emploie*, lisez : se délaie à l'eau bouillante et s'emploie.

— 80, — 28, *il faudrait lui donner*, lisez : il faudrait
donner à celui-ci.

— 101, — 1, *ou trop le papier*, lisez : ou de trop mouiller le papier.

— 118, — 29, *deux impressions*, lisez : ces deux impressions.

— 121, — 12, *partie non enduite*, lisez : sur la face non
enduite.

— 121, — 22, *uomme*, lisez : gomme.

— 121, — 23, *Aln*, lisez : Alun.

— 145, — 22, *situé au nord*, lisez : exposé au nord.

— 153, 2ᵉ lig. de la note, *a la chaux, autant qu'on peut*, lisez :
ou autant que l'eau peut en dissoudre.

— 188, — 15, *on obtiendrait du noir*, lisez : on obtiendrait du moiré.

— 189, — 22, *détacher l'or*, lisez : empêcherait l'or de se
détacher.

— 196, — 10, *d'une encre*, lisez : d'une lime.

www.ingramcontent.com/pod-product-compliance
Lightning Source LLC
Chambersburg PA
CBHW070743270326
41927CB00010B/2082